平治天下

《群书治要》治国理政思想研究

刘余莉 等 著

人民出版社

序　言

《群书治要》由唐太宗李世民于贞观初年下令编辑。太宗鉴于前隋灭亡之失，深知创业不易，守成维艰。于是令魏徵等，整理历代帝王治国资政史料，以“务乎政术”“本乎治要”为原则，删繁择精，编辑此书。它的内容是从浩如烟海的古籍中节选而成，上始五帝、下迄晋代，撷取了六经、四史、诸子百家中有关修身、齐家、治国、平天下的精要内容，共五十卷，五十余万字。

魏徵称《群书治要》是一部“用之当今，足以鉴览前古；传之来叶，可以贻厥孙谋”的治世经典。唐太宗读《群书治要》后，在《答魏征上〈群书治要〉手诏》中感慨道:“朕少尚威武，不精学业，先王之道，茫若涉海。观所撰书，见所未见，闻所未闻，使朕致治稽古,临事不惑。其为劳也,不亦大哉！”他认为此书“广博而切要”，特令缮写十余部，分赐太子及诸侯王以作从政龟鉴。他自己更是日日阅读，在总结阅读此书的感受时说:“手不释卷，知风化之本，见政理之源”。可见,该书不仅是魏徵向唐太宗进谏的重要理论依据，也是唐太宗创建“贞观之治”的思想源泉和理论基础。

难能可贵的是,《群书治要》摘录的内容有少数原著在五代之后便已失传，唯有《群书治要》保留了其精华内容，如《尸子》《昌言》《典论》《政要论》《体论》《典语》《傅子》《袁子正书》等，这使得《群书治要》的研究具有更加重要的文献价值和思想价值。

《群书治要》被日本遣唐使带回日本后，成为历代天皇、大臣共同研读的经典。据岛田翰《古文旧书考》引《续日本后记》载，仁明天皇承和五年（公元 838 年），天皇御清凉殿，令助教直道宿称广公读《群书治要》；日本《三代实录》亦云：“清和天皇贞观十七年(公元 875 年)四月，天皇读《群书治要》”。正如林信敬在“天明本”《群书治要》序中所言：“我朝承和、贞观之间，致重雍袭熙之盛者，未必不因讲究此书之力”。

《群书治要》相对于《资治通鉴》而言，更加“广博而切要”，但却鲜为人知，因其至宋朝就已经在中国失传。公元 13 世纪，《群书治要》在日本被发现，日本金泽文库藏有镰仓时代（1192－1330 年）日本人手写《群书治要》，因此得以传世。清嘉庆年间，《群书治要》(天明本)回传至中国本土。民国年间，上海商务印书馆《四部丛刊》以天明本《群书治要》为底本影印出版。此书虽重返中国，但传入之时没有引起清皇室的重视，后又因战乱频繁，少有学者深入研究。

20 世纪 90 年代，中国原驻日大使符浩先生，也从日本皇室获赠一套天明版《群书治要》，由吕效祖先生等对其点校考译，著《〈群书治要〉考译》。2001 年，习仲勋亲为题词“古镜今鉴”。2012 年，刘余莉教授主编的大型丛书《〈群书治要〉译注》由中国书店出版，补录亡佚之《春秋左氏传》(上）及《汉书》首尾两卷，并对全书注解翻译，是迄今对《群书治要》注译最为详尽之书。

刘余莉教授近年来致力于《群书治要》的研究与弘扬。她认为，《群书治要》中的“民惟邦本，本固邦宁”(《尚书》)“民为贵，社稷次之，君为轻”(《孟子》)“于政也，民无不为本也。国以为本，君以为本，吏以为本”（《贾子》）“善为国者，御民如父母之爱子，如兄之慈弟也。见之饥寒，则为之哀；见之劳苦，则为之悲”(《六韬》)，对于领导干部更好地承担起对人民的责任、把人民对美好生活的向往作为自己的奋斗目标具有重要指导意义。

《群书治要》中的“政者，正也。子帅而正，孰敢不正？”“为政以德，譬如北辰，居其所而众星共之”(《论语》)、“下之事上也，不从其所令，而从其所行。上好是物，下必有甚矣。故上之所好恶，不可不慎也，是民之表也”(《礼记》)、“君子为政，以正已为先，教禁为次。”(《政要论》)、“立德之本，莫尚乎正心。心正而后身正，身正而后左右正，左右正而后朝廷正，朝廷正而后国家正，国家正而后天下正”(《傅子》)，证明了“打铁还须自身硬”是来自历史经验的传统论断。

《群书治要》中的“君子欲讷于言而敏于行”、“巧言令色，鲜矣仁”(《论语》)、“听言不如观事，观事不如观行”(《傅子》)、“以言取人，人饰其言；以行取人，人竭其行。饰言无庸，竭行有成”(《周书》)，对于落实“空谈误国，实干兴邦”的号召具有重要借鉴意义。

《群书治要》中的“商贾在朝，则货财上流”(《管子》)、“古之所与禄者，不食于力、不动于末，是亦受大者，不得取小也。”(《汉书五》)“负且乘，致寇至”(《周易》)，有助于领导干部深刻地理解“不要既想当官又想发财”的道理。

《群书治要》中的“内作色荒，外作禽荒，甘酒嗜音，峻宇雕墙，有一于此，未获弗亡”(《尚书》)、“修身治国也，要莫大于节欲。传曰：欲不可纵。历观有家有国，其得之也，莫不阶于俭约；其失之也，莫不由于奢侈。俭者节欲，奢者放情。放情者危，节欲者安”(《政要论》)、“淫侈之俗，日日以长，是天下之大贼也”(《汉书》)、“三代之兴，无不抑损情欲；三季之衰，无不肆其侈靡”(《晋书上》)，有助于领导干部深刻认识“厉行节约、反对浪费”的重要性。

《群书治要》中的“尊圣者王，贵贤者霸；敬贤者存，嫚贤者亡”(《孙卿子》)、“制爵必俟有德，班禄必施有功”(《典语》)、“王者官人无私，唯贤是亲；勤恤政事，屡省功臣，赏赐期于功劳，刑罚归乎罪恶”(《昌言》)、“有大善者，必问孰进之；有大过者，必云孰任之。而行赏罚焉，且以观贤不肖也”(《尸子》)，对于落实“德才兼备、以德为先”的用人标准、完善干部人事制度具有重要的参考价值。

《群书治要》中的“敬一贤则众贤悦，诛一恶则众恶惧”(《典语》)、“道之以政，齐之以刑，民免而无耻；道之以德，齐之以礼，有耻且格”(《论语》)、“明君必顺善制而后致治，非善制之能独治也，必须良佐有以行之也”(《傅子》)、“法能刑人，而不能使人廉；能杀人，而不能使人仁”(《盐铁论》)，有助于我们坚定反腐败的决心、坚持贯彻依法治国与以德治国相结合的治国方略。

刘教授在本书中系统研究了《群书治要》的德政论、师道论、文化论、忧患论、民本论、重农论、盛衰论、观人论、得人论、用人论、失人论、外交论。相信这本专著的出版，对于继承中国传统治国思想，深入理解中国式管理的精髓、汲取中华传统圣贤教育的经验、坚定文化自信、建设中国特色民主政治，乃至对于实现中华民族伟大复兴的“中国梦”、构建人类命运共同体等都具有重要意义，相信读者定会从中获益良多。

焦国成

2019 年 6 月 2 日于

中国人民大学宜园

目　录

绪 论

一、《群书治要》的历史意义

（一）《群书治要》与“贞观之治”

大唐是中国历史上久负盛名的善治时期，不仅政治清明、经济富庶、文化昌隆、疆土辽阔，而且与周边国家和睦共处，政治制度、经济理念、文化教育辐射日、韩等国，在当时可堪称“世界第一帝国”。大唐盛世的开创绝非偶然。曾亲眼目睹昔日“统一寰宇，甲兵强锐”[1]隋朝的兴衰成败，唐太宗深感创业不易、守成维艰，言：“秦始皇平六国，隋炀帝富有四海，既骄且逸，一朝而败，吾亦何得自骄也？言念于此，不觉惕焉震惧。”[2]即位后，他经常与群臣讨论如何吸取隋亡教训及自古理政得失等话题，商议治国理政的思路和方法。大臣封德彝等认为，大乱之后，人心不定，只有采用严刑峻法，才能慑服民众，保持政权稳定。而魏徵则以为“凡人在危困，则忧死亡。忧死亡，则思化。思化，则易教。然则乱后易教，犹饥人易食也”[3]，“以威刑肃天下者”[4]，不得民心。经过激烈争论后，唐太宗最

---

1 《贞观政要·卷一·论君道》。

2 《贞观政要·卷十·论灾祥》。

3 《贞观政要·卷一·论政体》。

4 《新唐书·志四十六刑法》。

终采纳了魏徵的建议,“遂以宽仁治天下,而于刑法尤慎”[1],实行偃武修文、轻徭薄赋的德治方略。从实践情况来看,德治理念在很短时间内便取得了显著成效。据《贞观政要·卷一·论政体》载:

数年间,海内康宁,突厥破灭。(太宗)因谓群臣曰:“贞观初,人皆异论,云当今必不可行帝道、王道,惟魏徵劝我。既从其言,不过数载,遂得华夏安宁,远戎宾服。突厥自古以来,常为中国勍敌,今酋长并带刀宿卫,部落皆袭衣冠,使我遂至于此,皆魏徵之力也。”

由此,唐太宗深为古圣先贤治国智慧所折服,希望能够深入学习,但由于圣贤典籍浩如烟海,而自己身居帝位,无暇博览,于是就命魏徵、虞世南、萧德言等精通圣贤之道的大臣,撷取唐前典籍中治国理政的精华,编纂成集,以便学习。据魏徵在《群书治要·序》中讲:

(太宗)虽休勿休,俯协尧舜,式遵稽古。不察貌乎止水,将取鉴乎哲人。以为六籍纷纶,百家踳驳。穷理尽性,则劳而少功。周览泛观,则博而寡要。故爰命臣等,采摭群书,剪截淫放。光昭训典,圣思所存,务乎政术,缀叙大略。

魏徵等臣取材于六经、四史、诸子百家,上始五帝,下迄晋年,以“务乎政术,存乎劝戒”为宗旨,从一万四千多部、八万九千多

1 《新唐书·志四十六刑法》。

卷古籍中“采摭群书，剪截淫放”，删其繁芜，择其精粹，于贞观五年（公元631年）编成《群书治要》，计六十六部，约五十余万言，饱含修身、齐家、治国、平天下的学问。这几位大臣历经隋朝动荡和大唐建立，辅佐唐太宗开创“贞观盛世”，无论学问造诣，还是理政韬略，在当时都堪称一流。所以，由他们负责编纂的《群书治要》也无疑具有重要的理论与实践价值。太宗得到此书后，手不释卷，感叹道：

> 朕少尚威武，不精学业，先王之道，茫若涉海。览所撰书，见所未见，闻所未闻，使朕致治稽古，临事不惑。其为劳也，不亦大哉！[1]

贞观九年，唐太宗总结数年阅读古藉经典的感受时，说：“知风化之本，见政理之源。”[2]其中也必包括了《群书治要》。史料记载，当时太宗特令缮写多部，分赐太子、诸王等皇室成员，以作建立理政共识之依据。据记载，唐玄宗在其统治后期（公元754年），还曾下令翰林院重新刊印此书。由此可知，将《群书治要》视为“贞观之治”的理论依据并为大唐盛世的出现奠定了坚实的基础是不为过的。书中所记载的治国之道，特别是关于国家盛衰的经验和规律，具有穿越时空的普遍价值。诚如魏徵在此书序中所言，这是一部“用之当今，足以鉴览前古；传之来叶，可以贻厥孙谋”的经典之作。

作为一部资政巨著，《群书治要》中既有明君治国的经验，也有昏君败政的教训；既有忠良辅国的故事，也有奸臣欺主的实录，

---

1 《答魏徵上〈群书治要〉手诏》。

2 《贞观政要·卷十·论慎终》。

从格物、致知到治国、平天下，可以说完全体现了中国古人卓绝的智慧，堪称“治世宝典”，可谓是深入学习中国优秀传统文化、研究中国传统治国理念、汲取中华传统智慧的必读典籍。

（二）《群书治要》成为日本国宝

虽然《群书治要》对大唐盛世的开创产生了重要影响，且相对《资治通鉴》而言，更加广博切要，但却鲜为人知。其主要原因，在于唐朝雕版印刷技术不发达，所以流传不广，甚至到了宋朝初年就已失传，因而《宋史》中不见记载，此书也一度成了“名存实亡”的佚书。

所幸，此书被遣唐使和留学生带到日本，受到了日本皇室及贵族的尊崇。据日本岛田翰的《古文旧书考》称：“《续日本后记》载：‘仁明天皇承和五年（公元838年），天皇御清凉殿，令助教直道宿称广公读《群书治要》。’”日本《三代实录》云：“清和天皇贞观十七年（公元875年）四月，天皇读《群书治要》。”由此可知，《群书治要》在唐文宗时已传入日本，至唐僖宗时，日本清和天皇仍然“与大臣共研读之”。据考，日本嘉元四年（公元1305年），《群书治要》“以右大办三位经雄卿本书写点校毕”。根据这些记载，可以得知，日本的仁明天皇、清和天皇、宇多天皇和醍醐天皇都曾学习过《群书治要》，此书也对当时日本的发展发挥了重大的指导意义。正如林信敬在《校正〈群书治要……〉序》中指出：“我朝承和、贞观之间，致重雍袭熙之盛者，未必不因讲究此书之力，则凡君民、臣君者非所可忽也。”承和、贞观之间，即公元9世纪平安时代，仁明天皇、清和天皇及阳成天皇在位时期。

公元10世纪，作为平安朝天皇必读书目的《群书治要》，逐渐超出了皇室和博士家的范围，对其阅读和抄写也成为当时京都贵族文化的时尚。此后，日本镰仓幕府和江户幕府的领导集团也十分重视此书，此时产生的“金泽文库本”与“元和骏河版”不但使该书得以流传，而且使其在整个日本文化中占据了重要位置。江户时代后期，日本学界受到古学派的影响，逐渐关注《群书治要》的学术价值，尾张藩重新校勘并版刻此书，即“天明尾张本”。于是，一部仅在统治集团内部流通的帝王学教材得到了广泛流传的机会。正由于日本皇室、贵族、武家和学界的共同努力，才使《群书治要》得以完好地保存。

在日本流传过程中，《群书治要》先后出现了平安时期的九条家本、镰仓时期的金泽文库本（即学界俗称的“卷子本”）、元和二年的骏河版、天明七年的尾张本四个不同版本，这些在日本学术史上都占有着相当重要的地位，尤其约公元11世纪前抄写的《群书治要》平安时期残本，在“二战”时被发现，并于1952年被指定为“日本国宝”，在日本书法史、文物学上具有极其珍贵的价值。

（三）《群书治要》重返中国

日本宽政八年（即公元1796年，清嘉庆元年），尾张藩主家得知此书在中国已经失传，便以五部交付长崎海关长官近藤重藏，托其转达中国。近藤氏将一部存长崎圣堂、一部赠诹访社、三部赠唐商馆，由中国商人携带回国，由此，《群书治要》得以重回中土，成为失而复得的“佚存书”。

当时，在《四库全书》修纂结束后，阮元巡抚浙江时，发现了大量《四库全书》未收录的精本、善本书籍，于是开始留心搜访，《群书治要》即是其中之一。由于《群书治要》中部分内容的原著在五代之后便已失传，唯其保留了精华内容，如《尸子》《昌言》《典论》《政要论》《体论》《典语》《傅子》《袁子正书》等，这就使《群书治要》

的研究更加具有独特的文化价值。然而由于“康乾盛世”较“贞观之治”“有过之而无不及”，故此书只被阮元、孙星衍等学者用于校勘多部古籍，发挥其文献学价值，其政治价值却未得到足够重视。

到了近代，西洋列强入侵，中原板荡，虽然商务印书馆重印《群书治要》，但由于当时国内局势危如累卵，军阀割据、日寇侵华、国内战争等此起彼伏，加之文化领域各种运动冲击传统，使得《群书治要》又再度被尘封。

20世纪90年代，中国原驻日本大使符浩先生看到了《群书治要》的价值，便通过日本皇室获得了一套天明时期的版本，嘱咐陕西省黄河文化经济发展研究会对其选用的六十六部典籍进行考证、点评，分篇今译，进行了标点断句和勘误，最终集结成书，名为《〈群书治要〉考译》。值得一提的是，《〈群书治要〉考译》在编纂期间，得到了习仲勋同志及符浩同志的关心支持，历经数年，圆满完成，习仲勋老先生亲为此书题词“古镜今鉴”。为应时代之需，抽取《群书治要》经典语句编纂而成的《群书治要360》系列的中英文版也相继问世，并得到了各国领导人、文化领袖、各国大使的重视和认同。在国家大力提倡古为今用、继承和发扬中国优秀传统文化的今天，《群书治要》必将发挥其时代价值。

二、《群书治要》的文本特质

（一）《群书治要》的系统性

1.《群书治要》内容编排具有逻辑性

由于《群书治要》采自经、史、子，为供唐太宗施政参考，魏徵等人在辑录汇编时，必然注重其内在逻辑。比如，同一典籍中，前后相互衔接；不同著述间，义理互为阐发，以经明史、以史证经、经史合参的思路毕现无疑。

同一典籍中，内容相互衔接照应、前后对比，如《毛诗》中选篇的编排：前一部分，《周南·关雎》美后妃思进贤女辅君王，《卷耳》赞后妃朝夕求贤审官乃正始之道、王化之基也；其后《邵南·甘棠》为美邵伯之教，《何彼秾》美王姬下嫁于诸侯，明显承前《关雎》《卷耳》之意，赞夫妇道正、贤人之治。后一部分，则从反面讲，《鄁风·栢舟》言卫顷公当朝仁人不遇、小人在侧，其后《谷风》则刺夫妇失道、国俗败丧，显然与前几篇形成比照，以警策人君。

前后呼应，又如《尚书》中节选《周书·立政》篇中周公诫成王当效法文王，慎于刑狱，慎择有司，求才任贤。其后则选取《周书·周官》篇中述尧舜建百官，夏商设官二百，周朝设三公、三孤、六卿，以明立官之大体。而在《周礼》中，则选取六官（即前周官中之六卿）设官分职之法加以详言，以明立官之道。

重点强调处，则前后铺陈，以明其意旨。如《毛诗·小雅》中大部分篇目：《节南山》《正月》《十月之交》《小旻》《小宛》《小弁》《巧言》《巷伯》《谷风》《蓼莪》《北山》《青蝇》《采菽》《角弓》《菀柳》《隰桑》《白华》《何草不黄》及《大雅·瞻仰》都是从不同方面讽周幽王之无道，以反面案例为警戒。而《大雅》及《尚书》选篇中则详阐尧舜禹文王武王之德以策励人君。

经史合参者，如《周易·师卦》言“师出以律，否臧凶”，就是说，军事之首务，在于严明军法以整肃军队，如果不依军令而行，即便取得成功也不称善。而在《史记》中，就有孙武为肃军法斩阖闾爱妃、司马穰苴为树君威斩齐景公宠臣庄贾的史实以为佐证。

经经互注者，如《周易》中“损”“益”二卦以明改过迁善之道，《春秋左氏传》则于《宣公·晋灵公不君》中有“人谁无过，过而能改，善莫大焉”以为呼应。明君，上有尧舜禹汤、文武周公，下有齐桓晋文、文景；暗主，前有桀纣幽厉，后有秦皇汉桓。

分主题汇编，如原本应在《礼记·中庸》中阐释的修身“三达德”、人伦“五达道”、治国之“九经”，以说明修身、齐家、治国的重要原理原则，却被体现在《孔子家语》的选编中，如《六本》篇提出君子行己的六个根本，即“立身以孝、丧纪以哀、战阵以勇、治政以农、居国重嗣、生财以力”，又提出“纳谏而昌、满损谦益、谨慎择交”的思想，很显然，与后一篇《哀公问政》中“修身以孝、尊贤敬大臣、体群臣、子庶民、来百工、柔远人、怀诸侯”的思想相互照应。由此可以看出，魏徵等大臣在编纂《群书治要》时注意前后衔接的思路是十分明显的。

类似以上的例子不胜枚举，贯穿于整部《群书治要》中。通过这些可以发现，《群书治要》在编纂中确实做到了史论结合，重点突出，逻辑清晰，收放自如，前后相互呼应，左右皆逢其源，既采用三大部类编排顺序，突出精华，保持了经典语句原貌，规避篡改妄动之嫌，又做到了编排脉络清晰，浑然一体，可谓“理出圣教，万变不离其宗；专乎治道，自成一家之言。”理事双融，易为取法，真正做到了古为今用，简要详明。

2. 中国文化本身具有系统性

有学者认为，《群书治要》只是零散节选了经、史、子中的语句，按原著先后顺序汇集而成，并未另加标题、另划结构，因而并非一部系统性著作。表面看是这样，但若从中国文化本身所具有的系统性考虑，结论就会完全不同。

中国文化讲求“一体万用”。孔子在谈及自己的治学方法时，曾明言“吾道一以贯之”[1]。这就是说，中国文化亦存在现代学术所追求的逻辑表现，但并不以之为重点，因为那仅为“相”的表象层面，而非关乎“用”乃至于“体”的体制层面。“知体”才是中国学问追求的最高境界，但是“体”并不易被体会和发觉。在中国文化中，“体”常常用“道”的概念来表示，它是一切万物万法的本源，贯穿于事物的始终。但是，只有能透过现象看到本质的人才能在似乎“无系统性”之中，看到“一以贯之”的“有系统性”。

中国文化具有系统性的另一个表现，就是《大学》中所言的“明明德、亲民、止于至善”三纲领，及“格物、致知、诚意、正心、修身、齐家、治国、平天下”八条目。三纲八目，可以看作整个中国文化的总纲，而《群书治要》中的治国理念，无论政治、经济、文化，还是军事、外交，皆在此之内。另外，“自天子以至于庶人，壹是皆以修身为本”[2]的思想在书中也是随处可见。

因此，可以说《群书治要》之系统性，即在于中国文化所具有的核心概念能够统摄万法，及其本身所具备的高度概括性和系统性。推测《群书治要》在编纂过程中之所以没有单独列举纲领重新编纂，而是保留更为原始的采集面貌，一方面，可能是由于选取的内容同时涉及多个主题，如果分门别类，反而会造成文脉错乱、弄巧成拙，带来阅读不畅；另一方面，由于中国文化本身具有系统性，因而在精

1 《论语·里仁》。

2 《大学》。

通中国文化的学人看来，不加编辑即是最好版本，反而更加利于学习。

（二）经、史、子典籍的思想融合

中国文化之所以能绵延数千年之久，是因为，

> 一是儒家思想和中国历史上存在的其他学说既对立又统一，既相互竞争又相互借鉴，虽然儒家思想长期居于主导地位，但始终和其他学说处于和而不同的局面之中。二是儒家思想和中国历史上存在的其他学说都是与时迁移、应物变化的，都是顺应中国社会发展和时代前进的要求而不断发展更新的，因而具有长久的生命力。[1]

《群书治要》采集于经、史、子三类典籍，据课题组统计[2]，其中收录“经”十二部、“史”六部、“子”四十八部，其中“子”含儒家类十七部、道家类六部、法家类八部、名家类一部、墨家类一部、杂家类九部、兵家类六[3]部，可谓广征博引。有学者认为“这体现了编纂人不拘泥于门户之见，表现出一种兼容并收、批判继承的态度”[4]，但也有学者质疑《群书治要》中是否会出现前后理念驳杂、莫衷一是的情况，下面就此问题进行讨论。

1. 一体相融的文化特质

魏徵曾在其撰写的《隋书·经籍志》总序中说道：

---

1 习近平：《在纪念孔子诞辰 2565 周年国际学术研讨会上的讲话》，2014 年 9 月 24 日《人民日报》。

2 金光一：《〈群书治要〉研究》，博士学位论文，复旦大学中文系，2010 年。

3 《群书治要》，各典籍归属流派分类方式依据魏徵所作《隋书·经籍志》。涵盖了所录原典和原典注疏。

4 金光一：《〈群书治要〉研究》，博士学位论文，复旦大学中文系，2010 年。

《易》曰：天下同归而殊途，一致而百虑。儒、道、小说，圣人之教也，而有所偏。兵及医方，圣人之政也，各施所异。世之治也，列在众职。下至衰乱，官失其守，或以其业游说诸侯，各崇所习，分镳并骛。若使总而不遗，折之中道，亦可以兴化致治者矣。

由上可知，魏徵本人对于各家学说的本质和特点都有着相当深度的把握，也对后世学者的门户之见乃至相互排斥有所认知乃至预见，所以提出互相补充、相得益彰才是吸纳各家学说优长、共同辅弼朝政的中道态度。可见，他并非某家某派的"圣徒"，而是根据客观情况通权达变的智者。

春秋战国时期，百家争鸣，中国文化呈现出繁荣局面，后随着以佛家为代表的外来文化传入，在文化交融和文化自新中，又逐渐形成了以儒家为主体，儒、释、道三教相融、九流并存的格局。因为古人明白"合则两利，分则两伤"的道理，所以大方之家从不自赞毁他，所倡导的都是取长补短、共存共荣。如孔子言"三人行必有我师焉"[1]、"毋意，毋必，毋固，毋我"[2]；老子说"世人皆有以，而我独顽且鄙"[3]、"大智若愚，大巧若拙，大辩若讷"[4]；佛陀更为彻底，认为一切众生皆有如来智慧德相，完全肯定众生平等。可见，处在文化至高境界的孔子、老子、佛陀等人，都是以谦卑治学。

1 《论语·述而》。
2 《论语·子罕》。
3 《老子·第二十章》。
4 《老子·第四十五章》。

从历史上来看，尽管各家学派曾有过争论甚至相互批驳，但都是以文人的和平方式进行的，“其争也君子”[1]，绝不曾出现因强行推广自己的理念而发生流血战争。因而，中国文化极具包容性，这是十分明显的。

清朝雍正皇帝曾就儒释道三家之间差异问题进行了分析：

朕惟三教之觉民于海内也，理同出于一原，道并行而不悖。人惟不能豁然贯通，于是人各异心，心各异见。慕道者谓佛不如道之尊，向佛者谓道不如佛之大，而儒者又兼避二氏，以为异端。怀挟私心，纷争角胜，而不相下。朕以持三教之论，亦惟得其平而已矣。能得其平，则外略形迹之异，内证性理之同，而知三教，初无异旨，无非欲人同归于善。[2]

从这段话可以看出，雍正皇帝实际上看到了儒释道三家相通的本质，都是导人回归本性本善。不仅仅三家思想能够相融，其实中国文化各家各派本身都存在相通之处。就民本思想而言，儒、墨、道、法都有相关论述。但可惜的是，目前学界对于中国古代政治思想史的研究尚存在不足，原因之一就是“对诸子百家的共性，特别是政治价值共识，缺乏全面深入的研究。在民本思想研究中，这个缺陷尤为明显。”[3]而《群书治要》恰恰为我们提供了一个绝好的研究材料。

正由于圣贤之道同出一原，才会有后代学人将不同学说融

1 《论语・八佾》。
2 《雍正皇帝上谕》。
3 张分田：《民本思想与中国古代统治思想》，南开大学出版社 2009 年版，第 3 页。

合而独树一帜，程朱理学、陆王心学都是代表。因而，将中国文化视为一个整体，绝不牵强。可以代表中国文化源头的“道”的概念，就体现了“一体不二”的特质，也正是这种文化的包容性、交融性、变通性，及由圆融而生的适应能力、自新能力，才使得中华民族经受住了几千年的历史考验，也才使得中华文化绵延不绝，维系了多民族、多文化在中华大地长久以来保持整体和谐统一的局面。

2. 应运而生的文化特点

《论语 · 子罕》载孔子所言：“可与共学，未可与适道。可与适道，未可与立。可与立，未可与权。”追溯中国文化之源，便会发现圣贤学问都是应时代所需而生，并无拘泥之见。在强调知行合一的同时，中国古代圣贤更讲究“万变不离其宗”“一以贯之”的权变智慧。可以说，“权”是中国文化的至高境界。而之所以能行“权”，是由于中国文化本身重视“体性”，作用是体性缘感而生成。如孔子弟子问仁、问孝,孔子皆应机施教,并未告以“标准答案”,这就是行“权”的智慧。以《周易 · 系辞上》之理而言，“《易》，无思也，无为也，寂然不动，感而遂通天下之故”。正因无思无为，故可应物之感，通天彻地，产生圆满相应的对应方法。以譬喻形容，就是圣贤如医、学说如药，人类社会的种种问题犹如疾病。医生治病，圣贤治世。因为大众有千差万别的疾病，所以圣贤人才给出千门万类的药方。药方是因病而设，或是同病不同症，或是同症不同病，即便是病症相同，亦需因各人体质不同而采取轻重缓急各异的治疗方案。圣贤人所作为，皆是“应病与药”。有病才有药，无病亦无药。病的种类、程度不同，药的组成、剂量也就不同。既无一定之规，也就无所谓相互矛盾了。

“中国学术，以研究人类现世生活之理法为中心，古今思想家皆集中精力于此方面之各种问题。以今语道之，即人生哲学及政治哲学所包含之诸问题也……为世界任何部分所莫能逮。”[1] 中国学术重视实践价值，各家思想都致力于解决人类社会出现的现实问题。而由于社会环境及人民心智水平不同，对同一问题的认知角度有差异，因而各家学说也就各有自己的特点。虽然百家争鸣，但从产生原因看，诸子百家学说都是应社会需要而生，致力于解决实际问题的“实学”。

由于所处自然、人文环境不同，故采取的方法也会有所取舍偏重。圣人无常法，而随机设教，此即中国传统文化中“时”的概念——相时而动，随时而变。《群书治要》与文化特质相应之处，即在于其能广采众说，不作门户之见。凡是有益于辅弼国政的思想、经验，皆熔于一炉，相互补益。因而，我们可以将《群书治要》视为一个“药方宝库”，无论什么时代的人从中求索，都能够找到与之相应的“济世良药”。由此可知，魏徵在《群书治要·序》中所讲的“传之来叶，可以贻厥孙谋”之语，确非虚言。

所以，《群书治要》采自诸子百家的思想，不仅不会导致前后矛盾，反而折射出了中国文化的统一性、包容性和多元性。圣人是对宇宙人生认知最为透彻圆满的人，贤人是洞察一部分事实真相的人。圣人的境界贤人不知，贤人的境界君子不知。因此，古代仁人志士在谈治国理政时，就会因境界不同而有所差异。也正因为主体认知能力与客体认知对象的差异，才导致了文化的百家争鸣现象。

有学者认为，唐初的治国理念乃是外用儒家、内用黄老，理由是

1　梁启超:《先秦政治思想史》，中华书局 1962 年版，第 1 页。

李唐君主奉道家创始人老子为同姓祖先，魏徵本人亦曾出家为道。那《群书治要》是否也偏重于道家学说？观其文本，便会发现不然。诸子百家思想精华皆融汇其中，从其内容编排来看，乃依据经、史、子之次第，显然是以儒家为主干，以四史诸子为阐发；从篇幅来看，入选的道家典籍分量并不多；从内容来看，儒家之五伦八德、礼乐官制都有大量论述，因此并未有据显示其特尊道家。圣贤治国，并无一定之规，也无门户之见。大唐盛世的开创，绝不是仅靠墨守一家之言，而是兼收并蓄、博采众长的结果。唐初的施政思想，与其说是奉行某家某派的理念，不如说是以儒学为基，根据当时社会具体状况而选择的结果更为准确。更何况作为《群书治要》主体部分的儒家学说本身就相时而动，讲究权变。因而，只有从历史事实出发，真正明了圣贤学问之所由生，才能正确理解治世能臣、一代明君的思想。

三、《群书治要》的现代价值

（一）历史的验证

孙中山先生曾在《三民主义》讲演中说："欧洲的科学发达、物质文明的进步，不过是近来二百多年的事。讲到政治哲学的真谛，欧洲人还要求之于中国。"中国文化的一大优势，即是成熟于人类文明"轴心时代"，并绵延传承两千余年而不绝。而成就了几千年统一历史的中国传统政治智慧，更是独树一帜，理应大书特书。即便在现代世界，"包括儒家思想在内的中国优秀传统文化中，（仍然）

蕴藏着解决当代人类面临的难题的重要启示”。[1]

中国文化中，诸子百家都直接或间接关注治国理政。而一种学说之所以能够兴起，必然有其相应的理论建树与实践价值。它在历史发展中，不免会衍生出许多流派，这些流派在传承本有学说体系的同时，还会进行再创造。这些创造，有的可能是应时而动而生的“老树新枝”，虽新，却不离其本；虽变，却不离其宗，此可谓“真传”；有的可能是“另起炉灶”，虽曰“名门之后”，实际上却已自成一家。故中国文化的发展，出现了三教九流、百家千派。而流派众多的结果是思想庞杂，学人但知其名相，而莫辨其真伪。这就随之产生几个问题：看似合理的学说到底是否可行？如可行，行之是否有效？如行之有效，是否会产生流弊？这些问题，对于不仅限理论探讨而务于实践的学人来说，确是非常重要的关注点。

《群书治要·史记上》有云：“前事之不忘，后事之师。是以君子为国，观之上古，验之当世，参以人事。”中国治学的独有优势，即在于其几千年不曾间断的文化传承。“历史研究是一切科学研究的基础。”[2]以史为鉴，诸种学说之长短，皆可在历史验证中彰显无遗。以法家思想为例，先人以其理论体系完备、实用效果显著而重之。历史上，秦国确实因行商君之法而强大，法家所倡导的功利主义原则短期内促进了经济发展，但却使得民风奸伪、人情浇薄。法家所推重的严刑峻法能使民众慑服、不敢造次，但也带来了统治者内部矛盾和民心离散。法家思想主张人性本恶，施

1 习近平：《在纪念孔子诞辰 2565 周年国际学术研讨会上的讲话》，2014 年 9 月 24 日《人民日报》。

2 习近平：《致第二十二届国际历史科学大会的贺信》，2015 年 8 月 24 日《人民日报》。

政主张权谋监察，却使得上下离心离德。故秦朝虽然尽收天下兵器，据山河之险，但最终祸起萧墙，二世而亡。秦朝在法家思想中强盛，亦在崇法中毁灭。在中国古代，史官不断记录、总结、修正的结晶，是一种历时长久、规模宏大的社会实验记录，为全面客观评价过往乃至当今提供了可能。

《群书治要》成书于唐代，其内容汇集了从三皇五帝到晋代治国理政的经验总结。经过两千多年的历史论证，在唐代已经完全能从事实出发，对各家各派的治国理念进行客观理性的取舍，“贞观之治”的政绩也证明了这一点。因此，《群书治要》所阐释的治国理政思想，确是精粹之作，在今天仍有很强的指导意义。

（二）材料的可靠性

由以史为鉴的话题也引出了对采集数据的可靠性的思考。《群书治要》中所采摘的典籍，虽然有一部分经典经后人考证，认为并非原著，如《孔子家语》非成书于孔子时代，《六韬》亦非姜太公所作而为后人托名，等等。但透过表象深入实质，所谓“伪书”其实是对作者何人的争论，而并不关乎其所述道理的真伪。梁启超先生曾指出：“辨别伪书，凡以求时代之正确而已，不能因其伪而径行抛弃。”[1] 孔子云“君子不以言举人，不以人废言”[2]，此言诚为研究学习古代典籍之良训。魏徵等大臣久经历练，《群书治要》亦呈献皇帝之书，故其编纂态度必然特别严谨。因此，书中所阐发的治国思想必然是经过历史验证而非臆想推理的，是能与其他经典相互印证的治国正道，并不妨碍其可为后人取法。这些书籍之所以能被广

1 梁启超：《先秦政治思想史》，中华书局 1962 年版，第 10 页。

2 《论语·卫灵公》。

泛流传至今，也证明了其理论的宝贵价值。

可以确信的是，《群书治要》中所载的治国之道，是古人披沙拣金的结果，因而历久弥新。历史证明，人类总是不断地重复从前的错误。事实上，当今世界存在的诸多问题都已在《群书治要》中论及，并已做出明确论断。对于《群书治要》中的思想，我们要深刻领会其中所阐述的根本性原则和理念，并根据当今时代特点进行解读，如果机械理解古人思想，而又谤其大谬，实在令人叹惋。

（三）内容的实用性

习近平总书记强调："历史是人民创造的，文明也是人民创造的。对绵延5000多年的中华文明，我们应该多一份尊重，多一份思考。对古代的成功经验，我们要本着择其善者而从之、其不善者而去之的科学态度，牢记历史经验、牢记历史教训、牢记历史警示，为推进国家治理体系和治理能力现代化提供有益借鉴。"对于中国古代治国理政的精华与糟粕之辨，不仅现代人考虑到了这个问题，古人同样也考虑到了。魏徵等人在编纂《群书治要》时确定的原则是："一书之内，牙角无遗；一事之中，羽毛咸尽。"[1]即所选录的典籍之中，凡是关于修身、齐家、治国、平天下的精华，无一句遗漏，如果是历史事件，那么整个历史事件的内容都会选录完整，甚至连细节也保存下来，并且是从正、反两方面来选择治国理政的原理原则及历史事件，使太宗皇帝及后人在吸取成功经验的同时，学习到失败的教训。可见，魏徵等社稷之臣在编辑《群书治要》时，已经为后人承担了"去粗取精"的工作。他们的用心良苦，目的是为了给当时

1 《群书治要·序》。

的太宗皇帝乃至后人治国理政提供最好的借鉴与启示，在最少的时间内获得最大的利益。因此，有专家称《群书治要》是“中国传统政治哲学的精髓”“中华传统文化的精华之精华”，其中所选录的内容基本是具有规律性的、可以古今适用的治国之道。这也是笔者选择《群书治要》作为研究课题的重要原因之一。

四、研究框架及内容

本书研究的内容主要是《群书治要》中的治国理政思想，鉴于学界对于治国理政的概念意见纷纭，所以有必要就本书的研究视角进行说明。与西方法理型文化截然不同，中国是伦理型文化，道德渗透到人们社会生活的方方面面，政治生活也不例外。政治，并不局限在掌握国家权力、从事国家治理的行为；从广义上讲，大到国家，小到家庭、单位，甚至两人以上的团体，都会涉及政治。也就是说，政治几乎与每个人都息息相关。但一般来说，政治仍是指执政者或身处领导地位的人的管理行为，治国理政思想的研究就是关于政治管理与道德、执政者道德等问题的研究。《群书治要》作为唐太宗执政团队治国理政的行动指南，从最宽泛的意义上讲，其内容必然集中地体现在治国理政方面。本书意在以《群书治要》为研究视角，以阐述古代德治德育经验为明线，以实现修齐治平为暗线，按照以教促知、知以导行的逻辑，从重视圣贤教育、经师承传、文以载道、居安思危逐渐过渡到民惟邦本、固本安邦、任贤使能、协和万邦，以求展现中国古代治国理政思想面貌。

“观今宜鉴古，无古不成今。”[1]历史在朝代更迭中向前推进，成功与失败都在不停地重演。观察现今社会出现的问题，宜以历史中发生过的经验教训作为借鉴，没有从历史中总结来的经验教训，就没有今天的成就。小到个人修身齐家，大到宏观治国理政，都可以借鉴古人成功的理念和经验。虽然当今中国和古代实行不同的政治制度和社会制度，但这仅仅是形式上的不同，这种不同是应时代而生的产物。但在这“变”的背后有一个“不变”的“道”。体现在治国理政方面，“道”即是指治国的常理常法，概括来说就是“五伦”“五常”“四维”“八德”，进一步展开即为本书所呈现的中国古代治国理政思想。古人说“天不变，道亦不变”，恒常不变的治国的常理常法，在古代适用，在今天也依然适用。而落实“道”、体现“道”的具体形式和方法，可以随着时代的发展而与时俱进。为此，本书将采取文献研究与史料分析相结合、历史与逻辑相统一、中西方治国理政思想相比较的研究方法，主要围绕以下内容展开论述：

（一）建国君民，教学为先

《礼记·学记》中说“建国君民，教学为先”。政治的本质是管理人，管理人的实质是管理心，管理心的最有效办法是施行教化。本书以“教学为先的德政论”开篇，意在突出教育在治国中的重要地位。观中国之所以能绵延数千年而历史不断，很大程度上就归因于圣贤教育的推行和德政治国方略的实施。第一章从中西历史、现实比较出发，讨论了“人存政举，人亡政息”的历史规律，指出制

---

1 《增广贤文》。

度建设的前提和指向在于伦理道德的落实。缺乏伦理道德支撑的制度建设是难以持久发挥效力的。现实社会问题不能单纯依靠法律惩治手段解决，因为“不教而杀谓之虐”[1]，只有接受过圣贤教育，民众才能明是非、知善恶。中国古代施政理念的核心并不在于外部管理，而在于内部化导，是立足于培养圣贤君子的“圣贤政治”，是超越“不敢欺”、“不能欺”的被动接受而达到“不忍欺”的主动配合的管理境界。中国传统教育的目标是长善救失，以五伦五常、四维八德为内容，通过家庭、学校、社会合力完成。在教育次第上，是以孝悌之道等家庭伦理道德为基础进行拓展延伸，并以法令、法规等制度予以保障，通过上行下效的方式，最终完成反身而诚、反求诸己的人格塑造。

教化人民，首重师道，因为不尊其师，则不敬其学。师道的内核是自觉觉他，就治理层面而言，为政者要肩负起“君亲师”的责任。故第二章主要讨论师道在修身、齐家、治国、平天下方面的重要作用。从修身来看，明师能启发人智慧，助人掌握谋生技能，乃至立德立学；从齐家来看，家道、家风、家业的传承，子孙后代的培养，都有赖于老师的教导；从治国来看，师道的重要性主要体现在国子教育制度、经筵制度和太子教育制度中。而若追求“近者悦”、“远者来”的平天下理想和王道之治，则需要依靠博大精深的文化感召力，这更离不开师道的构建。尤其在全球化的今天，促进文化交流与理解是实现世界和平的重要方式，为此，文人学者无疑将发挥着巨大的推动作用。可见，无论是改进国民思想文化素质，还是推动

1 《论语·尧曰》。

文化间交流传播，振兴师道都有着重大意义。

那如何看待和理解中国传统文化？其伦理道德教育功能何以落实？第三章从经典、文字、礼乐、艺术四方面，讲述了中国传统教育推行的渠道多样性。中华文化博大精深，其中蕴藏着丰富的优秀资源。《群书治要》《四库全书》等无不汇集了传承几千年的经典文献，这些文献中的理论与方法是经过历史的淘洗与验证，即使现代社会也能够借鉴的宝贵遗产。中国古代经典记载了古代圣贤通过观察、体悟而发现的规律性知识，唯有知行合一，才能予以理解。中国文字是古代世界四大文明中唯一延续至今的文字系统，直观表达了中国古人的世界观、人生观、价值观，通过最简省的符号来传达最核心的思想，是智慧经验高度浓缩的体现。礼乐制度是儒家核心价值理念——礼义的呈现形式，其中“礼”主恭敬，具有止恶防非的功效，主要通过外部规约帮助人们构建适宜的伦理道德关系；“乐”则通过内部引导使人情归于中道。礼乐教化重在宣扬伦理道德，反观现代媒体的传播内容，很大程度上不利于人的身心发展，这也是导致现代社会问题层出不穷的主要原因之一。中国古代特别重视教育的日常性，讲究潜移默化、润物无声、寓教于乐，故许多建筑如祠堂、孔庙、城隍庙及雕塑、绘画、戏曲、说书等艺术形式，无不具有教育功能，发挥着褒贬善恶、净化风俗的作用。

（二）为政以德，固本安邦

纵观中国历史，历朝历代的兴衰成败给后人留下了“生于忧患，死于安乐”的鲜活而深刻的经验教训。国家要想长治久安，政权要想经久不衰，就离不开忧患意识的培养。中国古人的忧患意识源于漫长历史经验的积累总结和印证,是建立在“靡不有初,鲜克有终”[1]的古训上,这种意识促使整个统治阶层不断根据执政现实及民心向背进行自我反省、自我调整、自我更新和自我超越。没有一劳永逸的完美制度,制度的健全与完善也非一日之功。政治问题终归是人的问题。而要解决人的问题,首先要靠教育,对于执政阶层来说,教育的首要目标则是要培养起忧患意识。执政者是否仁德、用人是否恰当、制度是否良善、民生是否幸福、风俗是否淳朴,等等,都是忧患的对象。忧患的目的是“解患”,而解患的根本在于为政以德、以民为本。

中国古代之所以重视德政,与传统民本精神密不可分。以民为本的认知充分体现了古圣先王的政治智慧,而这种政治理性的具体实践就表现为重民爱民的“为政以德”。时至今日,民主化浪潮席卷全球,成为世界政治主流,中国亦走出一条特色社会主义民主道路,作为中国共产党的根本工作路线,群众路线一直是、而且必将始终是执政之基、立国之本。人民作为国家的基本构成要素,统治者唯有贵民重民,得到人民的拥护,才能政权永固。重民要落实在爱民的具体实践中,如重视民意,化解民怨,体恤民瘼等。富民是爱民的重要表现,统治者要认识到国财与民财的统一性,尤应注意自奉俭约,倡导良好的消费模式,避免奢侈浪费对人民的错误导向和沉重负担。教民则是爱民的圆满落实,民众有过失,当以仁恕之心耐心劝导,启发其良知,不可以杀伐为能。教民的前提是执政者以身作则,正己才能化人。

---

1 《诗经·大雅》。

以民为本的政治思想，落实到行动上，必然强调要发展经济以保障民生。中国自古便以农业发展为治国基本方略，民心稳则社会稳，民心安则国家安，农业保障了人民衣食供给，筑牢了国家安全防线，也塑造了中国人踏实质朴的性格，形成了与天地万物和谐相处的价值理念。顺应天时，尊重自然，合理协调天地人关系，这些作为传统农耕文明的宝贵经验，对当今可持续发展战略的贯彻实施尤具重大意义。发展农业，除了尊重市场规律，发挥“看不见的手”的作用，更需要国家宏观调控，以促使总量均衡、结构优化、要素合理流动，保证全民利益。基于农业发展的种种益处考虑，“农本商末”观念一直是中国传统经济思想的主论调，由此而来，“重农抑商”也自然是古代统治者一贯奉行的基本治国方策。诚然，这源于传统“重义轻利”的主流价值观影响，但也与古代农业生产技术的不发达息息相关。值得注意的是，农商关系究竟应如何处理，应以是否能达到稳定政治、发展经济和改良社会风气的效果为标准，而非片面重此抑彼。

（三）知人善任，尊贤远佞

作为国家实际治理者，君主与官员的道德素养直接关系到国家的兴衰。第七章以历史事实为依据，比较分析了盛世与衰世官吏的不同。具体而言，执政团队的政治伦理情况可从五个方面进行认知：一是对待人民的态度，可分为爱民与虐民；二是对待自己的态度，可分为谦卑与骄慢；三是对待贤人的态度，可分为用贤与用奸；四是对待外物的态度，可分为节欲与纵欲；五是对待天下的态度，可分为尚公和尚私。历史表明，凡是爱民、自谦、用贤、节欲、尚公的执政团队，都能取得治世乃至盛世的成就。相反，凡是虐民、骄慢、用奸、纵欲、尚私的执政团队，都逃不过衰败乃至灭亡的历史命运。

如何才能打造一支高效的执政团队呢？第八章至第十一章集中讨论了君主任贤使能的问题。领导者用人直接关乎着政权的兴衰成败，博地广财皆不足恃，唯有贤人可以安邦定国、治乱持危。想要得贤，首先必须知贤，“知人者智，自知者明”[1]，自知是知人的基础。观察贤士有很多方法，古人总结了八观六验、六戚四隐、三参、四慎、五仪、六验、七害、八征、九虑，等等，以此全面观察人的心性，判断其是否贤德。观人虽有方法可寻，但招纳贤士最重要的因素还是“有德此有人”[2]，即修养自己，通过“同声相应，同气相求”[3]的方式感召人才。得贤后，必须敬贤、任贤。判定贤人应遵循德才兼备、以德为先的原则，重视选拔忠孝之士、正直之士和让贤之士担任官职。任贤当安贤，对待贤士要态度上诚敬、物质上保障、行为上共进，这些都是感召和留住贤士的重要方法。而任贤尤其要注意避免求而不知、知而不用、用而不信、信而复疑，不能官非其任、禄非其功，杜绝求全责备、嫉贤妒能、听信群小、党派之争等情况的发生，因为这些都会导致失贤。

（四）仁施天下，协和万邦

考察中国历史就会发现，古代君主为政虽以国定民安为目的，但更志向于平治天下。在现在看来，就是以促进世界的和平与发展为使命。古人这种博大胸怀是圣贤教育长期推行而内化的结果。因此，最后一章主要介绍中国古代处理外交关系的理念和原则。需要

---

1 《老子·第三十三章》。

2 《大学》。

3 《周易·乾卦》。

注意的是，“平天下”并非教唆君主推行霸权主义和强权政治，其实质在于借由君主推行“王道”，普施仁德于天下，使各国蒙受感化，主动起而效仿。由此，君主必然要奉行“以和为贵”的邦交政策。

“和”，作为中华文化的主体特征，强调的是一种稳定有序的状态，表现在国与国关系上，则是“协和万邦”，具体可从三个方面诠释：其一，崇礼尚德。中国自古素有“礼义之邦”的美誉，不仅是因为国内推崇礼德，在推进国家间互动交往时，也同样重视其对建构国家间和平秩序及天下安定幸福的积极价值。守礼的国家不仅能受到他国的尊重，而且还以保护弱小为责，反对恃强凌弱行为。可见，礼既是处理国际关系的基本原则，更是有力约束。而务德，则可以使其他国家心悦诚服，这就必然强调反对霸权主义和强权政治。其二，讲信称义。从古至今，信和义都是国家间和平交往的共同准则和行为规范。一方面，“民无信不立”[1]、国无信则衰。中国古代特别重视“信”在两国邦交中的价值，尤以失信为耻，时至今日，依然如此。纵观当前国际之纷争，很大程度上就是因为“信”出现了危机。所以当务之急，必须促进各国间对话交流，增进理解互信，达成共存共荣的基本共识。另一方面，“君子爱财，取之有道”[2]，“道之大本，仁义而已”[3]。诚然，维护国家核心利益和正当权益不受侵犯，无论何时都是必须坚守的邦交底线，但不能以此为由，挑起甚或扩大战端，置天下安危于不顾。循义而为，以义建利，是维护国际和平与安全最起码的道德要求。其三，仁者无敌。此句语出《孟

1 《论语·颜渊》。

2 《增广贤文》。

3 《群书治要·申鉴》。

子·梁惠王上》，表达了孟子的一种政治理想，它包含了两层含义：其一是仁德之君推行仁政于天下，使各国及民众都心悦诚服，自然没有敌人；其二是仁者没有分别心，都一视同仁，平等对待，不搞特殊化，自然也不会有敌人。实际上，中国古圣先贤很少言一国之小利，起心动念无不是天下之大利。用现在的话来说，就是本着国际人道主义精神，着眼于整个世界乃至全人类的福祉，帮助落后地区、弱小国家解难纾困，其实质是真心实意为他国人民着想。当今世界，一些西方大国总以"民主"、"人权"等名义，插手他国事务，企图谋取私利，结果不仅竹篮子打水一场空，还搅得国际局势动荡不安。反观中国，对外援助坚决不附带任何政治条件，始终奉行独立自主的和平外交政策，坚持合作共赢、共同发展的外交理念，立足于"人类命运共同体"的视角处理国际关系，充分展现了一个负责任大国的风范。正因为如此，现在越来越多的国家和地区理解认同并支持中国，中国若能始终不离仁义之道，则中华民族伟大复兴的中国梦指日可待。

第一章　教学为先的德政论

改革开放以来，我国虽在经济建设方面取得了举世瞩目的成就，但是在政治领域和社会领域却出现了一些令人堪忧的问题，例如贪污腐败盛行、言路不够畅通、贫富悬殊、国有资产流失、假冒伪劣充斥、食品安全堪忧，等等。这些问题已经成为影响社会和谐与长治久安的重要因素。与此相比，西方发达国家的这些问题似乎并没有这样严重。因此，很多学者便把目光投向了西方，认为只有把西方的民主政治制度搬到中国，才可以解决中国社会出现的这些问题。这种观点既缺乏对社会治乱根源的深刻分析，也忽视了西方民主政治制度产生的宗教文化背景，因而，就会不可避免地出现“异体移植”的弊端，不能取得预期的效果。

一、“其人存，则其政举”：社会治乱的根本在人心

以腐败现象为例，腐败通常是指国家公务人员不正当地运用公共权力以获得非法的个人利益。从现实来看，腐败现象的产生应具备三个条件：(1) 领导者的私利观念和腐败思想——它说明为什么会腐败；(2) 公共权力的存在，即领导者手中都掌握着一部分公共权力——它说明用什么去搞腐败；(3) 体制的不完善和法律监督机制的不健全，为以权谋私提供了可乘之机——它说明何以能够腐败。

三者缺一，都不能导致腐败。

公共权力的存在，是腐败产生的必要条件，但并不必然导致腐败。公共权力既可以善用，也可以恶用，关键在于谁来用、怎样用。因此，腐败的根源只能从用权者和用权制度两方面来寻找。

从用权制度的角度来看，体制、监督机制的不健全，是产生腐败的社会原因，是外因（缘）。从用权者的角度来看，领导者私欲的膨胀和腐朽的道德观是腐败产生的思想原因，是内因（因）。内因是事物发展变化的根源和第一位的原因，是事物存在的深刻基础。因此，要根除腐败，必须解决产生腐败的思想动因，提高领导者的道德素质和责任观念，培养领导者的正义美德。

《群书治要·孙卿子》中提出：

有乱君，无乱国；有治人，无治法，羿之法非亡也，而羿不世中；禹之法犹存，而夏不世王。故法不能独立得其人则存，失其人则亡。法者，治之端也；君子者，法之源也。故有君子，则法虽省，足以遍矣；无君子，则法虽具，足以乱矣。故明主急得其人，而暗主急得其势。急得其人，则身逸而国治，功大而名美。急得其势，则身劳而国乱，功废而名辱。

大意是：有使国家昏乱的君主，却没有必然混乱的国家。有使国家得到治理的人，却没有自行使国家得到治理的法律。后羿的射箭方法还存留于世，但后世之人却未必都能百发百中。禹的治国礼法制度也没有灭亡，但夏氏并不能永远称王天下。所以礼法制度不能孤立地存在、不能自行发挥作用，有了圣明的君主，礼法制度才会存在；失去了圣明的君主，礼法制度也会随之消亡。法制，是治理国家的始端（凭依），而人（君子）是法制的本源。有了贤人君子，法律即使简略，也会使国家普遍得到治理。如果没有贤人君子，法律即使很完备，也会使国家混乱。所以圣明的君主都迫切想得到治国的贤才君子，得到了这样的人，自身就可以很安逸，国家也能得到很好的治理，使自己功绩伟大而名声美好。如果不能得到治国的人才，就会自身劳苦而国家混乱，功业败坏而声名狼藉。

从这段话中可窥探出中国古代治国理政的一大显著特点，即德政为主、辅以法制。对此，很多人误以为这是重德轻法，是一种道德理想主义，实际上，这种观点有失偏颇。《周易》云："一阴一阳之谓道。"《汉书·贾谊传》中也说："礼者禁于将然之前，法者禁于已然之后。"法律与道德作为治国之道，如鸟之两翼、车之两轮，不可分离，不可偏废。道德的提升对于法律的制定与实施无疑具有支撑和促进作用，反过来，道德的教育也同样需要依靠法律制度来加以保障和维护。道德教育与法律制度应是相互补充、相互促进、相辅相成的关系。然而，中国传统社会之所以特别强调道德在治国理政中的作用，并不是说法制不重要，恰恰相反，它看到的是更为根本的问题，即为了追求高效地实现国家治理和塑造理想人格的目标。因为，行之有效的道德教育若能深入人心，不仅可令人筑牢守法防线，更可使人志存高远，为实现美好生活的理想而奋发努力。正如上所说"法者，治之端也"，良好的法律是治理的开端和凭依。如果没有良好的法制，就会使得治理无所依循，甚至会出现《墨子》中所说的"一人则一义，二人则二义，十人则十义"现象。可见，好的法制对于治国理政而言是必须的，这也是我们在反腐倡廉的过程中特别重视健全法制、完善监督机制的重要原因。但是同时也应看到“君子者，法之源也”，唯有圣贤君子（有道德的领导者）才能制定出并执行好公正的法律。因为“圣人以天下为度者也。不以己私怒伤天下之公。”[1]“圣人以仁义为准绳，中绳者谓之君子，弗中者谓之小人。”[2]“圣人为民法，必使之明白易知，愚智遍能知之，万民无陷于险危也。故圣人立天下而天下无刑死者，非可刑杀而不刑杀也。万民皆知所以避祸就福而皆自治也。明主因治而治之，故天下大治也。”[3]从这个意义上说，通过道德教育培养具有道德素质的人（特别是领导者）才是社会治乱的根本。这一点，无论对于中国，还是对于西方，都同样适用。

西方以维护公平正义为核心的政治制度是在宗教文化的传统中产生的。换言之，西方的政治制度维护了程序上的公平正义，但仁慈博爱、诚实守信等道德情感却是通过教会培养的。所以事实上，西方人维护社会秩序是依靠“两手抓”：一手抓公平正义的制度建设，一手抓仁爱诚信的道德教育。但是我们在向西方学习的时候，却仅仅看到了其重视公平正义的制度建设的一面，而在很大程度上忽视了这种制度得以建立的根：即一定程度的公民道德素质。所以即使可以把西方某些先进的制度搬到中国来，也不能有效解决实际问题。例如，基层群众自治制度作为中国特色政治制度之一，本意是希望群众在自己生活的社区或乡村里，通过选举、决策、管理和监督，直接参与基层公共事务，表达正当利益诉求，这不仅体现了人民主体地位，也有利于现代公民意识的培养。然而，在实际操作过程中，尤其在基层干部选举时，

1　《群书治要·汉书五》。

2　《群书治要·文子》。

3　《群书治要·商君子》。

却出现了大量的贿选拉票、营私舞弊、家族势力等现象，尽管这与制度的不健全有关，但问题关键还是出在人的身上。

《中庸》上说，“其人存，则其政举；其人亡，则其政息”。如果领导者品德高尚、有公心，那么无论在何种制度下，他都会对企业、对单位、对社会殚精竭虑、尽忠职守，关键时候，甚至可以力挽狂澜。改革开放初期，我国出现的“能人现象”就是如此：一个企业马上就要倒闭了，但只是换了一个领导者，结果短时间内就能把企业扭亏为盈。其实，这个所谓的“能人”，不仅仅是一个有能力的人，而且首先是一位有德的人，因为他不是想方设法把公有资产据为私有，他所制定的政策、所采取的措施都是为了整个企业的长远发展。诚如当代西方著名伦理学家麦金泰尔所认为：无论道德原则有多么具体和完美，但如果人们不具备道德品格或美德，这些原则就不会起作用。他说：“无论美德与法律之间在其他方面有着怎样的紧密联系，对于法律的应用而言，它仅仅对那些拥有正义的美德的人才有可能发挥作用。”也就是说，公平的制度必须得有正义美德的人才能设计出来，即使公平的制度设计出来，也只有具备正义美德的人才能实施到位。

中国古人也有同样的观点。在《群书治要·傅子》上就指出：“明君必顺善制而后致治，非善制之能独治也，必须良佐有以行之也。”贤明的领导者，必须通过推行好的制度，才能达到社会安定的结果。但并不是只要有了好的制度，就能实现大治，还必须有贤能的辅佐之人去推行。而无论是明君，还是良佐，都需要依靠教育尤其道德教育才能培养出来。这里需要指出的是，中国古代教育，完全不同于现代教育。

中国自古便重视教育，长期作为中国古代正统思想的儒家更是重视道德在教育中的地位和作用。孔门四科，德行第一，“德者本也，财者末也。”[1]“财者末也”并非指财不重要，而是指“财”是“德”的结果，即《大学》中讲的，“有德此有人，有人此有土，有土此有财，有财此有用。”如果本末倒置，则会出现《大学》中所说的“外本内末，争民施夺”的情况，也就是《孟子》上所说的“上下交征利，其国危矣”。官员的德行上可影响领导，下可影响百姓，因此，官员的道德修养尤其重要。司马光在《资治通鉴》中也写道：“才者，德之资也；德者，才之帅也。”[2]博学多闻固然重要，但若没有一定的道德素养作为承载，就可能造成知识越多，能力越强，却危害越大的结果。就像司马光在《资治通鉴》中接下来所写的，“才德全尽谓之圣人，才德兼亡谓之愚人，德胜才谓之君子，才胜德谓之小人。……君子挟才以为善，小人挟才以为恶。……自古昔以来，国之乱臣，家之败子，才有余而德不足，以至于颠覆者多矣。”[3]诚然，现代教育在普及科学真理、培育公民精神、促进社会发展、推动历史前进等方面起到了重要积极作用，然而，其在一定程度上却忽视了教育的本质——关于做人的教育，这也是导致现代社会各种形形色色问题层出不穷的主要原因之一。

因此，我国若要走出一条真正有别于西方的中国特色社会主义民主化道路，推进政治体制改革、加强民主法制建设只是一方面，更重要的是，要结合自己的民族文化传统、心理认同，创造出适宜民主政治生存发展的思想土壤，通过教育提升公民的道德素质与理性能力。

1 《大学》。
2 《资治通鉴·周纪一》。
3 《资治通鉴·周纪一》。

在本书第五章《民贵君轻的民本论》中将论述，中国自古便有深厚的民本思想。《尚书》上说:“民惟邦本,本固邦宁。”《孟子》上说:“民为贵,社稷次之,君为轻。”《荀子》中说,“君者、舟也,庶人者、水也；水则载舟，水则覆舟。”《春秋》上说:“民，神之主也，是以圣王先成民，而后致力于神。”可以看出，恢复对中国传统文化的自信，就自然会认识到什么是适宜中国这片土地的民主思想。中国古代以民为本的思想，才正是中国特色的民主政治值得借鉴的。而现在西方社会所强调的多党制及民主投票制度，由于种种限制，恰恰并不能真正实现“人民当家作主”的目的，并不能符合民主本身的定义。要实现“人民当家作主”,保证人民当家作主的效率和水平,则必须要加强教育，提高公民的理性能力和道德素质。而中华传统圣贤教育正以明明德、长善救失为目的，强调智仁勇，恰恰对于加强公民道德建设，培养出具有正义美德的人具有重要意义。这意味着首先要加强公民道德建设，恢复伦理道德教育，培养出具有正义美德的人。换言之，民主政治建设能否成功将在很大程度上取决于能否正确认识和恢复中华传统圣贤教育，提高国民的整体素质。正如美国联邦上诉法院法官勒纳德·汉德（Learned Hamd）所说:“我总是不明白，人们为什么要求助于宪法、法律、法院、法官来实现公平和正义，我反复地告诫你们，这么做是错的。因为真正的公平正义只存在于男女老少的心中，如果公平正义在人们的心中死去，那么宪法、法律、法院、法官谁也救不了他！”也就是说，如果人的良心泯灭了，领导者为了私利而无视公平正义的存在，制度的改革最终也只能沦为某些聪明人更加堂而皇之腐败堕落的保护伞。忽视了伦理道德教育，不仅无法从根本上解决因为人的道德滑坡而出现的种种社会问题，甚至还会出现《群书治要·汉书二》上所说的："法出而奸生，令下而诈起，如以汤止沸，以薪救火。"就是说：法律一出来，违法犯罪的行为反而会发生。命令一颁布，弄虚作假的行为反而会出现，这就像扬汤止沸、以薪救火一样，不仅没法解决问题，反而还会使它们愈演愈坏。

因此，必须强化道德对法治的支撑作用。如果仅仅重视法制监督机制的健全，仅仅关注公平正义的制度设计，而忽视了道德教育，会导致以下结果：

其一，"道之以政，齐之以刑，民免而无耻"[1]：即人们因为惧怕刑法的处罚免于作恶，但是没有羞耻心，甚至还以作恶后能想方设法地免于刑法的处罚而沾沾自喜，自以为聪明。这表现为法律管辖之外的"反社会行为"比比皆是。狭义地讲，"反社会行为"就是指没有触犯法律但却是不道德的行为，如校园霸凌、青少年酗酒斗殴，等等。此外，离婚率上升、青少年犯罪率上升、犯罪低龄化更成为日益严重的社会问题。

其二，"法令滋彰，盗贼多有"[2]：即法律条款越来越严密具体，渗透到生活的方方面面，但是违法乱纪的人却依然众多。这表现为监狱以人满为患，政府以警察短缺为忧。严格的法律和监督机制可以把犯罪的人关进监狱，但并不能解决根本问题。如果缺乏伦理道德的教育，犯人们在监狱里学到的反而是更加狡诈的作案方式，一旦被释放出来，仍然会为害社会。《群书治要·袁子正书》上也说："不能止民恶心，而欲以刀锯禁其外，虽日刑人于市，不能制也。"

1 《论语·为政》。
2 《老子·第五十七章》。

意思是说，如果不能制止人们作恶的心，即使是每一天都以刀锯在外面执行死刑、惩罚犯人，也不能制止作奸犯科的事情发生。这就如高科技手段在协助破案中的作用越来越大，但是人们并没有因为破案手段的提高而免于犯罪。

其三，不能培养出品德高尚的圣贤君子。《群书治要 · 盐铁论》中就提到："法能刑人，而不能使人廉；能杀人，而不能使人仁。"在《群书治要·淮南子》上也说："法能杀不孝者，而不能使人为孔、墨之行；法能刑窃盗者，而不能使人为伯夷之廉。孔子养徒三千人，皆入孝出悌，言为文章，行为仪表，教之所成也。"这就说明，靠法律和制度建设可以把不孝的人判处死刑，但是不能够使人们成为孔子、墨子那样有德行、有孝心的人；法律也能够对窃贼施以刑法的制裁，但是不能使人成为伯夷那样廉洁、有志气的人。孔子教育的徒弟有三千多人，每一个人在家孝敬父母，出门尊敬长辈，言为世则，行为世法，一言一行，都能成为世间的表率，是依靠教育所成就的啊！

其四，"刑罚积而民怨背"。《汉书·贾谊传》中说："以礼义治之者，积礼义；以刑罚治之者，积刑罚。刑罚积而民怨背，礼义积而民和亲。故世主欲民之善同，而所以使民善者或异。或导之以德教，或驱之以法令。导之以德教，德教洽而民气乐；驱之以法令者，法令极而民风哀。"意思是说：用礼义治国者，积累的就是礼义；用刑罚治理国家者，积累的就是刑罚。刑罚用多了人民就怨恨背叛，礼义积多了人民就和睦亲爱。本来世代君主都想让人民德行美好的意愿是相同的，但用以使人民德行美好的办法却不同。有的是用道德教化来引导，有的是用法令来驱使。用道德教化引导，德教和谐时人民的精神状态就表现出欢乐；用法令来驱使的，法令严酷而民风就呈现出哀怨。

其五，不能达到“不忍欺”的最高管理境界。通过重视伦理道德的教育所达到的是高于“不能欺”和“不敢欺”的“不忍欺”的管理境界。在《群书治要·体论》中说到：“德之为政大矣，而礼次之也。夫德礼也者，其导民之具欤。太上养化，使民日迁善，而不知其所以然，此治之上也；其次使民交让，处劳而不怨，此治之次也；其下正法，使民利赏而欢善，畏刑而不敢为非，此治之下也。”意思是说：用道德教化是第一位的，礼法则紧随其后。道德与礼法都是引导人民的工具啊！远古时代的道德教化，使人民日益转向善良，却不知道自己为什么会转向善良，这是最好的治理（正己化人，无为而治）；其次，使人民互相礼让，身受劳作之苦而并无埋怨，这是次一等的状况；再次就是用法规来纠正，使人民因利益得到保障而喜欢从善，因畏惧刑罚而不敢做非法之事，这是最末一等的治理。

其六，“不知礼义，不可以刑法。”[1]如果忽视了道德教育，即使有了好的法制也难以推行而达到国家大治的结果。诚如当代西方著名的伦理学家麦金泰尔所认为的，无论道德或法律原则有多么具体和完美，如果人们不具备道德品格或美德，这些原则就不会起作用。

而当代西方社会也出现了以上这两个问题，原因就在于近现代以来，一些西方人把宗教斥为迷信，并且宣称“上帝死了”，普遍地忽视了重视仁慈博爱的宗教教育所致，这些问题仅靠维护公平正义的民主政治制度本身是无法解决的。正如麦金泰尔在他的另一本著作《谁之正义？何种合理性？》中所质疑的：“如果忽视了个体

1 《群书治要·淮南子》。

美德的培养，所谓的正义制度、正义规则是‘谁之正义’呢？”由此可见，社会和谐与否，从根本上取决于人心的善良和行为的正当，即古人所谓“人心正则国治，人心邪则国乱”。《孟子·离娄上》也说：“是以惟仁者宜在高位。不仁而在高位，是播其恶于众也。”只有具备仁爱道德的人，适宜处于领导地位。如果不仁的人处于领导地位，他就会把他的罪恶传播给广大的民众。

二、“不教而杀谓之虐”：唯有圣贤教育可以导正人心

德才兼备的领导者不是凭空出现的，必须靠教育才能培养出来。而在《论语·尧曰》上，孔子说“不教而杀谓之虐”。也就是说，在位者如果没有教导人们仁义慈悌的道理，人们因为缺少伦理道德的教育、不知道做人的本分责任而走向违法乱纪的道路，就被处以死刑，这种政治属于虐政。

《群书治要·史记下》讲：“汉兴，破觚而为圆，斫雕而为朴，网漏于吞舟之鱼，而吏治烝烝，不至于奸，黎民艾安。由是观之，在彼不在此，在道德不在严酷也。”“彼”即道德教化，“此”即严苛的法制。这段意思是：汉朝之所以兴起，是因为去严刑而从简政，去浮华而倡质朴，法网宽疏得可以漏掉能吞噬船只的大鱼，可官吏的政绩却蒸蒸日上，谁也不敢为非作歹，百姓和美安定。由此看来，治理国家重要的是道德的引导，而不在于刑罚的严酷。

中国的文化传统不同于西方的宗教文化，它是一种重视伦理道德因果教育的圣贤文化，注重通过家庭教育、学校教育、社会教育、宗教教育等形式，培养出德才兼备的人作为官吏的候补，并在官吏

的选拔、考核、监察、奖励、培训和管理上落实“进贤受上赏，蔽贤蒙显戮”的主张，这就能保证德才兼备的人被选拔到领导职位上。换言之，这种政治制度同时兼顾了公平正义和仁慈博爱两个方面。所以，中国历史上的理想政治制度是圣贤政治。在这种政治制度中，所有的制度建设和改革都是围绕着如何把一个人培养成为好人而设计的，其结果是“贤君之治国，其政平，吏不苛；其赋敛节，其自奉薄；不以私善害公法，赏赐不加于无功，刑罚不施于无罪；不因喜以赏，不因怒以诛；害民者有罪，进贤者有赏……官无腐蠹之藏，国无流饿之民。”“故善为国者，御民如父母之爱子，如兄之慈弟也。见之饥寒，则为之哀。见之劳苦，则为之悲。”[1]

因而，圣贤政治所达到的是“无为而治”的理想效果。《盐铁论》中，对刑罚与道德教化的关系做了一个形象的比喻：刑法对于治理国家，就像马鞭对于驾车一样，好的御手不能没有马鞭就去赶车，而是拿着马鞭却不轻易使用。圣人借助刑法来实现教化，教化成功了，刑罚便可以搁置不用。这就是《尚书》上所说的“刑期于无刑”。为什么要设立刑法？就是要起到警戒、威慑的作用，但是最终的目的是期望人们不要触犯法律。历史上，西周时期的“成康盛世”，因为兴起道德教化，结果囹圄空虚，刑措不用；唐朝贞观四年（公元 630 年）全国被判处死刑的囚犯只有 29 个人，到了贞观六年（公元 632 年），死刑犯虽然增至 290 人，但是这一年年末，唐太宗准许他们回家办理后事，第二年秋天再回来就死，结果第二年 9 月的时候，290 名囚犯全部回来，居然没有一人逃跑。

---

1 《群书治要·六韬》。

总结这些盛世成就的规律，都是在制定了善法的同时，特别重视道德教化，因而实现了依法治国与以德治国的有机结合。可以说，在中华民族实现伟大复兴的关键历史时期，《群书治要》中关于“礼法兼治”是习近平总书记关于依法治国与以德治国相结合的历史文化渊源，对于我们深入理解与全面落实依法治国的基本方略具有特别重要的指导作用。

从历史上来看，中国是一个有着两千多年统一历史的国家，一直推行的是以重视伦理道德教育为基础的圣贤政治，不仅出现了一代代明君，更开创过一个个盛世，治国功绩举世瞩目。可是，由于对传统文化的过度批判，使我们一度丧失了民族文化自信心，结果，忽视人的道德素质提升而仅仅关注民主制度的推行，就出现了因为人的良心泯灭而导致的种种社会问题。废弃圣贤政治不用，社会大众的道德素质和理性能力又没有达到一定的水平，比如目光短视、自私自利，就贸然采取民主政治，后果将不堪设想。因而，无论是圣贤政治还是民主政治，都是以公民具备一定的道德素质和理性能力为基础，才可能实现理想的效果。

三、“人是可以教得好的”：中国传统圣贤教育的经验

中国传统社会的道德教育之所以能够奏效，与古人对待圣贤教育重视与恭敬的态度息息相关。总结两千多年来中国传统圣贤教育的经验与规律，具有以下几个特点：

（一）目标明确

中国古代对伦理道德因果的教育，是站在治国理政的高度加以

重视的。《礼记·学记》上提出“建国君民，教学为先”，就是说建立国家和领导人民，教育是至关重要的、是第一位的；又提出“教也者，长善而救其失者也”，教育的目的是使人的过失得以挽救、使人的善良不断增长。那么“长善救失”的目的是什么呢？《大学》开篇讲道：“大学之道，在明明德，在亲民，在止于至善。”即是点明了教育的目的是要明明德，即恢复人们本善的本性，并且通过亲民、爱民、化民，使人民也明明德。明明德与亲民就是自觉觉他的教育过程。而这种明明德的教育，就是成圣成贤的圣贤教育，而其内容便是伦理道德因果的教育。教育直接影响年轻一代的成长，年轻一代是国家的未来，换句话说，教育关乎一个国家的前途和命运。只有办好教育，才能使人心得到治理，协调好人与人之间的伦理关系，才能从根本上保证社会的长治久安。

（二）规范概括

教育的最终目标是要使人恢复本善的本性，那么教育的内容就要与性德相应。中国古人讲：大道至简。同样，中国传统道德规范也简要明确，易记易传，概括来说就是“四维”“八德”“五伦”“五常”。四维即礼、义、廉、耻。《群书治要·管子》讲：“四维张，则君令行；四维不张，国乃灭亡”。八德即孝、悌、忠、信、礼、义、廉、耻。五伦即父子有亲、君臣有义、夫妇有别、长幼有序、朋友有信。五常即仁、义、礼、智、信。这些都是千百年来人们普遍奉行的价值观。

（三）内容丰富

人们懂得了伦理道德，则会耻于作恶，如果明了因果，则不敢做恶。中国传统教育不仅包含伦理道德的教育，“善有善报、恶有恶报”的因果教育是必不可少的内容。在中国古代，教育由儒释道三家来共同承担，因果教育贯彻于三家教育之中，核心都是教导人们“诸恶莫作,众善奉行”[1]。如儒家经典《周易》里的“积善之家，必有余庆；积不善之家，必有余殃”；《大学》里的“德者本也，财者末也”，“言悖而出者，亦悖而入；货悖而入者，亦悖而出”；《中庸》里的“大德，必得其位，必得其禄，必得其名，必得其寿”；《尚书》里的“惠迪吉，从逆凶，惟影响”；《诗经》里的“无念尔祖，聿修厥德；永言配命，自求多福”，皆属因果教育。道家经典中，《太上感应篇》开篇便告诫人们“祸福无门，惟人自召；善恶之报，如影随形”。以讲因果报应为主的《太上感应篇》《文昌帝君阴骘文》《关帝觉世经》,更是古代士人的必读书。佛教讲“万法皆空,因果不空”,则是把因果规律讲得更为彻底。中国历史上虽无西方意义上的宗教，但因国家、社会大力提倡因果教育，使得“善有善报，恶有恶报，不是不报，时侯未到”的观念深入人心，妇孺皆知，故人不敢肆意妄为。因果教育对端正世道人心起到了不可替代的作用。这些都对形成淳朴向善的民风和达到社会的安定和谐起到了重要作用。

（四）形式多样

中国古代道德教育的形式多样，并且构成了完整体系，以保证教学始终不中断。

家庭教育是道德教育的开始。更确切地说，是从母亲的胎教开始。中国自古便重视胎教。《大戴礼记 · 保傅》记载：“周后妃任成王于身，立而不跂，坐而不差，独处而不倨，虽怒而不詈，胎教之谓也。”五伦关系中的“夫妇有别”，这里的“别”并不是指夫妻地

---

1 《太上感应篇》。

位上的差异，而是指夫妻之间分工不同：男子是家庭的支柱；女子护持家庭，更重要的职责是教导儿女，使他们成为有用之材。古人说：“闺阃乃圣贤所出之地，母教为天下太平之源。”《说文解字》将教育的“育”字解释为“养子使作善也”，并引徐锴的解释：“不顺子亦教之，况顺者乎？”段玉裁在《说文解字注》中进一步注解：“不从子而从倒子者，正谓不善者可使作善也。”正是父母对子女从一出生便开始言传身教，使子女在无形中养成了孝敬的德行基础。中国古代是传统大家庭，家庭的稳定是社会稳定的基础。在维护家庭稳定和教育子女方面，家规、家学、家训、家道起了极其重要的作用。一些千古流传的家训名篇如《颜氏家训》《朱子治家格言》等，至今脍炙人口；清代成书的《弟子规》，更是中国传统家规的经典之作。恢复家规教育，重视家庭母教，可使孩童打下良好的伦理道德基础，也为将来学问的成就打下基础。

学校教育是教育的主体。《群书治要·汉书二》中说：“古之王者，莫不以教化为大务。立大学以教于国，设庠序以化于邑。教化已明，习俗已成，天下尝无一人之狱矣。”意思是说，古代的君王，无不把教化人民作为治国要务，设立太学在国都推行教化，设立庠序（地方学校）在地方教化人民。教化既已昭明，习俗已经形成，天下就曾出现过监狱里空无一人的情形。《群书治要·周礼》中记载，“建邦之六典”中，教典位列第二，仅次于治典，在礼典、政典、刑典、事典之上，教典的作用是“以安邦国，以教官府，以扰万民”，即安定诸侯、教导官员、驯化百姓。在《周礼》中还详细记载了掌管教育的各级官员以及教授的内容，例如，大司徒施行十二种教法：

一曰以祀礼教敬，则民不苟，二曰以阳礼教让，则民不争，三曰以阴礼教亲，则民不怨，四曰以乐礼教和，则民不乖，五曰以仪辩等，则民不越，六曰以俗教安，则民不愉，七曰以刑教中，则民不虣，八曰以誓教恤，则民不怠，九曰以度教节，则民知足，十曰以世事教能，则民不失职，十有一曰以贤制爵，则民慎德，十有二曰以庸制禄，则民兴功。[1]

另有乡学的三种教法来教导百姓。

一曰六德:智，仁，圣，义，忠，和;二曰六行:孝，友，睦，姻，任，恤;三曰六艺:礼，乐，射，驭，书，数。[2]

掌管王室教育的官员“师氏”则“以美诏王（告王以善道）。以三德教国子，一曰至德，以为道本，二曰敏德，以为行本，三曰孝德，以知逆恶也。教三行，一曰孝行，以亲父母，二曰友行，以尊贤良，三曰顺行，以事师长。”[3]

由上可知，古时施行教化，无不是以德行教育为教化的主要内容，而且自天子至于庶人，无有遗漏，乃属全民施教。

学校教育也是家庭教育的延续。《礼记·学记》记载，“凡学之道，严师为难。师严然后道尊，道尊然后民知敬学。”对老师有恭敬心是最难的，有恭敬心才能对老师所传之道生起恭敬心；恭敬老师所

---

1 《国礼 · 地官》。
2 《国礼 · 地官》。
3 《国礼 · 地官》。

传之道，才能接受老师的教诲并且努力精进。在家里，父母教导子女恭敬老师；在学校，老师教导学生孝敬父母。亲师配合共同教导下一代。“诚敬”是成就一切学问的根本。

社会教育是学校教育的延续，是家庭教育的扩展。上古时代，“风”是很重要的一种教化形式。《群书治要·毛诗》讲到：

风天下而正夫妇也。故用之乡人焉，用之邦国焉。《风》，讽也，教也。风以动之，教以化之。……上以风化下，下以风讽上，言之者无罪，闻之者足以自诫。

在上位的君王通过诗歌对民众实行教化，在下层的百姓则通过诗歌将民间的风俗与疾苦上达给君王。《论语·为政》篇中记载，子曰：“诗三百,一言以蔽之，曰‘思无邪’。”在中国古代，社会教育秉持了孔子提出的“思无邪”的理念。音乐、歌舞、戏剧、诗词等文艺作品，无不以宣扬道德、弘扬正气为主要内容，从而使得社会的正气上升、邪气下降。同样，在科学迅猛发展的今天，网际网络渗透到人生活中的方方面面，社会教育对人们正确价值观的树立更是起着潜移默化的深远影响。所以，国家的文化部门、新闻媒体以及网际网络等，都应当承担起弘扬社会正气的责任，为倡导和树立正确的道德观营造良好的社会氛围。

（五）次序合理

教学由孝开始，德行为先。蒙学经典《弟子规》开篇即阐明了教育的次第：“首孝悌，次谨信；泛爱众，而亲仁；行有余力，则以学文”。《三字经》中也说，“首孝悌，次见闻。”《群书治要·孝经》

中讲，“夫孝，德之本也，教之所由生也。”因此教学从教“孝”开始。《论语·学而》中，有子曰：“君子务本，本立而道生。孝弟也者，其仁之本与。”这是说：君子处世要致力于根本，根本确立了，原则也就产生了。“孝悌”就是“仁”的根本。因而，道德教育应当从培养人的孝心开始。孝能培养人恩义、情义、道义的处世原则，在这种原则下，人们便不会违法乱纪、作奸犯科。相反，以利害为取舍的处世原则会使人做出见利忘义或忘恩负义的事情。所以，有子继续说：“其为人也孝弟，而好犯上者，鲜矣；不好犯上而好作乱者，未之有也。”[1]《孝经》上也讲：“教民亲爱，莫善于孝；教民礼顺，莫善于悌”，“长幼顺，故上下治。”孝的教育是维持良好社会伦理秩序的根本。《说文解字》解释“孝”字为“子承老也”，即父子一体。孝教导人们互亲互爱，教给人们“一体”的观念：“仁者，人也，亲亲为大”[2]，孝，“始于事亲”[3]，进而“老吾老，以及人之老”[4]，从“亲亲而仁民，仁民而爱物”[5]及至民胞物与，再到“天地与我并生，而万物与我为一”[6]的境界。因此《孝经》中说：孝可以“天下和平，灾害不生，祸乱不作。”这种“孝”的教育不仅包括养父母之身，还包括养父母之心、养父母之志、养父母之慧。在中国古代，“孝”是由老师来教导的，正如《礼记·学记》中所说的，“师无当于五服，五服弗得不亲。”老师不教导人伦关系，人们就不知道相

---

1 《论语·学而》。
2 《中庸》。
3 《孝经》。
4 《孟子·梁惠王上》。
5 《孟子·尽心上》。
6 《庄子·齐物论》。

亲相爱。父母教导子女尊重老师，老师教导学生孝养父母，所以，"孝亲"与"尊师"是紧密联系在一起的。

（六）保障有力

要把道德要求贯彻到法治建设中。以法治承载道德理念，道德才有可靠的制度支撑。中国历史上的道德教育之所以奏效而没有变成空洞的说教，就是因为传统社会的道德教育是依靠各种制度来加以保证和维护的。《孝经》中说："五刑之属三千，而罪莫大于不孝。"北齐律首创"重罪十条"，而其中不孝罪为"十恶不赦"的罪名之一。唐律规定，骂祖父母与父母的要处以绞刑，殴者处以斩刑，并对种种不孝的罪行作出了更具体的处罚。

此外，中国自汉代就实行了"举孝廉"的人才选拔机制，要求官员的选拔必须秉持"爵非德不授，禄非功不予"[1]的准则，并进而从官吏的选拔、考核、监察、奖励、培训和管理制度上落实了"进贤受上赏，蔽贤蒙显戮"[2]的主张，从而保证了德才兼备的人被选拔到领导职位上。在这种政治制度中，所有的制度建设都是围绕着如何把人培养成为一个贤德之人、如何把贤德之人选拔在领导的位置上而设计的，其结果是"其政平，吏不苛，其赋敛节，其自奉薄，不以私善害公法，赏赐不加于无功，刑罚不施于无罪，害民者有罪，进贤者有赏，官无腐蠹之藏，国无流饿之民。"[3]

可见，中国传统并没有忽视法律在治国理政中的作用，而是认为道德教育与法律制裁应是相互补充、相互促进、相辅相成的关系。

---

1 《群书治要 · 傅子》。

2 《说苑》。

3 《群书治要 · 六韬》。

行之有效的道德教育可以深入人心，令人从心底不去犯法。

中国传统社会对道德教育的重视，是通过教育、考试、人才选拔、监察、法律、激励等制度予以保障的。例如，在清朝，如果一个县发生了一件儿子杀父亲的逆伦事件，结果不仅这个儿子会被处以死刑，县长也会因失职而被撤职查办，巡抚（相当于省长）也会被记过。此外，皇帝还会亲自下令，把这个县的城墙拆掉一个角。因为在古人看来，一个县出了这样一个大逆不道的人，是这个县所有人的耻辱。这样的处分可以起到警戒和教育作用，有利于人们形成孝亲尊老的道德观念。再比如，中国传统社会还设计出承载伦理道德因果教育功能的建筑物，像祠堂、孔庙、城隍庙、四合院等，使得教育潜移默化地渗透到人们生活的各个方面。

可见，中国古代对道德教育的重视，并不是空洞的说教，而是有一系列行之有效的措施保障的。简单地讲，社会弘扬什么，就要通过制度激励什么；社会反对什么，就要通过制度约束什么。也就是说，道德教育与制度建设两者之间不是非此即彼、相互对立、相互矛盾的，而是相互促进、相辅相成的。

（七）方法有效

《说文解字》把“教”解释为“上所施，下所效”。道德教育的有效方式是身体力行的感化，而不是空洞的说教，因此特别强调“正人先正己”“身教胜于言教”，尤其重视作为国家和社会事务的管理者、领导人的道德示范作用。《论语·子路》篇中说，子曰：“其身正，不令而行；其身不正，虽令不从。”在这方面，《群书治要·六韬》里说：

君不肖，则国危而民乱。君贤圣，则国家安而天下治。福祸在君，不在天时。……无长幼之序，贵贱之礼。喜听谗用举。无功者赏，无德者富。无礼义，无忠信。无圣人，无贤士。无法度，无升斛。无尺丈，无称衡。此殷国之大妖也。……吏暴虐残贼，败法乱行，而上下不觉，此亡国之时也。夫上好货，群臣好得，而贤者逃伏，其乱至矣。

《群书治要·孙卿子》里也说道：

君子者，治之源也。官人守数，君子养源。故上好礼义，尚贤使能，而无贪利之心，则下亦将綦辞让，致忠信而谨于臣子矣。故赏不治，政令不繁而俗美，百姓莫敢不顺上之法，象上之志，而劝上之事，而安乐之矣。

可见，真正贤圣的领导者不仅是身体力行礼义忠信的道德楷模，而且也是在治国理念上落实“建国君民，教学为先”的人。

（八）重点突出

中国古代社会着重培养的是每一个人“行有不得，反求诸己”的责任意识。“反求诸己”语出《孟子·离娄上》：“行有不得者，皆反求诸己，其身正而天下归之。”如果遇到矛盾时，每个人都能首先反求诸己，而不是去指责对方，才有利于化解矛盾和冲突。古人说“各相责，天翻地覆；各自责，天清地宁”。这也是实现社会和谐的心法。

第二章　修齐治平的师道论

2014 年 9 月 9 日，习近平总书记在视察北京师范大学时强调，“百年大计，教育为本；教育大计，教师为本。”“一个民族源源不断涌现出一批又一批好老师则是民族的希望。”[1]而当务之急便是着力打造一支品学兼优的教师队伍。何为“师”？唐朝韩愈在其《师说》中讲道：“师者，所以传道受业解惑也。”这句话讲明了老师应具备的三种职能，而其中最重要、最关键的就是“传道”。“道”是指宇宙人生真相、是客观自然规律，“师”是对真相和规律明了通晓之人，是“道”的承载者和传播者。中国古人素有“尊师重道”的优良传统，“尊师”意味着“重道”，从而“师道”的重要性也就随之凸显出来。习近平总书记还曾强调“博大精深的中华优秀传统文化是我们在世界文化激荡中站稳脚跟的根基。”“要认真汲取中华优秀传统文化的思想精华和道德精髓。”[2]《群书治要》作为中华优秀传统文化的精华集要，其中蕴含着丰富的“师道”思想，尤其体现在其与修身、齐家、治国、平天下的结合中。

---

1 《习近平同北京师范大学师生代表座谈时的讲话》，新华社北京 2018 年 5 月 2 日电。

2 习近平：《习近平谈治国理政》，外文出版社 2014 年版，第 164 页。

一、师道内核："自觉"与"觉他"的统一

《论语》开篇即言"学而时习之，不亦说乎"。以"学"字作为整部《论语》的领起，可谓意味深远。依段玉裁先生的解释，"学者，觉悟也"。在先秦时代，"学"作"斆"，在意义上侧重于"觉他"；而自秦以后，"学"即作"学"，侧重于"自觉"。[1]因此，从完整意义上而言，"学"既是指自我的反思与提升，也是指启发他人、使之觉悟。自古以来，无论是治国平天下的"大道"，还是制作器物的"小技"，但凡想成就一番事业，都要从师而学，鲜有无师自通者。可见，老师在人类社会发展中发挥着至关重要的作用。

从"师道"的角度来说，"自觉"体现在"学而不厌"，即老师自身的道德学问修养；"觉他"则体现在"诲人不倦"，即老师对教学事业鞠躬尽瘁地付出。孔老夫子之所以被后人尊奉为"至圣先师""万世师表"，概其一生行谊，就在于夫子终其一生都在"自觉"与"觉他"两个方面不断精进：

在自身修养方面，《论语》中记载，孔子说，"吾十有五而志于学，三十而立，四十而不惑，五十而知天命，六十而耳顺，七十而从心所欲不逾矩"[2]，又说"加我数年，五十以学《易》，可以无大过矣"[3]，孔老夫子曾栖心深研《周易》而韦编三绝。他日新又新，效法天道运转的自强不息，确实堪为"自觉"的典范。而在教育后学方面，孔老夫子则有"求也退，故进之；由也兼人，

1　段玉裁：《说文解字注》，艺文印书馆 2007 年版，第 128 页。
2 《论语 · 为政》。
3 《论语 · 述而》。

故退之”[1]的因材施教、善巧方便；有“不愤不启，不悱不发”[2]的启发式教学；有“德行、言语、政事、文学”的教学次第；有“知其不可而为之”[3]的不懈追求；更有在陈绝粮时“君子固穷，小人穷斯滥矣”[4]的现身说法。无论在“自觉”还是在“觉他”，孔子一生的行谊都深刻影响着后世的读书人。“师道”之尊严，也由他作了最好的诠释。

二、师道与修身：诚意正心的良导

（一）修身以智

儒家文化中的三达德“智、仁、勇”，列智慧为首位；在佛陀教育中，以大彻大悟、明心见性为指归，“佛”是梵语音译“佛陀耶”的略称，翻译为“智慧、觉悟”；《老子》开篇即讲“道可道，非常道；名可名，非常名”，又岂非老子对宇宙自然规律的真实体悟？圣人所见，大略相同。可见，“智慧”是中国传统文化的要义、更是千经万论的指归。

为何需要智慧？佛家理论中指出，人的烦恼产生于对自身及所处环境的错误认知，因“迷惑”而“痛苦”。如果人们能够建立对宇宙人生真相的正确认知和理解，清楚万事万物间的因果联系，也就能够“资之深，则取之左右逢其原”[5]了。

---

1 《论语 · 先进》。

2 《论语 · 述而》。

3 《论语 · 宪问》。

4 《论语 · 卫灵公》。

5 《孟子 · 离娄下》。

就修身而言，《大学》中将“格物致知、诚意正心”作为修身的基础。从前后次第看，没有“格物致知”，也就谈不上“诚意正心”。“致知”即是正确的认知。人只有理性、明白地看清自己的优缺之处，才能进一步修正自己、提升自己。如果对内心微细的波动不能察觉，就很难从根本上“诚意正心”，修身也就无从谈起。故修身从根本上而言是指“修心”。倘若不知此心，又如何修得？《老子》上也说：“知人者智，自知者明。”老子所言，与儒圣无二无别。

（二）从师启智

智慧从何而得？《论语·述而》载，孔子说：“我非生而知之者，好古，敏以求之者也。”连“至圣先师”孔子都需要由学习才能启发智慧，更何况后世学人？求学为人生所必需。那向何处求得真正的智慧？如前所述，韩愈给了很好的解释，“师者，所以传道受（今“授”字）业解惑也”[1]。可见，老师是“先觉”之人，因为唯有觉悟之人才能启发蒙昧之人。对于绝大多数人而言，若没有明师指点，自己是很难明理明道、智慧现前的，当然，也不排除极少数无师自通者。

习近平总书记曾说：“一个优秀的老师，应该是‘经师’和‘人师’的统一，既要精于‘受（今授字）业’‘解惑’，更要以‘传道’为责任和使命。”[2]就中国而言，“经师”即是中华文明历代传承下来的典籍，其中蕴藏着古人参透宇宙人生的丰富智慧和修齐治平的宝贵经验，可谓“理事具足”。通过钻研经典，便能使人成为圣贤的“私淑弟子”。“人师”，也就是真正传承道统之人。“经师易得，人师难求”，

---

1 《师说》。

2 《习近平同北京师范大学师生代表座谈时的讲话》，新华社北京 2018 年 5 月 2 日电。

现实中真正能通达经典、践行圣贤教诲的人实属凤毛麟角，在中国文化中被称为“大师级”。“大师”鲜见，只能退而求其次，学而不厌、诲人不倦、知行合一的士人也堪为人师。若师法孔子求学之道，则是“三人行，必有我师焉”[1]，通过观察一切人事物的良莠来反观自省，帮助自我改进。因而，无论“经师”还是“人师”，都是人们安身立命不可或缺的指路明灯。

中国自古强调“尊师”，并不是为师者索求弟子敬仰，而是由“尚谦道”文化所产生。《周易》里说：“天道亏盈而益谦，地道变盈而流谦，鬼道害盈而福谦，人道恶盈而好谦。”谦是涵容之德，唯有谦虚才能受教，唯有受教才能受益。如果心中不谦，纵然圣人出世，也无法传道。因此，“尊师重道”不仅仅是对老师应有的尊重，更是修养使自己终身受用的美德。董仲舒勤学三年不窥园，终于匡扶儒教，是尊“经师”的代表。郑玄从马融受教，目不斜视，终成一代大儒，是尊“人师”的典范。人生之成就，与“尊师重道”有莫大的关系。“经师”所述乃圣贤之道，“人师”所传亦圣贤之道。可见，“尊师”的本质就是“重道”。有“道”方能有“德”，有“德”才会有“得”。不能尊师，也就与正道渐远。远离正道而求，则是南辕北辙的妄求，终究无所得也。

三、师道与齐家：家业家道的构建

（一）家业

中国古代社会的基本单位是家族。兴旺的家族可达到千口规模，

1 《论语·述而》。

一般的家族也会有两三百口。既然说“口”，就要吃饭。家族维系生活，经济收入是基本保障。古代社会分“士农工商”四个阶层。士人读书做官，可以领取俸禄，供给家用。农民耕种粮食，工匠制作器物，商人流通财货，也都是谋生的方式。不只读书人有“先生”，无论从事什么行业，一开始都有“师傅”授业，才能学得一技之长。如果不尊重“先生”或“师傅”，学不到技艺，缺乏谋生的本事，也就不能为家庭、家族作贡献。因此，要解决生计问题，首先应尊师，虚心求学。

《群书治要·汉书二》说：“洪范八政，一曰食，二曰货，二者生民之本。”民生离不开食货，而“兴自神农之世，斫木为耜，煣木为耒，耒耨之利，以教天下”是为谋食之法；“日中为市，致天下之民，聚天下之货，交易而退，各得其所，而货通食足”是足货之方。“然后国实民富，而教化成。”圣人教导民众谋生的方法，这是以圣人为师。世代相传成为国家经济政策，则国家亦为万民之师。

（二）家规

在《论语·季氏》中，孔子说“不学礼，无以立”，意思是：礼是做人的立身之本。作为规范伦理关系的重要依据，礼在家族生活中的具体形态就是家规与家训。这些家规家训既是家族内部成员共同遵守的处事待人接物的原则，也是家族维护团结的必要保障，目的是使五伦关系达到和睦有序的状态，即“父子有亲、君臣有义、夫妇有别、长幼有序、朋友有信”。有了礼，家族才会有序和睦。

在中国古代，尽管从事不同行业的家族，各有不同的家规家训，但是，注重伦理道德却是所有家族文化的共性。中国历史上著名的《颜氏家训》《朱子治家格言》《曾文正公家训》等，都是以圣贤所述之道为根本，代表了中国家族文化的伦理属性。家族内部成员之所以能以家规为公约而自觉遵守，根本原因还是出于对圣贤教化的尊崇。因此，家族文化建立的根本在于“师道尊严”、在于对圣人遗教的传承。在中国，传统家庭有在厅堂供奉“天地君亲师”牌位的习俗，至今仍有地区保留这样的传统。可见，“师道”是中华民族公认的道德基石之一。

（三）家学

除家业家规的构建有赖尊师外，中国古人对家族子弟的教育更是如此。在当时，由于基础教育都是在私塾中完成的，而开办私塾的始祖，大概便是开启了“有教无类”私学之风的孔老夫子。私塾所授内容，大都以儒家文化为主，可见其本身就是传承圣贤学问的地方，必然有师道。一般来说，家族在聘请先生时，礼节会十分隆重：由族长代表族人，向先生行三跪九叩的大礼。这不仅表示了对“师”的尊重，对“道”的尊崇，更承载着历代先祖对子孙后代的殷切期盼。因为家族的希望在晚辈，而晚辈的前途在求学。古人有联语曰：“忠孝传家久，诗书继世长”。如果没有老师，则家族之兴盛无望。族长行大礼时，族人会在旁观礼，族长以此身教示以族中子弟，则子弟在求学之时自然会对老师毕恭毕敬。如果有新生入塾，则是由新生家长带着孩子向孔子牌位和老师分别行大礼，老生在旁观礼。

在中国古代，对师道的尊重还体现在许多方面。《礼记·曲礼》上说：“男子二十冠而字。”男子在二十岁行加冠礼，表成年，亲友会赠送其一个“字”，自此以后，亲友都要称其“字”，以示尊重。即便是入朝为官，面见天子，天子也要称其字而不称名。如果称其名，就是对其人的大不敬。而可以一生称其名的只有两种人：一是生养自己身命的父母，二是长养自己慧命的老师。可见，古人对老师的尊重等同于父母。尊师也是在落实孝道。就师道和孝道的关系而言，可以说，师道由孝道而生。师道既是孝道的延伸，也是对孝道的维护。在"孝治天下"的中国，人们对师道的重视可想而知。

四、师道与治国：执政团队的培养

如前所述，"建国君民，教学为先"[1]。小到个人、家庭，教育是修身、齐家的基础；大到国家治理，教育则是培养官员、统一思想的方法。

（一）"国子教育"制度

国家办学，首要的对象就是直接参与治国理政的官员。《群书治要·周礼》中记载了周朝培养国子的制度：

师氏掌以美诏王，以三德教国子。一曰至德，以为道本；二曰敏德，以为行本；三曰孝德，以知逆恶也。教三行，一曰孝行，以亲父母；二曰友行，以尊贤良；三曰顺行，以事师长。

当时，"国子"指的是公卿大夫的子弟。在周朝，子承父爵，国家可以提前确定后备官员的人选，这有助于提前对其进行统一培

1 《礼记·学记》。

养。“师氏”的主要职责是教给国子“为政以德”的理念和方法。“三德”是对内在品格的塑造,“三行”对外在行为的规范。而无论是“三德”，还是“三行”，都属于五伦之道的范畴。从“一曰至德，以为道本”,可中国古代治国以“道”和“德”为根本原则,而“道”“德”必由圣贤所传。除了德行,国子们还要向“保氏”学习“六艺”“六仪”等处理公务所需的能力和礼仪。

国子所学,以德为本,以艺为用,“亲亲而仁民,仁民而爱物”[1]。国子所习，正是圣贤所传之学。以圣贤为师，即是“尊师重道”。周朝以后，国子教育制度以各种不同的形式传承下来，如始于西周的“太学”、始于隋代的“国子监”等。

（二）“经筵”制度

除培养后备官员制度外，中国古代的帝王还特别重视经筵制度。“经筵”肇始于汉代,是帝王为讲经论史而设的御前讲席。《群书治要·后汉书一》中记载，经过西汉末年的战乱，举国元气大伤，汉光武帝在施政理念上重视文德，勤于政事，“每旦视朝，日晏乃罢，数引公卿郎将讲经论治,夜分乃寐”,尤其重视经典在指导政事方面的切实作用。

汉光武帝之子汉明帝更是尊师重教的典范。据《资治通鉴·汉纪三十六》记载，“上自为太子，受《尚书》于桓荣，及即帝位，犹尊荣以师礼。尝幸太常府，令荣坐东面，设几杖，会百官及荣门生数百人,上亲自执业。诸生或避位发难,上谦曰:太师在是。既罢，悉以太官供具赐太常家。”在中国古代，帝王一般以面南背北的君臣之礼与群臣相见，而汉明帝特尊其师，和老师以东西向的师生之

1 《孟子·尽心上》。

礼相见，被奉为佳话。不仅如此，他还率百官听受老师讲学，并亲自主持仪式，自谦而不显其能。汉明帝尊师之举，可谓尽善尽美。

汉明帝之子汉章帝，同样重视讲经。《群书治要·后汉书一》中记载：“（建初）四年，诏于是下太常、将、大夫、博士、议郎、郎官及诸生、诸儒会白虎观，讲议五经同异，帝亲称制临决焉。”由于历史变革的影响，很多经典的解释在传承中出现了差异，汉章帝就进行了大规模的讲解、整合活动，这不仅有助于保存文化传承，也是执政集团的集体学习。

经筵制度从汉朝开始，到唐、宋、元、明、清皆有不同程度的沿袭。观唐太宗之所以能在隋末战乱后短期内迅速恢复国力，使天下太平、四方来服，开创久负盛名的“贞观之治”，这与他自身重视并带领皇室成员、文武百官学习《群书治要》密不可分；而“康乾盛世”的缔造，也与康熙、雍正、乾隆三代皇帝特重经筵，以及对儒释道三家文化有相当深入的学习和实践密切相关。

（三）“太子教育”制度

治国之道，除君主和官员要接受圣贤教育外，作为国储的太子同样是教育的重要对象。历史证明，能否为太子选择良师益友，直接关系着朝代的兴衰存亡。

《群书治要·汉书四》中记载：“昔者，成王幼，在襁褓之中，召公为太保，周公为太傅，太公为太师。保，保其身体；傅，傅之德义；师，导之教训。”以前周成王尚在襁褓之时，周武王便委任召公做太保、周公为太傅、太公为太师。太保帮助太子强健体魄，太傅教导太子伦理道德，太师传授太子治国方略。“于是为置三少，少保少傅少师，是与太子宴者也。”三少是“陪练”，与太子朝夕相处，在生活中实践所学。“故乃孩提有识，三公三少，明孝仁礼义，以导习之，逐去邪人，不使见恶行。于是皆选天下之端士，孝悌博闻有道术者，以卫翼之，使与太子居处出入。故太子乃生而见正事，闻正言，行正道，左右前后皆正人，夫习与正人居之，不能无正，犹生长楚之乡，不能不楚言也。”太子出生后，开始接受正面的引导教育，因与其朝夕共处之人皆是品行端正之士，太子自然也就能涵养出仁义美德和治国韬略。“天下之命，悬于太子”，太子作为未来之君，代表着国家的未来。因此，“三代之所以长久者，以其辅翼太子有此具也。”而太子教育的关键，“在于早谕教，与选左右”。“早谕教”是因为“心未滥而先谕教，则化易成也”，“选左右”则是因为“教得而左右正，则太子正矣。太子正，而天下定矣。”

《群书治要·史记下》又载，胡亥初登帝位，曾对赵高说：“夫人生世间也，譬犹骋六骥过决隙也。吾既已临天下矣，欲悉耳目之所好，穷心志之所乐，以安宗庙而乐万姓，长有天下，终吾年寿，其道可乎？”虽然纵情游乐非明君之行，但欲承祀宗庙、安乐百姓，也是孝仁之心。但由于赵高的误导，秦二世以严刑杀伐稳固自己的帝位，不仅对亲族大肆杀戮，“群臣诸公子有罪，辄下高令治之，诛杀大臣蒙毅等。公子十二人，戮死咸阳市。十公主矺死于杜，相连坐者不可胜数”，而且大兴徭役建造阿房宫，深居宫闱不听朝政，严刑峻法，急征暴敛，国民不堪其苦，遂起伐之，最终不仅王朝覆灭，自己也为赵高所害。

五、师道与平天下：内圣外王的追求

（一）天下观念

中国文化极具包容性，体现之一便是“天下”观念。中国圣贤很少言一国之利、出口便是天下安危。《孟子·梁惠王上》载，梁惠王见孟子，问:“亦将以有利吾国乎。”孟子回答:“上下交征利，其国危矣。”念念为本国小利，则会有损天下大利。“天下”观念与孟子提出的“王道”观念是同体而生,唯有圣王,才能胸怀天下安危。“王道”与“天下”观的重要表现，即是圣王不仅能体察本国民众的利益，也会同时关注他国人民的利益。在古代，“天下”主要指代和中国交往密切的周边国家。而在当今，“天下”则指整个世界。在全球化日益加深的今天，王道观念、“天下”观念显得尤为重要。因为随着“二战”后主权国家的增多，各国都不同程度地认识到了只争本国之利的“霸道”不仅会使“其国危矣”，也会把全人类带向战争的深渊。只有互利共赢、共存共荣的“天下”观念，才是降温国际纷争、走向和平与发展的光明大道。

（二）文德服远

《论语·季氏》中，孔子说“远人不服，则修文德以来之”，这是中国古代处理外交关系最为宝贵的经验。在建立统一价值观方面，中国祖先讲求“礼闻来学，不闻往教”[1]。所谓“人之患，在好为人师”[2]，中国人注重“君子和而不同”[3]，不主动自发来学习，中国人是不会强行“推销”自己的价值观念的。习近平总书记曾指出:“人类文明因平等才有交流互鉴的前提。”[4]《群书治要·汉书六》中也讲:“孔子称尧曰大哉，韶曰尽善，禹曰无间。以三圣之德，地方不过数千

1 《礼记·曲礼上》。

2 《孟子·离娄上》。

3 《论语·子路》。

4 习近平:《习近平谈治国理政》，外文出版社 2014 年版，第 259 页。

里。欲与声教，则治之;不欲与者，不强治也。”所谓“十里不同风，百里不同俗”，每个地区都有适应其民众心理的历史文化传统，应当予以尊重。如果有陋俗，可以通过熏陶感化，不可勉强为之。

唐朝是中国文化的繁荣期。其间，日本、新罗等周边国家派遣大量使节、留学生来学习儒释道等文化，其影响持续至今。国力强盛当然是吸引异域留学的直接原因，但国力强盛归根结底是因为文化之精深。中国文化之所以得到异族认可，也是因为其所具有的包容性、多元性，倡导共存共荣的理念。据历史记载，在唐朝，不仅佛教兴盛，而且天主教、伊斯兰教也在当时传入中国。唐太宗主张多元共荣，对新进异域文化都予以鼓励支持。无论是远播他方，还是丰富自身，中国人都持有“一体共荣”的观念。这不仅体现了中国人平等谦和的胸怀，文化外交也成为了中国处理异族、异邦关系的成功经验。如果当时唐朝依仗强大国力横行霸道、藐视他国，恐怕也难以为人之师。因为“历史和现实都表明，傲慢和偏见是文明交流互鉴的最大障碍。”[1]

《群书治要·晋书下》论及中原与戎狄关系时曾言“非我族类，其心必异”，道出了处理与异族关系的难处所在。不同的民族，生活习性不同，如果没有推广教化，则心不同而行难和。在古代，边境之所以屡生祸患，除了利益纷争，很大程度上是由于文化没有统一，而不只是民族问题。

分析当今国与国之间产生矛盾的原因，虽然存在利益冲突，但从根本而言，还是文化、价值观的冲突。世界大战的双方，就是抱

1 习近平:《习近平谈治国理政》，外文出版社 2014 年版，第 259 页。

持不同政治态度的联合体；曾经东西方两大阵营的较量，也是以社会制度的差异为名。而现在，世界某些大国常以推广“普世价值”的名义为他国提供“热心帮助”,无论其价值观是否真的具有“普世”价值，也无论其目的是否真的在于利他，这种现象也确实反映了因文化冲突而引发国际冲突连锁反应的情况。再比如，还有一些恐怖组织、分裂势力，其实都是打着宗教的旗号进行着反宗教的行为。

第三章　以文化人的文化论

2011 年，党的十七届六中全会通过了《中共中央关于深化文化体制改革 推动社会主义文化大发展大繁荣若干重大问题的决定》（以下简称《决定》）。《决定》提出，要重视文化的发展，推动社会主义文化大发展大繁荣。为什么中央在十六届六中全会提出构建和谐社会之后，到了十七届六中全会，又提出要推动社会主义文化大发展大繁荣呢？如果联系中国传统文化来看构建和谐社会的途径，我们对这个文件的出台就不难理解了。

《论语·子路》上记载：孔老夫子到卫国去考察，他的弟子冉有给他驾车。孔老夫子对冉有说："这个地方的人口已经很稠密了。"冉有就问："人口很稠密，那应该做什么呢？"孔老夫子就说了两个字："富之"，要使人们富裕起来。冉有又问："已经使人们富裕了，还应该做什么呢？"孔老夫子又说了两个字："教之。"也就是说，在孔老夫子看来，我们只要把"富之""教之"这四个字做好，那么社会和谐就能够达到了。

但是，改革开放以来，我们仅仅重视经济的发展，人们的思想道德素质却没有得到相应提升。举例来说，近年相继发生的"毒奶粉""瘦肉精""地沟油""彩色馒头"等恶性食品安全事件，就足以表明，某些领域诚信的缺失、道德的滑坡已经到了何等严重的地步。一个国家，如果没有国民素质的提高和道德的力量，绝不可能成为一个真正强大的、受人尊敬的国家。所以,《决定》中又有这样一句话:“文化在推动全民族文明素质提高中的作用亟待加强。”

那么，通过文化建设，能够解决这些道德失范、诚信缺失以及社会成员的人生观、价值观扭曲的问题吗？要回答这个问题，就必须回到文化的本质上来理解。在古代汉语中,“文化”是由“文”和“化”两个词组成。“文”是指文字、文章、礼乐制度、鼓乐、曲调，等等。“化”是指人受教而变化,《说文解字》将“化”解释为“教行”。人们接受圣贤教育，改过迁善，在各方面起了若干变革，这种变革就称为“化”。“文化”二字，合而言之，就是以文字、文章、礼乐等文艺形式，使人达到转恶为善、转迷为悟、转凡成圣的目的。所以说，文化的本质是“以文化人”，即通过文化建设可以提升人的素质，变化人的气质。古人说“三日不读书，面目可憎”，讲的就是这个道理。进一步说，“以文化人”是古圣先贤为了使民众更易接受伦理道德教化而采取的高级艺术形式。

一、经典：文以载道

古人的文章不是按现代的哲学、经济学、政治学等学科进行分类的，而是以经、史、子、集来分类。《群书治要》这部书，是唐太宗授命魏徵、褚亮、虞世南、萧德言等大臣把唐朝以前经、史、子之中的精华，特别是修身、齐家、治国、平天下的理念概括总结而成的一部重要著作。经、史、子、集中的内容，都是在讲道谈德，起到的都是以文化人的道德教化作用。

（一）“经”为常道

“经者，常也”，是指“经”记载的是恒常不变的道理。例如《周易》上讲：“观乎天文，以察时变。观乎人文，以化成天下。”就是说，古代圣贤通过观察天地自然运行的规律，来认知时节的变化；通过观察社会人伦关系的规律，以此来教化天下的百姓，让人们知道“孝悌忠信、礼义廉耻”的道理。

现在有些人常说：学习经典，要取其精华、去其糟粕。实际上，这些人都是用自己的眼光去衡量古圣先贤的智慧，因为不能深入理解，就用“糟粕”把它给否定了。而一些深入学习传统文化的人就非常感慨：中华经典中，那些最精华的东西恰恰是被误以为是糟粕给删除否定的东西。

《周易》中还有一句话：“一阴一阳之谓道”。阴阳不是玄虚的，它是古圣先贤在观察了自然变化后总结出来的规律。比如有日就有夜，有寒就有暑，有春夏就有秋冬，有潮涨就有潮落，它们是一盈一虚、彼此消长的关系。同样的道理，人世的变化，又何尝不是如此呢？人心的一忧一喜，人世的一治一乱，正体现了“一阴一阳之谓道”的规律。古圣贤用太极图来表示天道变化的规律。太极图，半边是阴，半边是阳，阴中有阳，阳中有阴，阴阳之中还有一个界限。如果过了这个界限，阴阳失去平衡，就会引起变化，这就叫“阴极则阳生，阳极则阴生”，也就是物极必反、盛极必衰、消极必长。

通过观察阴阳之道，《周易》还得出了做人要谦虚谨慎的结论。《周易》共有六十四卦，每一卦都有六爻，六爻的爻辞有凶有吉。然而在所有卦之中，只有一卦是六爻皆吉，这一卦就是谦卦。谦卦的卦象是“地山谦”。平时高山都是在平地之上，但在谦卦中，高山甘居平地之下。这就是提醒我们：即便自己才华横溢、有权有势，也不要居功自傲，要懂得谦逊、尊人。因为任何事情的成就都不是某一个人聪明智慧的结果，它必须是众缘和合而成，需要多方的努力。如果一个人很谦虚，那么即使他很有功劳、很有业绩，也不会招人嫉妒、招人障碍。

《群书治要·尚书》也有类似的教诲，如“满招损，谦受益，时乃天道”。骄满会给自己招来损失，谦虚会让自己受益，这是自然而然的规律。因为一个人一旦骄满了，认为自己比别人都强了，就会自以为是、不再好学，他的人生自然也就很难进步了。现代人常说的“谦虚使人进步，骄傲使人落后”就是这个道理。《尚书》上还有一句话：“天道福善祸淫”，“淫”就是指对一切事情的过分、放纵，当然也有“骄满”的含义。天道自然的规律都是给善良的人带来福报，而给过分的人带来灾祸。这句话说明，任何事情做得过分了，都会导向危险的境地。

正因为古圣先贤对“天道”有这样的认识，所以《孝经》中讲：“在上不骄，高而不危。制节谨度，满而不溢。高而不危，所以长守贵也。满而不溢，所以长守富也。”一个人身居高位，但是他不骄慢，那么即使身居高位，也不会有被颠覆的危险。一个人很有钱，但是处处中规中矩，还很节俭、很勤奋，那么就不会出现入不敷出的情况。一个人身处高位而没有被颠覆的危险，就可以长久地守住高贵的位置。一个人很富裕但是没有过度浪费，这样就可以长久地过上富裕的日子。这几句话对现代人很有启发，因为现在很多人一旦有钱有势，就很容易过上骄奢淫逸的生活，那么当他们读了《孝经》《周易》等经典后，知道骄奢淫逸、吃喝玩乐带来的后果，可能就会有所节制。

古圣先贤不仅仅观察到了自然界的规律，也观察到了社会人伦关系保持和谐所必须遵守的原则和规律，这就是孟子概括的“五伦”大道，即“父子有亲，君臣有义，夫妇有别，长幼有序，朋友有信。”这五种关系分别是父子之间的关系，领导者与被领导者之间的关系，夫妻之间的关系，长幼、兄弟姐妹之间的关系，朋友（即平等的人）之间的关系。众所周知，父母与子女之间有种天然的血缘亲情，为了使其顺着“亲”的方向发展，一生不改变，古圣先贤观察后提出，只有父母慈爱并教导儿女、儿女孝敬父母，这种亲情才可能维系一生，才不至于出现今天“儿子从日本留学回来，在机场捅了自己母亲很多刀”的情景。

所以，“道”是指恒常不变的规律，而儒家所讲授的恰恰是这些规律。汉代扬雄为“儒”下了一个定义：“通天、地、人曰儒”[1]，可见，只有对天地自然的规律、对社会人伦关系的规律通达无碍，了解得清楚透彻，这样的人才能被称为“儒”。“儒”，单人旁，加一个“需”，这就是告诉我们“儒”是人之所需、是社会所需。在“文化大革命”时，儒家被打倒了，五伦关系不仅没有人讲，更被彻彻底底地颠覆。儿女可以批斗父母；学生可以揪斗老师；夫妻也被分成不同的派别，同床异梦，五种伦理关系被颠覆了，结果人就像生活在地狱之中，其遗毒残留至今。仔细想想，连最亲近的人、最值得信任的人都可以把我们送上批斗台，那么这个世界上还有谁值得信任呢？

《周礼·天官》上也对“儒”下了一个定义：“四曰儒，以道得民”。

1 《扬子法言·君子》。

“儒”讲的是“道”、讲的是宇宙人生的规律，所以受到人们欢欣喜悦地接受和拥护。这也说明道德教育并不是逼迫人们勉强接受的，它应该深入人心。

明末清初时期的朱柏庐先生在其《劝言》中说：

先儒谓今人不会读书，如读《论语》，未读时是此等人，读了后只是此等人，便是不曾读。此教人读书，识义理之道也。要知圣贤之书，不失为后世中举人、进士而设，是教千万世做好人，直至于大圣大贤。所以读一句书，便要反之于身：我能如是否；做一件事，便要合之于书：古人是如何，此才是读书。若只浮浮泛泛，胸中记得几句古书，出口说得几句雅话，未足为佳也。

这就是说，古圣先贤的经典都是教人明白义理的，并不是为后世中举人、中进士而设置的，目的是教千万世的人做好人，乃至于成圣成贤。那怎样读书才能有益呢？我们读一句圣贤教诲，便要反之于自身：我能做到吗？做一件事，就要对照经典，看古人是如何做的，这才是真正的读书。孔老夫子曾感叹“古之学者为己，今之学者为人”[1]，古人读书是为了提高自己的道德修养，“志在圣贤”，是“为己之学”。而现在人读书不是为了做官，就是为了和朋友同学聊天时，能引经据典，夸耀自己的学问，是“为人之学”。所以，一定要把“学儒”和“儒学”区别开。《中庸》上说：“博学之，审问之，慎思之，明辨之，笃行之。”“学儒”关键在于笃行、学贵力

1 《论语·宪问》。

行。能说不能行，不是真学问。什么是“儒学”？所谓的“儒学”，就是有博学、审问、慎思、明辨，却没有笃行，说的是一套，做的却是另一套，这样并不能真正使儒家文化发扬光大。

在《论语·卫灵公》中，孔子说：“人能弘道，非道弘人。”真正学习儒家文化的人，学“道”之人，不仅要能讲能说，还要能行，知行合一，在身体力行中让人们感受到传统文化的魅力，这样才能把传统文化、把圣贤之道弘扬光大。

（二）“史”明规律

《群书治要·史记下》记载：“子产治郑，民不能欺。子贱治单父，人不忍欺。西门豹治邺，人不敢欺。三子之才能，谁最贤哉？辨治者当能别之。”这里讲了三种不同层次的管理及所取得的效果。第一种，子产在治理郑国的时候，他的法律监督机制非常严密，百姓想欺骗他都做不到，这是“不能欺”。第二种，孔老夫子的弟子子贱在治理单父的时候，他把孔子的“仁爱”思想、“爱民如子，视民如伤”的理念完完全全运用到他的治理之中，结果老百姓对他感恩戴德，都不忍心欺骗他们的长官，这是“不忍欺”。第三种，西门豹在治邺的时候，他的法律非常严苛，只要百姓触犯了法律，就会受到严厉的惩罚，以致百姓都被吓得不敢去做违法乱纪的事，这是“不敢欺”。那么，究竟哪一个层次是最高的管理层次呢？任何有智慧的人都知道，“不忍欺”才是最高的管理层次。

但是，现在的企业管理却都在追求“不能欺”“不敢欺”，并没有向最高的层次去努力。中国是一个有着五千年悠久历史的国家，古圣先贤为后世子孙留传下来很多弥足珍贵的管理经验和治国方法。然而，自近代以来，传统文化惨遭批判，很多人对自己的历史文化失去了信心，转而投向其他只有数百年历史的国家、企业学习。这些国家、企业虽然有成功可取之处，但毕竟没有一个拥有上千年历史的国家更经得起历史和实践的检验、更经得起风吹雨打。比如，金融危机爆发之后，很多企业家就说："我们以前做企业都是向雷曼兄弟去学习，现在连他们都垮掉了，我们应该向谁去学习呢？"而当一些有智慧的企业家把目光转向有五千年文明历史的中华文化时，则创下了"中国式管理"的最佳案例。事实胜于雄辩。当这些案例普遍出现在大江南北的时候，才让我们对中国传统文化逐渐生起了信心。

（三）"子"以论治

"子"指的是诸子百家的言论，包括儒家、道家、法家、墨家、兵家，等等。他们的言论里很多内容也都是讲修身、齐家、治国、平天下的。

比如，《老子》上就有这样一句教诲："祸莫大于不知足。咎莫大于欲得。"这是告诫我们，要戒除自己的贪心，知足常乐。

《群书治要·韩子》上写道："凡奸臣者，皆欲顺人主之心，以取信幸之势者也。是以主有所善，臣从而誉之。主有所憎，臣因而毁之。"古人知道，亲近君子国家就兴盛，亲近小人国家会灭亡。这段话就是教君主如何明辨身边的臣子究竟是君子还是小人。凡是奸臣，都会顺着领导者的心思去说。为什么？因为他要取信于领导，而且可能有求于领导，希望从领导那里得到好处。领导者认为好，他也会跟着说好、去赞叹。如果领导者认为不好、对它有所憎恶，他也会跟着领导去毁谤。所以从这里就知道了忠臣和小人是截然不同的。忠臣是念念为领导好，虽然有时言语有点逆耳，但"良药苦口利于病，忠言逆耳利于行”。

《群书治要·傅子》上也讲到同样的道理。“明主患谀己者众，而无由闻失也，故开敢谏之路，纳逆己之言。苟所言出于忠诚，虽事不尽是，犹欢然受之。”明智的君主或领导者都是担心巴结谄媚自己的人太多了，没有途径闻听自己的过失，所以广开言路，让人们勇于犯颜直谏，这样才有机会听到不一样的声音。如果臣子所言出于忠诚，那么尽管他所说的可能与事实有所出入，但是也不会责怪。

以上都说明了《群书治要》所选辑的“经、史、子”是用来“载道”“化人”的，是解说修身、齐家、治国、平天下这些重要道理的。读了这些圣贤书，就应该志在圣贤、效仿圣贤，也要成为像他们一样有德行的人，变化自己的气质。

二、文字：智慧符号

“以文化人”，这个“文”不仅指文章，也有文字的意思。中国的文字是智慧的符号，也有着教育的内涵。下面举例予以说明。

（一）“耻”：闻过心惭，面红耳赤

“耻”的正体字，写作“恥”，《说文解字》将其解释为“辱也，从心，耳声”。看到这个字，就是告诉我们，一个人听到别人说自己的过失，会心生惭愧、面红耳赤。所以，“恥”是心有所惭而表现出来的一种状态。

《孟子·尽心上》说：“耻之于人大矣。”“耻”对做人太重要太重要了。因为，如果一个人没有羞耻心，做什么事都无所谓，那么久而久之，他就什么事都敢做。相反，如果一个人有羞耻心，做了

错事，知道惭愧，那么他就会改正自己的过失，进而可能成圣成贤，正如《中庸》上所说“知耻近乎勇”。

《了凡四训》上也说道：“思古之圣贤，与我同为丈夫，彼何以百世可师，我何以一身瓦裂。耽染尘情，私行不义，谓人不知，傲然无愧，将日沦于禽兽而不自知矣。”意思是，让我们想一想古代的圣贤人，比如孔老夫子、孟老夫子，他们和我们同样是人，为什么他们能够成为百世的师表，直到今天不分种族、不分国籍的人看到他们的塑像，还依然非常佩服、非常尊敬、非常愿意向他们学习？为什么我自己却是一身“瓦裂”？“瓦”是陶制的器皿，器皿破碎了，结果就一文不值。这是因为，过分地放纵于感官的享受、欲望的满足，偷偷做着一些不仁不义的事情，还以为别人不知道，就这样一天天地沦落为禽兽而不知不觉，还自以为是，妄自尊大，不以为耻，反以为荣。这段话告诉我们，圣贤人和一般人的区别就在于他们虽然也会犯过失，但却懂得知过能改，“人谁无过，过而能改，善莫大焉”[1]，一个人犯了过失，知道惭愧，知道羞耻，进而勇于改过，所以他能够成圣成贤。

相反，如果一个人没有了羞耻心，确实堕落得离禽兽不远了。《礼记·曲礼上》说：“鹦鹉能言，不离飞鸟；猩猩能言，不离禽兽。今人而无礼，虽能言，不亦禽兽之心乎？”鹦鹉虽能学舌，但也不过是飞鸟而已；猩猩有时智力也很高，也会学人讲话，但也不过是禽兽而已。现在的人如果不懂得用礼来节度自己不合适的欲望和行为，那么虽然也能够讲话，不也变成会讲话的禽兽了吗？

---

1 《春秋左氏传·宣公二年》。

所以，“耻”字提醒人们，如果听到了别人说自己的过失，就要面红耳赤，并勇于改正，这样道德学问才能不断地提升，气质也会不断地改变。

（二）心奴为“怒”，如心为“恕”

“怒”，上面是一个“奴隶”的“奴”，下面是一个“心”。这个字就是告诉我们，当我们发怒的时候，就会把自己的心变成奴隶。民国时期，著名的民间教育家、女子教育创始人王凤仪老先生曾说：“怨恨恼怒烦，人生五毒丸。吃了半颗就生病，吃了一颗就要命。”人的五脏六腑之所以有这样或者那样的病症，全都是和这五种不良的情绪有关。而发怒，就是拿别人的错误来惩罚自己，所以，要转“怒”为“恕”。

“怒”，把“又”字边的棱棱角角磨得圆滑起来，就变成了“恕”。这个“恕”，上面是一个“如”，下面是一个“心”，“如心”才叫“恕”。也就是说，只有站在对方的角度换位思考、将心比心，才能够转“怒”为“恕”。《论语·卫灵公》上记载，子贡向孔老夫子请教：“有没有一个字我可以终身奉行的？”孔子说：“有，那大概就是‘恕’。己所不欲，勿施于人。”也就是《弟子规》上所说的“将加人，先问己。己不欲，即速已。”

进一步讲，真如自性的心，叫“如心”。它是一种有同体感受的心，也就是说，我不仅仅和自己是一体的，和他人是一体的，甚至和万事万物都是一体的。看到别人悲伤，自己也会很悲伤；看到别人快乐，自己也能够从心底感受到那种快乐，这样的心才叫“真如之心”。人有了这种心，才能生起同体的感受。而现在人的这种同情心、和他人感同身受的心，却越来越为物欲所蒙蔽。《史记·货殖列传》中有这样一句话:“天下熙熙皆为利来,天下攘攘皆为利往。”现代人每天都过得“忙、盲、茫”，背后推动的力量不是名、就是利，结果感受不到身边人的痛苦，麻木不仁，不能够换位思考、将心比心。中国古人同样每天也在辛辛苦苦地努力工作，但其背后推动的力量却是“如心”。同体的感受能够把别人的痛苦看成自己的痛苦，这样才能生起对别人无私无求的帮助之心。

如果转“怒”为“恕”，就能够控制自己的情绪，成为自己情绪的主人，做到“宠辱不惊，闲看庭前花开花落；去留无意，漫随天外云卷云舒。”[1]

（三）“爱”：用心感受他人需要

“爱”，正体字写作“愛”，即“受”的中间加个“心”。看到这个字，我们就知道，“爱”应该是用心去感受对方的需要，所以爱的感觉是温暖的，爱的言语是正直的，爱的心地是无私的，爱的行为是成全的。它不是以爱的名义去控制对方，说因为我很爱你，所以你就要听我的。这实际上不是“爱”、不是真正为了对方好，而是为了满足自己的欲望，会让对方感觉到很有压力。

《周易》上有两个卦,一个是泰卦,一个是否卦。泰卦的卦象是“坤上乾下”，“乾”代表天，“坤”代表地。正确的位置应该是天在上、地在下，但在泰卦中，乾和坤的位置是互换的，其意思是彼此能够站在对方的角度换位思考、将心比心，反省自己的不足，结果就会安泰吉祥,这就是古人讲的“各自责,天清地宁”。而否卦则恰恰相反,否卦的卦象是乾在上、坤在下。天在天的位置，地在地的位置，它

1 《菜根谭》。

们各居本位，要求对方、指责对方、挑剔对方，结果就导致“各相责，天翻地覆”。所以这两个卦象就告诉我们，“爱”并不是指责对方、控制对方，而是彼此成全、互相关爱，能够站在对方的角度换位思考、将心比心，如此才会“否极泰来”。

（四）“教”：上行下效，身教胜于言教

“教”，《说文解字》解释为“上所施，下所效也”，这就向我们揭示了什么才是正确的、良好有效的教育方法。

在古文字中，这个“教”，左边的上面是一个“乂”、下面也是一个“乂”、最下面则是一个“子”。上面的“乂”是父母、老师、领导画的，下面一模一样的“乂”是孩子、学生和下属跟着画的，这就说明教育的本质是“身教胜于言教”。“教”字的右边是一只手拿着一根柳条（教鞭），说明教育不是一蹴而就的过程，而是需要父母、老师、领导长期耳提面命。由于孩子不良的言行、习气不是一两天形成的，自然也就不能指望孩子学了经典后，行为立刻就有改善，这需要长时熏修，关键是长者要为孩子做出好榜样。《群书治要·后汉书二》中说，“以身教者从，以言教者讼”。如果我们只会用言语去教导孩子，自己却做不到，那么他就会跟你起争执，说“你都没有做好，有什么资格说我”，这也是孩子产生逆反心理的原因。如果我们从早到晚的言行举止都符合伦理道德规范、都符合《弟子规》的要求，那么孩子就会对我们都很佩服，不用我们说一句话，他们自然会跟着做正确的事。所以“教”字说明，只要父母、老师、领导以“身教”加“耐心”，就可以把孩子、学生、下属教导好。

三、礼乐：点滴教化

《孝经》上说："安上治民，莫善于礼。移风易俗，莫善于乐。"可见，中国古人非常看重礼乐的教化作用。

（一）安上治民，莫善于礼

《礼记·礼运》说："夫礼者，先王以承天之道，以治人之情。故失之者死，得之者生。"意思是说，先王用礼来承顺天地自然的规律，调治人的性情。所以失去礼的人走的是死路，得到礼的人走的就是生路。这说明"礼"对于人生具有重要意义。《礼记·经解》上还把"礼"比作水的堤防。如果认为堤防没有用，把它废弃，就会导致洪水泛滥。同样，如果废弃先王的礼义不用，就会导致社会灾祸的发生。"故婚姻之礼废，则夫妇之道苦，而淫僻之罪多矣。乡饮酒之礼废，则长幼之序失，而斗争之狱繁矣。丧祭之礼废，则臣子之恩薄，而背死忘生者众矣。聘觐之礼废，则君臣之位失，而背叛侵陵之败起矣。"就是说，假若废除了婚姻之礼，夫妇相处之道没有了，痛苦就会产生，而淫乱邪僻的罪行也会多起来。废除了乡饮酒之礼，长辈和晚辈的次序失去了，争斗的刑事案件就会越来越多。废除了丧礼和祭礼，臣下、子女的恩义越来越淡薄，背叛死者忘记生者的人也就越来越多。废除了聘觐之礼，君臣错位，结果就会发生臣子背叛、侵凌君主的事情。

可见，"礼"渗透在社会生活中的方方面面，在点点滴滴中起到教育的作用。

例如，中国古代很重视婚姻之礼，有"娶亲之前，男方三天不奏乐，女方三日不熄灯"的习俗，目的是结婚前父母抓紧时间教育儿女怎样为人夫为人妇、怎样承担起家庭的职责。当然，平日里父母的言行举止已经为儿女做出了很好的榜样，但是到了结婚前三天，父母还必须抓紧时间对儿女耳提面命。

到了迎娶之日，新郎迎娶新娘前，首先要祭拜天地。这是因为婚姻不仅仅关系到两个人、两个家族的命运，更关系到社会的安定、天下的太平，所以礼节非常的慎重，这也表达了要把家庭维持好、把儿女教导好、促进社会和谐的存心。

临行前，父亲代祖先向儿子敬酒，儿子接受父亲的敬酒且不用回礼。意思是，从今以后，祭祀祖先的责任、家庭德风的承传就要由你来承担了。所以，平时都是儿子向父亲敬酒，而这一天换作父亲给儿子敬酒。

新郎到了新娘家，新娘的父母亲手把女儿交到新郎的手上。意思是，从此以后，我们女儿一生的幸福就托付给你了。新郎和新娘要跪拜父母，新郎感恩岳父岳母为自己养育了一位贤良的妻子，从岳父岳母的手中接过新娘，新郎心里的责任感也就提起来了。

新娘上花轿时，要把香扇从轿子里扔出去。这个举动的意思是，因为以前在家的时候自己是千金小姐、父母的掌上明珠，备受父母关爱，天气热了可以拿着扇子扇一扇，但是，从今天起，将要身为人妻，就不能再有小姐这些娇生惯养的习气了，随着香扇一扔，也意味着把不好的习气随之丢掉。

到了夫家，公公婆婆站在客人的位置上，把儿媳妇引到主人的位置上。意思是，从此之后，我们这个家就交给你了，家道的兴衰就靠你们来承担了。

新郎新娘喝交杯酒时，是用切成两半的葫芦瓜当容器，葫芦瓜的丝是苦的，里面装的酒是甜的。意思是，从此以后，夫妻要同甘共苦，“夫妇一条心，黄土变成金”。由于葫芦瓜是一个整体切成的两半，这就意味着夫妻两个人本是一体、不分彼此。礼成之后，葫芦还会留作纪念，提醒日后彼此不忘成家的初心。

细看古代婚姻礼节的每一个步骤，虽似繁琐，但却饱含深意，全部是为了提起一个人的责任感和正知正念，它会使丈夫有恩义情义道义、会使妻子有德行。正是在这样的礼义教化下，中国历史上才会出现很多重情重义的典范人物。

宋代有一个读书人，叫刘庭式。他和邻居家的女子订了婚，尚未完婚，就去上太学，后考中进士。五年后，等他回来时，这名女子却双目失明、家境贫寒。但刘庭式还是决定选择一个良辰吉日迎娶女子，女子的家人就说：“我们家的女儿现在已经双目失明，怎么能再嫁给您作‘箕帚妾’（即正配夫人）呢？”可见，古人念念都是想着对方的利益，而不是自私自利，因为女子家人想到的是自己家很穷，女儿还身有残疾，而对方却衣锦还乡，又享有高官厚禄，所以不能给人家添麻烦。但刘庭式却坚持：“我答应的事情一定要做到，不能够违背道义和良心。”所以，他娶了邻家女子过门。婚后夫妻很恩爱，且这名女子为他生育了两个儿子。

后来，刘庭式调到密州担任通判。其间，他的妻子因病过世。刘庭式很哀痛，经年不减，一直不肯再娶。有一次，当时的太守苏轼就问他：“我听说哀痛是因为情爱，情爱又是因为美色。你娶盲女，和她偕老，这是因为道义。那你的爱是从哪里生起、哀又是出自哪里呢？”刘庭式回答：“我哀痛是因为我失去了和我同甘共苦的妻子。如果因人有美色才生起情爱，因为情爱才有哀伤，那么那些每天在集市上卖弄风骚、姿色不错的风尘女子，岂不是每个人都可以做我的妻子了？”苏轼听了之后，感到非常惭愧，也非常感佩刘庭式的德行。后来刘庭式的两个儿子也都中了进士，非常显达。这都是因为刘庭式讲道义、重情义，他的妻子嫁过来之后，一定会报答他的这份恩情，一定会非常用心地相夫教子，因此才能将儿子教育得很好、很成才。

这样的故事，确实让人非常感动，而且在中国历史上数不胜数，正是因为有了古圣先贤礼义的教导，知书识礼之人才有这种正气。

（二）移风易俗，莫善于乐

《礼记·乐记》上有一句话：“是故先王之制礼乐，非以极口腹耳目之欲，将以教民平好恶而反人道之正。”意思是说，先王制礼作乐的目的，并不是要满足人们口腹耳目的欲望，而是为了教导人们培养出正确的好恶观、返回到人道的正路上来。所以，音乐同样起到教化人心的作用，并不是单纯为了娱乐的目的。

《论语·阳货》上讲：“礼云礼云，玉帛云乎哉？乐云乐云，钟鼓云乎哉？”意思是，礼啊！礼啊！难道就是呈献玉帛的这个仪式吗？乐啊！乐啊！难道就是敲钟打鼓吗？换句话说，难道礼乐就是唱歌跳舞吗？自从党的十七届六中全会提出，要推进社会主义文化大发展大繁荣，于是电影、电视就把那些地方的歌舞全都搬上了银幕，有的地方还成立了摄影的社团、绘画的兴趣小组，以为这样就是搞文化建设了。其实不然，如前所述，文化的核心是“以文化人”，文化建设应以培养起人“孝悌忠信、礼义廉耻”的伦理道德观念为目标。

《礼记·乐记》上还有段论述，“治世之音安以乐，其政和；乱世之音怨以怒，其政乖；亡国之音哀以思，其民困。”治世的音乐安详而愉快，因为它的政治平和；乱世的音乐哀怨而愤恨，因为它的政治不和谐；亡国的音乐哀痛而愁思，因为属地的百姓过着流离的贫困生活。这就是告诉我们，音乐和政事是相通的。所以，以前有智慧有德行的人到了一个地方，只要听听当地流行什么音乐，就能判断出这个地方的风气如何、政事办得如何了。

《群书治要·吕氏春秋》中也讲道：“乱世之乐，为木革之声，则若雷；为金石之声，则若霆；为丝竹歌舞之声，则若噪。以此骇心气、动耳目、摇荡生则可矣，以此为乐则不乐。故乐愈侈，而民愈郁，国愈乱，主愈卑，则亦失乐之情矣。”意思是说，乱世的音乐，演奏木制、革制乐器的声音就像打雷，演奏铜制、石制乐器的声音就像雷霆震怒，演奏丝竹器之类的歌舞音乐就像大嚷大叫，这样的噪响用来惊骇人们的精神、震动人们的耳目、动摇放荡人们的性情倒是可以办到，但以此为礼乐，是绝对不可能给人带来欢乐的。所以，音乐越是奢华放纵，民众就越抑郁，国家就越混乱，君主的地位就越卑下，如此也就失去音乐的本来面目了。

由此可知，音乐并不是为了满足人恣情声色的欲望，而应起到调治人的性情、变化人的气质、宣讲道德仁义的作用。

四、艺术：寓教于美

中国古代的文艺无一不是教育。

（一）建筑

中国古代承担着伦理教育意义的建筑主要有三种：

第一种是祠堂，主要培养人知恩报恩、饮水思源的孝道意识。在古代，每个大家族都有自己的祠堂，里面供奉着家族历代祖先的牌位。每到祭祀时，族长都会把全家族的人召集到祠堂里，举行隆重的祭祀仪式，并宣讲祖先的德行，比如我们家在哪朝哪代出了哪位有德行的人，他对国家有什么贡献、又有哪些德行可以供子孙效仿，这就是在进行伦理道德教育，提起后代子孙的责任感。因为，作为他们的后代子孙，言行举止如果不谨慎，就会给祖宗抹黑。所以《论语·学而》上说“慎终追远，民德归厚矣”，谨慎地办理父母的丧事、追奠已故的先人，民风自然就淳厚了。试想如果一个人连他的祖先都念念不忘，对眼前的父母哪有不管不顾的道理？他不可能一面祭祀祖先，一面打爹骂娘，这是于情于理都不合的。

第二种是孔庙，教导人们要尊师重道。中国人祭祀“至圣先师”孔子由来已久，对孔子的塑像进行瞻仰、礼拜，目的有二：一是教人见贤思齐，看到孔子像，就要想到孔老夫子的教诲；二是纪念老师，不能够忘本。

第三种是城隍庙，教导人们要敬畏因果，“善有善报，恶有恶报”。过去每年二月二，父母都会带着孩子逛庙会，逛完后，还会去看一看城隍庙。庙里供着十殿阎罗，还有地狱变相图及阴司法律，这些就是告诫人们，人死后，杀生、偷盗、邪淫等，只要是生前做了不合伦理道德的事，在这里都能看到相应的惩罚。孩子们看到后，会印象深刻，一生都不敢犯那些过错。

所以，这三种建筑物都起到了“以文化人”的作用。

（二）雕塑

除建筑外，雕塑也能起到教育的效果。例如，一般寺院都会供奉四尊天王像。

东方是持国天王，他教导我们怎样才能把国家治理好。每个人在社会上都有自己的工作，只要每个人都负责尽职地把自己的本分尽到了，那么这个国家就能安定，社会也就和谐了。他手里拿着一个琵琶，这是告诉我们，处事要取中道，不要过，也不要不及，这样才能把人际关系处理好，也才能负责尽职地完成任务。

南方是增长天王，他手上拿着一把剑，代表智慧。“增长”就是要求进步，但是必须有智慧才能求得真正的进步，否则会南辕北辙，离目标越来越远。中国人有句话，叫“无事不登三宝殿”，意思是，没有重大的事情，一般不会轻易登门拜访。“三宝”代表“佛、法、僧”，“三宝殿”是指佛教的寺院。为什么说“无事不登三宝殿”呢？因为古人认为，僧人的智慧都很高，都是德行、学问很好的人，所以遇到了自己解决不了的问题才会跋山涉水地去请教。因此增长天王就是教导我们唯有真正的智慧，才能求得学识、德行、还有生活品质的提升。

西方是广目天王，北方是多闻天王。广目天王一只手握着一条龙或者一条蛇，代表变化多端的事物，这是提醒人们，广学多闻，不要被表象所迷惑。因为社会现象是千奇百怪、变化莫测的。他的另一只手里拿着一颗珠子，代表不变的规律，告诉我们要抓住事物的发展规律，才能以不变应万变。多闻天王手里拿着一把伞，“伞”代表了遮蔽污染。意思是，不要好的也学、不好的也学，如果不懂得辨别是非就错了。

所以，这四尊塑像摆在那里，不仅仅是供人顶礼膜拜，而是让我们从他们身上来反省自己：我每天是不是负责尽职地把本分做好了？是不是每天在求进步？是不是每天都在广学多闻？如果我们明白其中的意思，那么别人一句话不用说，自己在这个大殿上走一圈，就已经受到了教育。

儒家讲“知行合一”，佛家讲“解行相应”，这些都是告诉我们，要把所学的东西落实到生活当中，使自己的道德修养不断提升，这才叫“真学问”。《礼记·学记》上说“记问之学，不足以为人师”，能说不能行，不是真学问。

完美的文艺作品应该是真、善、美的统一。如果文学、歌舞中没有善，就不是最高的、完美的作品。诗词、歌舞、戏剧、小说都应秉持孔老夫子“思无邪”的理念，以宣讲“孝悌忠信、礼义廉耻”为主要内容，引导人们树立正知正见，而非邪曲不正的思想。所谓的“俗文化”，并不是指内容上的低级趣味，而是指以快板、相声、京剧、昆曲等大众喜闻乐见的形式来宣讲伦理道德观，使人看了作品后，能领会到内在的精神，自发接受教育，以达到润物细无声的效果。比如，人们听了一首德音雅乐后，从没有孝心变得有孝心、从不知道感恩变得懂得感恩、从对人处处挑剔责备变得胸怀宽广，这样，文艺作品的目的才算达到了。

所以，我们的文艺作品只有真正做到“以正确的舆论引导人，以高尚的精神塑造人，以优秀的作品鼓舞人”，文化的软实力才能够通过提升人们的道德素质、精神修养来为社会的和谐作出应有的贡献，以文化强国的目的才能够真正达到，这才是党的十七届六中全会之所以提出推进社会主义文化大发展大繁荣的意义所在。

第四章　居安思危的忧患论

俗话说得好，“天下兴亡，匹夫有责”，这不仅直接点明和高度概括了深受伦理道德教育熏陶的中国古人所具有的内在精神信念，而且其中深刻饱含着个人对国家、民族乃至天下兴衰安危的忧患意识。纵观历史，中国历朝历代都不乏忧国忧民的明君贤臣、仁人志士以及平民百姓。需要指出的是，国家的兴衰、社会的治乱往往都与统治者阶层是否具备这种居安思危的忧患意识密不可分。比如，“文景之治”是轻徭薄赋、休养生息基础上的兴旺发展；“贞观之治”是虚心纳谏、善用贤能基础上的国家强盛。相反，西汉的灭亡起于安逸奢靡、任人唯亲，以致于外戚当道，朝政混乱；唐朝的衰败始于沉迷酒色，歌舞升平，这些用孟子的话来说就是“生于忧患，死于安乐”[1]。毛泽东同志也曾用“历史周期律”作比喻，他在回答黄炎培的提问时，表示：“我们已经找到新路，我们能跳出这个周期率。这条新路就是民主。只有让人民来监督政府，政府才不敢松懈。只有人人起来负责，才不会人亡政息。”直到今天，习近平总书记仍然强调，毛泽东和黄炎培在延安窑洞关于历史周期律的一段对话，至今对中国共产党都是很好的鞭策和警示。

古镜今鉴。四十年来的改革开放，使得今天的中国进入了前所

---

1 《孟子・告子下》。

未有的繁荣发展时期。但是，也应看到今天的中国正处于一个前所未有的矛盾凸显期。《论语·卫灵公》上说“人无远虑，必有近忧”。《群书治要》作为开创“贞观之治”的理论指南，内含着丰富的忧患思想，值得我们学习和借鉴。

一、“治世”因何忧患？

《荀子·宥坐》中记载了这样一个故事：

孔子观于鲁桓公之庙，有欹器焉。夫子问于守庙者曰：“此谓何器？”守庙者曰：“此盖为宥坐之器。”孔子曰：“吾闻宥坐之器，虚则欹，中则正，满则覆。”孔子顾谓弟子曰：“注水焉。”弟子挹水而注之。中则正，满则覆，虚则欹。孔子喟然而叹曰：“吁！恶有满而不覆者哉？”子路曰：“敢问持满有道乎？”孔子曰：“聪明圣知，守之以愚；功被天下，守之以让；勇力抚世，守之以怯；富有四海，守之以谦，此所谓挹而损之之道也。”

这就告诉我们，“聪明圣知、功被天下、勇力抚世、富有四海”都是有条件的，一旦离开了“守之以愚、守之以让、守之以怯、守之以谦”，顷刻之间，就可能像盈满了水的宥坐之器那样，覆水难收。换句话说，也就是“治世”必须要靠“忧患”来持守，这就是为什么舜王在传位禹时强调“人心惟危，道心惟微。惟精惟一，允执厥中”[1]，他是在提醒禹要常保恭谨慎重之心，才能够防范危害起于细微。

1 《群书治要·尚书》。

（一）历史经验：战胜易、守胜难

唐太宗戎马倥偬十余年，27岁即帝位后，深知创业不易、守成维艰，在位期间，励精图治，知人善任，从谏如流，还常以亡隋为鉴。《贞观政要·论刑法》记载：

贞观十一年，特进魏徵上疏曰：隋氏乱亡之源，圣明之所临照。以隋氏之府藏譬今日之资储，以隋氏之甲兵况当今之士马，以隋氏之户口校今时之百姓，度长比大，曾何等级？然隋氏以富强而丧败，动之也；我以贫穷而安宁，静之也。静之则安，动之则乱，人皆知之，非隐而难见也，非微而难察也。然鲜蹈平易之途，多遵覆车之辙，何哉？ 在于安不思危、治不念乱、存不虑亡之所致也。昔隋氏之未乱，自谓必无乱；隋氏之未亡，自谓必不亡，所以甲兵屡动，徭役不息。至于将受戮辱，竟未悟其灭亡之所由也，可不哀哉！

古往今来，"安不思危、治不念乱、存不虑亡"，都是王朝更迭的主要原因，何止隋朝？唐太宗深谙安危忧患之道的重要性，《贞观政要·论慎终》中还有多处记载。

贞观六年，太宗谓侍臣曰："自古人君为善者，多不能坚守其事。汉高祖，泗上一亭长耳，初能拯危诛暴，以成帝业，然更延十数年，纵逸之败，亦不可保。何以知之？孝惠为嫡嗣之重，温恭仁孝，而高帝惑于爱姬之子，欲行废立。萧何、韩信功业既高，萧既妄系，韩亦滥黜，自余功臣黥布之辈惧而不安，至于反逆。君臣父子之间悖谬若此，岂非难保之明验也？朕所以不敢恃天下之安，每思危亡以自戒惧，用保其终。”

贞观十四年，太宗谓侍臣曰：“平定天下，朕虽有其事，守之失图，功业亦复难保。秦始皇初亦平六国，据有四海，及末年不能善守，实可为诫。公等宜念公忘私，则荣名高位，可以克终其美。”魏徵对曰：“臣闻之，战胜易，守胜难。陛下深思远虑，安不忘危，功业既彰，德教复洽，恒以此为政，宗社无由倾败矣。”

唐太宗知道，无论是秦始皇还是汉高祖，他们无疑都有着超人的雄才大略，故能开疆辟土、建国立基。但是，他们却缺乏居安思危、安不忘危的忧患意识，最终落得英名尽丧、不得善终的下场。

《孔子家语》中，孔子曾说过：“夫明镜者所以察形，往古者所以知今。人主不务袭迹于其所以安存，而忽怠于所以危亡，是犹未有以异于却步而欲求及前人也，岂非惑哉？”意思是说，考察历史可以作为当今的借鉴。如果君主不沿袭前朝安稳的经验，又不重视其灭亡的教训，就好像企图通过倒退行走却期求赶上前人，这不是很糊涂吗？正是出于对历史经验的这份尊重，唐太宗即位后便下令编纂《群书治要》，为的就是修习守成治平之道。

（二）朝代愿景：长治久安

《〈群书治要〉译注》序中说道：“书者，载籍之谓，道之所存也。古来圣哲，莫不以亲证之道，垂训后世，以佑子孙于长远也。”纵观历史，历朝历代的明君圣主，无不善于汲取先贤智慧，并留传治国安邦之道，垂训后代子孙，以期江山稳固、社稷长存。那长治久安究竟靠什么来维系？很多学者对此都有争论，归纳起来，不外乎两个方面：靠人治还是靠法治？其实，这个问题早在第二章就已论述清楚，法令制度只不过是社会、国家治理的手段，人的建设才是根本。如果只重视制度建设，而忽视人的道德素质的提升，那么纵使法令再完备、制度再健全，没有德才兼备、秉公执法之人去实施，也不过形同白纸。前最高人民法院院长肖扬曾多次强调："对于一个正向法治目标迈进的国度来说，法律是司法机构和法官必须考虑的首要因素，但是中国传统上又是一个礼俗社会，法律不可能成为解决所有纠纷的'灵丹妙药'，法律以外的因素如道德、情理也是司法过程所不可忽略的。"要想实现长治久安，说到底，还是应该取决于人而不是取决于势。

道理很简单。我们所追求的国家社会的长治久安，其实并不是一个具体的目标，这里的一个关键问题在于社会国家并不是亚里士多德关于实体概念中的第一实体。因为社会也好，国家也罢，都是看不见、摸不着、感官感觉不到的存在。而人不同，人是实实在在的、具体的、可以为感官感觉得到的存在。因此，我们所追求的社会国家的长治久安，在本质上，不过是在追求人的长治久安。因社会、国家的长治久安而忧患，在本质上，也不过是因为人的长治久安而忧患。也就是说，在国家治理体系中，社会、国家、法律、制度，是一个层面；人，是另一个层面。前者是抽象的、形式的、工具性的；后者才是具体的、本质的、目的性的。进而，这两个层面产生出来的忧患意识也就不同，前者是因"势"而忧、为"势"而忧，后者是因"人"而忧、为"人"而忧。当然，此处并没有否定因"势"而忧的意思，因为就算是在亚里士多德那里，第二实体对于第一实体的认识也是作用巨大的。因此，可以说，追求长治久安是《群书治要》忧患意识产生的主要原因之一，这又可以细分为两个层面：一个是本质的层面，因“人”而忧；另一个是形式的层面，因“势”而忧。

因“人”而忧，在《群书治要》中有较为明确的内涵，即因“后主”而忧、因“后臣”而忧。对于因“后主”而忧，《孝经》上说：“在上不骄，高而不危。制节谨度，满而不溢。高而不危，所以长守贵也。满而不溢，所以长守富也。”就是希望后世子孙能够节制欲望，把高位看作建立仁德、施行道义的手段，而不是骄奢淫逸的温床，这样才能避免身败名裂、国破家亡。关于因“后臣”而忧，比如，唐太宗担心自己的子孙后代不能像自己一样善用直谏之臣、做到从谏如流。所以，他做出了很好的榜样。为了鼓励大臣进谏，他规定：宰相入阁议国事，必有谏官列席，大家都要充分发表意见；中书省负责草拟政令，门下省负责审议，二者相互检察谏议；重赏直言进谏的官员，等等。这些使得唐太宗一朝善于直谏的名臣众多，最典型的当数魏徵。正是因为君臣同心，最终得以开创贞观盛世。

（三）民心向背：水能载舟、亦能覆舟

如果说历史经验和子孙后代是《群书治要》忧患意识产生的两个最为显见、直接的原因的话，那么，民心的向背无疑是其产生的最为本质的原因。因为任何类型的社会、国家都是建立在民心的基础上，不管是唐太宗的“水能载舟、亦能覆舟”，还是孟子的“得民心者得天下”，强调的都是“民心”对社会、国家的决定意义。《尚书》中说：“帝曰。来，禹。汝惟弗矜，天下莫与汝争能。汝惟弗伐，天下莫与汝争功。”“可爱非君，可畏非民。众非元后何戴，后非众罔与守邦。”意思是说，一国之君，其实就是人民所爱戴的那个人。也就是说，人民爱戴谁，谁就能成为君主；人民不爱戴谁，谁也就不可能成为君主。换言之，君主应畏惧人民。两者的关系是双向的、对立统一的：没有君主，群龙无首，人民就会彷徨无措，社会、国家也不能实现安定；同样，没有人民的拥戴，君主也不可能安居尊位。显然，为“民心”而忧，与先前两者相比，更具决定性。在《群书治要》中，因“民心”而忧患的思想不胜枚举，大致可以归纳为以下两个方面。

1. 因民之不能养而忧患

君主的忧患起于对人民物质生活状态的担忧。对此，《尚书》中说：“安民则惠，黎民怀之。”意思是说，能让人民安居乐业的人，人民才会归顺于他。这里需要强调的是“养民”并不仅仅局限于满足人民的物质要求，还包括“使民以时”、“协调人与人之间的物质利益矛盾”，等等。《管子》中讲，以前的圣君明主制造车船，是为了方便百姓办事。而如今君主制造车船的目的则大有不同，完备、坚固、轻巧、便利都具备了，仍向百姓横征暴敛，用彩色刺绣装饰车辆，用精雕细刻装饰舟船。结果，女子放弃纺织而去学习刺绣施彩，男子放弃耕种而去学习雕刻，因为没有人纺织耕种，百姓就会受冻、挨饿。君主的车船制造得华美无比，亲近的臣子也都纷纷效仿，百姓苦难加深，才会去作奸犯科。违法乱纪的事多了，刑罚也随之苛刻，最终，国家就会动乱。可见，君主若想真正使社会、国家安定、人民有所养，那么在使用民力时，一定要审慎。

2. 因民之不能教而忧患

《尚书》中说：“惟天生民有欲，无主乃乱。惟天生聪明时乂，有夏昏德，民坠涂炭。”意思是说，人民如果没有好的君主来教导、来约束，就会放纵自己的情欲，进而，祸乱就会层出不穷。只有聪明仁德之人当君主，人民才能得到教化，社会、国家也才能安定。夏桀昏庸无德，不能担当教化人民的重任，人民就如同生活在泥沼、炭火之中。可见，人民的可教与否，常常取决于统治者本身是否具有道德学识。“民为邦本”，不能教民，其实就意味着不能救民，这实在令人堪忧。然而，在这一点上，与其说是因民之不能教而忧患，还不如说是因君之无德学而忧患。因为德才兼备的君主，一定会把人民的教育当做国家大事，通过圣贤教化，使人民得到拯救。唐太宗也正是带着这种忧患意识和化解忧患的自信，才组织能臣治士编纂《群书治要》，在教化自身的同时，也化育了子民。

二、“治士”忧患什么？

近代新儒学大家徐复观先生认为，忧患意识是中国传统文化的主流，它激发了中国知识分子的使命感、责任感和担当精神。这句话揭示出了历代知识分子的忧患意识之根。从“作《易》者，其有忧患乎”[1]开始，中国知识分子的忧患意识，就与他们的修齐治平之道紧密联系在一起。“治士”深知“危者，安其位者也。亡者，保其存者也。乱者，有其治者也。是故君子安而不忘危，存而不忘亡，治而不忘乱，是以身安而国家可保也。”[2]因此，在实际生活中，才会“故知者之举事也，满则虑嗛，平则虑险，安则虑危，曲重其豫，犹恐及其祸，是以百举而不陷也。”[3]对此，古代先贤早已为我们树

1 《周易·系辞下》。
2 《周易》。
3 《荀子·仲尼》。

立了榜样。如北宋名臣范仲淹，“先天下之忧而忧，后天下之乐而乐”，尽管仕途坎坷，却依然念念以天下国家百姓为重。《群书治要》作为唐太宗及其群臣学习修齐治平之道的“治世宝典”，其中蕴含着丰富的忧患内容，概而言之，可以将其分为忧国、忧民和忧道三个方面。

（一）忧国

1. 君上不仁

《春秋左氏传·庄公十一年》记载，春秋时期，宋国遭受重大水灾。鲁庄公差人去吊问，宋庄公将水灾原因归结为自己的不敬。鲁国大夫臧文仲听说这件事后就说，宋国将要兴盛了。因为像夏禹、商汤这样的君主，总是能将恶事归罪于自己。而亡国的君主，像夏桀、殷纣，总是将恶事归罪于别人。这是强调君主自身的宽厚仁慈才是国家长治久安的根本。《六韬》中也说：“君不肖，则国危而民乱。君贤圣，则国家安而天下治。祸福在君，不在天时。”意思是说，君主不贤，则国家危殆、人民纷乱。君主贤明，则国家安宁、人民有序。国家的祸福，在于君主的贤能与否，而不在天命的变化。可见，君主是否仁德，是治国忧患所在。

在《群书治要》中，对“君上不仁”的忧患主要表现在三个方面。

首先，忧患君主好名而不仁。《群书治要·体论》中说：“人主之大患，莫大乎好名。人主好名，则群臣知所要矣。”这是说，君主最大的祸患，没有什么比爱好虚名更大的了。因为一旦君主爱好虚名，群臣了解君主想要的是什么，就会投其所好。《群书治要·墨子》中就记载这样一则故事，“昔者楚灵王好士细腰，故灵王之臣皆以一饭为节，胁息然后带，扶墙然后起。比期年，朝有黧黑之色。”

这就告诉我们，位高权重的人，在提倡什么或是反对什么的时候，一定要谨慎，否则，就会酿成“上有所好，下必甚焉”的恶果。

其次，忧患君主好私而不仁。《群书治要·后汉书四》上说：“帝王之于亲戚，爱虽隆，必示之以威；体虽贵，必禁之以度。”意思是说，君主对待亲属，虽然爱护深厚，但一定要恩威并施，君主的亲属虽然身分尊贵，但也一定要遵循“天子犯法与庶民同罪”的原则，否则就会放肆任行。

最后，忧患君主好利而不仁。汉光武帝曾说过，管理好一个国家的法门就在于上位者是否具有道德智慧、是否懂得用仁爱去抚慰百姓的心灵，而不是营造唯利是图的社会风气；评价一个国家，看的是老百姓是否安居乐业，而不是经济绩效。他深知，只有百姓安居乐业，国家的经济状况才可能真正兴旺。如果当政者只是一味强调经济利益，天下必然会陷入一片疯狂、迷惘和动乱之中。

此外，《群书治要·说苑》中还明确讲道：“明主者有三惧：一曰处尊位而恐不闻其过；二曰得意而恐骄；三曰闻天下之至言而恐不能行。”这就告诉我们，明主大都忧患三件事：一是身居高位而唯恐听不到真话；二是事事称心而唯恐骄奢淫逸；三是听到至理之言而唯恐不能践行。

2. 施政不周

《群书治要·文子》上说：“故乱国之主，务于广地，而不务于仁义；务于高位，而不务于道德，是舍其所以存，而造其所以亡也。”这句话的意思是，国家动乱衰败的原因，在于国君只顾扩大地盘，而不顾推行仁义；只顾占居高位，而不顾推行道德。这种施政方式，实际上放弃的是使国家长存的条件，必定造就走向灭亡的后果。也就是告诉我们，仁政才是确保国家长治久安的秘诀。

尽管一个国家的政事有很多方面，但大体来看，可以归纳为用人和做事。

首先，就用人而言，君主一定要时常反省是否任用了贤臣。《论语·阳货》中，孔子说道："鄙夫可与事君也哉？其未得之也，患得之。既得之，患失之。苟患失之，无所不至矣。"意思是说，没有品行、没有才能的人可以事奉君主吗？在得到官位利禄前，他整天忧心得不到；得到以后，又忧心会失掉。如果他整日忧心于失掉官位利禄，那么他就什么事都敢做出来。

因此，《群书治要·申鉴》中才会有关于用人种种忧虑的论述。"惟恤十难，以任贤能。一曰不知，二曰不求（求作进），三曰不任，四曰不终，五曰以小怨弃大德，六曰以小过黜大功，七曰以小短掩大美，八曰以干讦伤忠正，九曰以邪说乱正度，十曰以谗嫉废贤能，是谓十难。十难不除，则贤臣不用。贤臣不用，则国非其国也。"意思是说，君主要常常注意在任贤使能方面容易出现的十个难题：一是没有知人之明；二是知人而不能善举；三是举人而不能善用；四是用人而有始无终；五是因微小怨隙而抛弃高才厚德；六是因细小过失而诋毁大功劳；七是因小缺点而以偏概全；八是因奸邪之人攻击而伤害忠正之士；九是因邪道之说而扰乱正规法度；十是因小人的谗言嫉妒而废弃贤能之士。这就是所谓的"十难"。"十难"不除，则贤臣就不能起用。贤臣不起用，国家也就不能得到治理。

其次，就做事而言，君主一定要时常反省是否明确了政令。《群书治要·抱朴子》中说："禁令不明，而严刑以静乱；庙筭不精，而穷兵以侵邻。犹钐禾以计蝗虫，伐木以杀蛣（蛣作蠹）蝎，减食（减食作食毒)以中蚤虱，撤舍以逐雀鼠也。”意思是说，国家禁令不明确，却用严刑来平定祸乱；朝廷对战事谋划不当，没有反省，却竭尽兵力去侵犯邻国。这些就好像割掉庄稼以消灭蝗虫、砍掉树木以消灭蛀虫、吞下毒药以杀死跳蚤虱子、拆除房舍以驱逐麻雀老鼠一样。

3. 君臣不和

《孟子·离娄下》说：“君之视臣如手足，则臣之视君如腹心。君之视臣如犬马，则臣之视君如国人。君之视臣如土芥，则臣之视君如寇雠。”意思是说，如果君主看待臣属如手足，那么臣属就会看待君主如自己的腹心。如果君主看待臣属如犬马，那么臣属就会看待君主如路人。如果君主看待臣属如泥土、草芥，那么臣属就会看待君主如同强盗、仇敌。可见，君臣关系和顺与否、能否保持君仁臣忠的良性关系，对于国家安定而言，也是至关重要。

然而，在这种关系中，起主导性作用的一般是君主。也就是说，君主能否善待、信任、重用臣子决定了臣子回报君主的态度。比如，《群书治要·新序》上说：“为人君而侮其臣者，智者不为谋，辨者不为使，勇者不为斗。智者不为谋，则社稷危。辨者不为使，则使不通。勇者不为斗，则边境侵。”意思是说，身为君主，如果侮辱他的臣民，结果就是有智慧的人不为他出谋划策、有辩才的人不为他出使外交、勇猛威武的人不为他奋力冲锋陷阵。有智慧的人不为他出谋划策，国家就会陷入困境；有辩才的人不为他出使外交，也就无法与他国进行交往；勇猛威武的人不为他奋力冲锋陷阵，那么边境就会受到侵犯。再比如，《群书治要·汉书五》上也说：“文王好仁，故仁兴。得士而敬之，则士用。用之有礼义。故不致其爱敬，则不能尽其心，则不能尽其力，则不能成其功。故古之贤君于其臣也，尊其爵禄而亲之。疾则临视之无数，死则吊哭之，为之服锡衰，而三临其丧。未敛不饮酒食肉，未葬不举乐，当宗庙之祭而死，为之废乐。故古之君人者于其臣也，可谓尽礼矣。故臣下莫敢不竭力尽死，以报其上。”周文王喜施仁政，所以仁德就兴起了。君主得到士人并尊重他们，以礼义待之，士人就会为他效力。相反，如果对士人不慈爱、不尊重，士人也就不会赤子忠诚、不会竭尽全力为国家建功立业。因此，古代但凡贤明的君主，无一不尊重臣子、亲近臣子，臣子有病，就亲自探望；臣子去世，就吊唁哭泣，相应的，臣子也都是由内而外地报效君主。

（二）忧民

《群书治要·六韬》上说：“所谓天子者，天下相爱如父子，此之谓天子。”意思是说，所谓“天子”，其实就是他视天下人如子女一样慈爱、天下人又视他如父亲一样敬爱的人。这反映了君主忧患之一就是“忧民”。“忧民”什么？《群书治要·潜夫论》上说：

夫富民者，以农桑为本，以游业为末。百工者，以致用为本，以巧饰为末。商贾者，以通货为本，以鬻奇为末。三者守本离末，则民富。离本守末，则民贫。贫则厄而忘善，富则乐而可教。教训者，以道义为本，以巧辨为末。辞语者，以信顺为本，以诡丽为末。列士者，以孝悌为本，以交游为末。孝悌以致养为本，以华观为末。人臣者，以忠正为本，以媚爱为末。五者守本离末，则仁义兴。离本守末，则道德崩。

意思是：使百姓富裕，就要以农事生产为本，以流动性职业为末；

各种工艺，要以实用为本，以雕琢装饰为末；买卖经商，要以流通货物为本，以出售珍奇之物谋利为末。这三者若能守本弃末，百姓就会富裕；若弃本守末，百姓就会贫穷。百姓贫穷就会陷入困境而无心行善，百姓富裕就会安乐而可以接受教化。教育训导，以道德仁义为本，以巧言善辩为末；言辞话语，以诚信顺理为本，以奇异华丽为末；读书之人，以孝顺父母、友爱兄弟为本，以交友应酬为末；落实孝悌，以尽心奉养为本，以图表面、讲排场为末；为人臣，以忠诚正直为本，以谄媚讨好为末。这五者若能守本弃末，仁义之风就会兴盛；弃本守末，道德就会崩溃。这段话其实指明了“民安”和“民教”对于社会安定的重要性。

首先，就民安而言，“忧”的是对百姓基本生产生活条件的满足。在《贞观政要·辨兴亡》中，唐太宗通过反思总结，认为“民不得安”是隋朝灭亡的主要原因。

> 贞观二年，太宗谓黄门侍郎王珪曰：“隋开皇十四年大旱，人多饥乏。是时仓库盈溢，竟不许赈给，乃令百姓逐粮。隋文不怜百姓而惜仓库，比至末年，计天下储积，得供五六十年。炀帝恃此富饶，所以奢华无道，遂致灭亡。炀帝失国，亦此之由。凡理国者，务积于人，不在盈其仓库。古人云：‘百姓不足，君孰与足？’但使仓库可备凶年，此外何烦储蓄！后嗣若贤，自能保其天下；如其不肖，多积仓库，徒益其奢侈，危亡之本也。”

对此，唐太宗常引以为戒，并时刻提醒自己和大臣们。有一次，他到蒲州视察，蒲州刺史赵元楷让百姓着黄纱单衣在路旁迎驾，还备送一百多只羊和几千条黄河大鲤鱼。唐太宗得知后，怒斥他沿袭隋朝弊习，赵元楷又惊又愧，没几天就吓死了。在太宗治国方略中，他一直奉行不夺农时、息止兵事、均田轻赋等原则，以保证百姓的基本生产生活条件。此外，他还经常派使臣到各地巡察，劝课农桑；颁发《令有司劝勉庶人婚聘及时诏》，奖励婚嫁，增殖人口，并以此作为考察地方官员政绩的重要标准；严惩贪渎冒滥、枉政害民的不法官吏，等等。这些政策的施行，对于发展生产、维护社会安定都起了重要作用。

其次，就民教而言，“忧”的是国民素质对于国家社会安定的影响。《群书治要·盐铁论》中说，“治民之道，务笃于教也”。治理百姓的最好办法就是一心一意地致力于教化。那怎么教导呢?《群书治要·崔寔政论》上说,“上为下效,然后谓之教”。上位者怎么做，下属自然就会起而效法,这就是教化。以尧帝为例,《说苑》上记载，尧帝一个人的仁德昭明显著了，整个社会的道义风气也就树立起来了，百姓为其道德博厚而感化，于是，不需任何赏惩，自行相互规勉弃恶从善。先宽恕百姓，然后以身作则，“行不言之教”，这就是尧帝治国教民的方法。

具体应该从何做起呢？《孝经》上说：

教民亲爱，莫善于孝。教民礼顺，莫善于悌。移风易俗，莫善于乐。安上治民，莫善于礼。礼者，敬而已矣。故敬其父则子悦；敬其兄则弟悦；敬其君则臣悦；敬一人而千万人悦。所敬者寡，悦者众，此之谓要道也。

教导百姓相亲相爱，没有什么比弘扬孝道更好的了，因为孝是仁爱的原点。教导百姓遵循礼节、顺从长上，没有什么比弘扬悌道更好的了。改善社会风气习俗，没有什么比德音雅乐更好的了。安稳君长，治理人民，使上下各守本分，没有什么比礼教更好的了。礼的含义，归根结底，就是一个“敬”字。因此，尊敬父亲，儿子就会高兴；尊敬哥哥，弟弟就会高兴；尊敬君王，臣子就会高兴；尊敬一个人，千千万万的人就会高兴。虽然尊敬的只是少数人，但高兴的却是大多数人，这是最重要的道理。

（三）忧道

“道”是中国哲学的基本范畴之一。就其含义而言，可以归纳为两大层面：一是“天道”，指的是客观性、必然性的规律；二是“人道”，指的是人事之理。两者之间，应是人道效法天道，也就是说人要尊重自然规律。比如，在植物的自然生长中，人明白了“种瓜得瓜，种豆得豆”；在昼夜更迭的周而复始中，人体会到了“日出而作，日落而息”，等等。人只要不断地探索天道，就必定可以发现天道，进而才可能弘扬天道，在此过程中，人自身的价值也才能得到实现。

与其说“天道”外在于“人道”，不如说两者相辅相成。那么，是不是古人所言“天道”是客观外在的观点就是错误的呢？也不尽然。在古人那里，这是从两个方面讲的：其一，“天道”尚未可知。人们限于历史条件、外在环境、主观能动性等原因，不能尽知“道”；其二，知“天道”而不行。就算人们通过某种方式知“道”了，但仅仅停留在知的阶段上，而不去行。这两点其实就是构成了千百年来志士仁人“忧道”的主要原因：或是忧患天（道）人（道）不能合一、或是忧患知（道）行（道）不能合一，即对“道之不传”“道之不行”的忧患。

1. 道之不传

“道”，作为客观外在的规律，范围庞杂。然而，细读《群书治要》，就会发现，对一个国家、一个民族而言，最重要的“道”其实不是老子所言本体论意义上的“道”，也不是孔子所言伦理意义上的“道”，《群书治要》中的“道”很具体，那就是——荣辱之道。

《群书治要·傅子》上说：“古之仁人，推所好以训天下，而民莫不尚德。推所恶以诫天下，而民莫不知耻。”这句话是说，古代有德行的人，往往都是将心比心、推己及人，因而他所推行的美德，百姓没有不崇尚的；他所憎恶的丑行，百姓没有不引以为耻的。《群书治要·汉书一》中记载，汉文帝以俭为荣、以奢为耻，他将当时的国家治理的是“海内殷富，兴于礼义，断狱数百，几致刑措。”正因为他深知“成由勤俭破由奢”的道理，所以“节俭约身，以率先天下”。平日里“身衣弋绨，足履革舄”，穿的都是粗布衣，着的都是普通鞋。在位23年，没有大兴土木，就连小建筑，只要劳民伤财，也一律不批。有一次，他想建造一座露台，让工匠做预算，结果预算“百金”，其实对皇家来说，九牛一毛都算不上，但他却以“百金，中人十家之产也”为由，果断放弃了造台计划。随后的汉景帝，也继承了汉文帝的治国思想，正因此，遂开创了史上有名的盛世“文景之治”。

相反，古今中外，以奢为荣而败家亡国的事例比比皆是。比如，宋徽宗以奢为荣，他的臣子蔡京为使其名正言顺，就从理论上将其论证为“丰亨豫大”。“丰”和“豫”本是《周易》的卦名，“丰”

的本意为富饶,“豫”的本意为安乐。古人形容盛世的言语到“丰豫”二字已是极限，但蔡京仍觉不够，又加上《周易》中“丰亨，王假之”、“有大而能谦，必豫”之言，最终酿出了“丰亨豫大”。意思是说，当下富足繁荣，及时享乐则亨顺，惜财省费则凶陋。宋徽宗听后深信不疑，骄奢淫逸便一发不可收拾，最终闹得民不聊生、国破家亡。因此，国家要想得到治理，首先就是要传道，让百姓明确地知道科学的荣辱观是什么。

2. 道之不行

如果说弘“道”的第一个途径是传“道”的话，那么，另一个更重要的途径则是行“道”。如唐太宗总结前朝的经验，学习汉文帝以俭为荣的治国方式，倡俭朴，反奢侈。他不只是倡导，而且采取了很多具体的行动，如轻徭役、薄赋税、推行均田制、租庸调法，等等。再如《孝经》上说:“爱亲者，不敢恶于人。敬亲者，不敢慢于人。爱敬尽于事亲,而德教加于百姓,形于四海,盖天子之孝也。《吕刑》云:一人有庆,兆民赖之。”意思是说,天子仅仅知道要尽“孝道”还不够，还应该在具体的言行上尊重天下的父母，因为真正孝顺父母的人，不敢做任何慢待他人父母的言行。只要天子用实际行动去孝顺父母，百姓就会以天子为范，推行孝道，国家就能长治久安。与其说感化百姓的是天子的孝道，不如说感化百姓的是他的孝行。中华民族之“道”之所以能够成为世界文明中唯一一个不断丰富发展、没有中断的文明，其中一个重要原因就是因为几千年来从不缺乏忧道、求道、传道、行道的仁人志士，他们是中华民族真正的脊梁。

三、“治道”对忧患的化解

《群书治要·说苑》上说：“无常安之国，无恒治之民。得贤者则安昌，失之者则危亡。自古及今，未有不然者也。”意思是说，没有永远安定的国家，也没有始终顺从的百姓。国家的安定繁荣取决于是否任用贤者来治理。从古至今，没有不是如此的。为什么？因为贤者不仅有为国家、社会、百姓深怀忧患的感情，而且会将这种感情不断地提炼升华，使之锤炼为一种忧患的智慧，将之用到治国理政上，就成了我们说的“治道”，这就是为什么中华文明伊始就伴随着强烈的忧患意识。

但是，与此同时，中国人对整个世界还持有非常乐观的态度，因为为民族、国家的忧患无限地放大了个人的快乐感与幸福感。于是，孔子称自己是“其为人也，发愤忘食，乐以忘忧，不知老之将至”[1]；孟子则明确将忧乐并举，“乐以天下，忧以天下”[2]；宋人罗大经更是在其《鹤林玉露·丙编》中单列“忧乐”一节专门进行论述。由此可见，在贤者那里，忧与乐是相通的。

忧患意识不能单单停留在情感的阶段，否则只会长吁短叹，而应该成为激励人们找出问题、分析问题、解决问题的动力。诚如现代美籍黎巴嫩作家纪伯伦所言：“只在你被追逐的时候，你才快跑。”还有句格言说得好：“在通向未来的途中，花丛也许是比荆棘更难逾越的路障。”如果一个人只有忧患的情感，却没有忧患的智慧，那其实就在为忧患而忧患，而不知道忧患意识的终极价值是对忧患

---

1 《论语·述而》。

2 《孟子·梁惠王下》。

的化解。所以,《孟子·离娄下》说:“是故君子有终身之忧，无一朝之患也。”正是在忧患意识及其自我化解中，人们才不断发展和进步。在这一点上，忧患意识的终极价值与人类自身的终极价值是相通的。

（一）仁政

近代儒学大家徐复观先生说:“仁，是忧患意识的更深的表现，是中国思想家必有的性格。”[1]春秋时期，孟子曾劝说君主实施“仁政”。《孟子·梁惠王上》说:“王如施仁政于民，省刑罚，薄税敛，深耕易耨，壮者以暇日，修其孝悌忠信，入以事其父兄，出以事其长上。可使制梃以挞秦楚之坚甲利兵矣。”从这段话中，我们可以总结出“仁政”包含两层含义:养民和教民。毛泽东同志也论述过“仁政”的两个方面内容:“所谓仁政有两种:一种是为人民的当前利益，另一种是为人民的长远利益，例如抗美援朝，建设重工业。前一种是小仁政，后一种是大仁政。两者必须兼顾，不兼顾是错误的。那么重点放在什么地方呢?重点应当放在大仁政上。现在，我们施仁政的重点应当放在建设重工业上。要建设，就要资金。所以，人民的生活虽然要改善，但一时又不能改善很多。就是说，人民生活不可不改善，不可多改善;不可不照顾，不可多照顾。照顾小仁政，妨碍大仁政,这是施仁政的偏向。”可见,毛泽东同志更加强调后者。

首先,就“养民”来说,其实就是要让百姓衣食无忧。关于这点,《孟子·梁惠王上》说:“五亩之宅，树之以桑，五十者可以衣帛矣。鸡豚狗彘之畜，无失其时，七十者可以食肉矣。百亩之田，勿夺其

1 徐复观:《中国人性论史·先秦篇》，台北商务印书馆1984年版，第15页。

时，数口之家可以无饥矣。谨庠序之教，申之以孝悌之义，颁白者不负戴于道路矣。七十者衣帛食肉，黎民不饥不寒，然而不王者，未之有也。”衣食住行是百姓基本的物质生活资料，所谓的“养民”，就是满足百姓生存发展所需。《论语·颜渊》中记载这样一个故事：哀公问于有若曰：“年饥，用不足，如之何？”有若对曰：“盍彻乎？”曰：“二，吾犹不足，如之何其彻也？”对曰：“百姓足，君孰与不足？百姓不足，君孰与足？”就治国安民而言，君王富有而千千万万百姓贫苦的国家一定是不稳固的。相反，如果一国百姓家家殷实，国家一定固若金汤。这是说，尽管治理国家的途径有很多，但养民却是根基、是根本，切不可舍本逐末。上面的故事发生在春秋战国时期，“春秋无义战”[1]，非正义的战争和对外侵略耗费了国家的大量财富。穷并不可怕，穷折腾才可怕。据《贞观政要·论务农》记载，贞观二年，京师大旱，蝗虫灾起。唐太宗前去视察灾情，看到蝗虫肆虐，感叹道：“人以谷为命，而汝食之，是害于百姓。百姓有过，在予一人，尔其有灵，但当蚀我心，无害百姓。”说着，就将蝗虫吞进嘴里，大臣赶紧上前谏阻，太宗还是将其吞下。在太宗执政的二十余年间，他一直坚持省刑罚、薄税赋，尽量不干涉和不干扰人民的日常生产与生活，因而得到了老百姓的衷心拥戴。

其次，就“教民”来说，就是要在养民的基础上，提高百姓的综合素质。孟子曾说：“人之有道也，饱食、暖衣、逸居而无教，则近于禽兽。”[2]意思是说，吃得饱、穿得暖、住得好，并不能将人与禽兽区别开来，人之所以为人，是因为有教化、有文明。在古代，

1 《孟子·尽心下》。

2 《孟子·滕文公上》。

“教民”的主要方式有两种：一种是以“经”育人；另一种是以“人”育人。

先看以“经”育人。《周易·系辞下》说：“作《易》者，其有忧患乎？是故履，德之基也；谦，德之柄也；复，德之本也；恒，德之固也；损，德之修也；益，德之裕也；困，德之辨也；井，德之地也；巽，德之制也。”意思是说，履、谦、复、恒、损、益、困、井、巽这九卦，都是因忧患而起的。就九卦的意义，先后讲了三次，即“三陈九德”。强调当人处于逆境、困境的时候，这九卦可以为人排忧解难。比如，困卦的卦义是“困，德之辨也”，指身处困境，可以提高人的辨别是非能力。又说“困，穷而通”，指的是身处困境，只要坚持德操，必将“守得云开见月明”。又说“困以寡怨”，即便是身处困境，也应该不怨天、不尤人。关于困卦的意义，《象》说：“君子以致命遂志”，君子身处危难之时，宁肯丧失生命，也要崇守志向。这俨然就是中华历史上仁人志士安身立命的依据。

再看以“人”育人。《群书治要·政要论》上说：“故君子为政，以正己为先，教禁为次。”强调的就是管理者自身的品行对被管理者的示范效应。想要治理好国家，首先需要有君子，即思想言行端正的人，那么，百姓就会自然而然地向他学习，进而天底下的人也都会品行端正了。《群书治要·蜀志》上说：“诸葛亮之为相国也，抚百姓，示义轨，约官职，从权制，开诚心，布公道。尽忠益时者，虽雠必赏；犯法怠慢者，虽亲必罚；服罪输情者，虽重必释；游辞巧饰者，虽轻必戮。善无微而不赏，恶无纤而不贬。庶事精练，物理其本，循名责实，虚伪不齿。终于邦域之内，咸畏而爱之。刑政虽峻，而无怨者，以其用心平，而劝戒明也。可谓识治之良才，管萧之亚匹矣。”诸葛亮以身作则，在担任宰相的时候，十分注重安抚百姓，明示礼义法规，采取了一系列的利民惠民措施，使得蜀国境内人人敬畏、爱戴他。

（二）民本

《贞观政要·论政体》中记载，唐太宗深知“天子者，有道则人推而为主，无道则人弃而不用，诚可畏也。”于是，就诲谕太子“舟所以比人君，水所以比黎庶，水能载舟，亦能覆舟。尔方为人主，可不畏惧？”《群书治要》更是无处不见以“民本”思想来解除“民可载舟，亦可覆舟”之忧患的方法。

首先，修身以得人。君主要想得到贤臣辅佐、民心所向，首先必须修养己身。而修养己身的关键在于实践道德伦理，实践道德伦理的关键则在于以仁爱存心。《史记·项羽本纪》记载，“西楚霸王”项羽“引兵西屠咸阳，杀秦降王子婴，烧秦宫室，火三月不灭，收其货宝妇女而东”。不存仁爱于心的结果必定是失去民心。相反，汉高祖靠着自己的仁义，几乎聚齐天下有才之士，入主咸阳后，极为自律，还军霸上，与民约法三章“杀人者死，伤人及盗抵罪”，深得民心。[1]

其次，利民以得民。《群书治要·鬻子》上说：“发政施令，为天下福者，谓之道；上下相亲，谓之和；民不求而得所欲，谓之信；除天下之害，谓之仁。仁与信，和与道，帝王之器也。”意思是说，君王发布、施行政令，凡是为天下人谋福利的，就可称为道义；凡

---

1 《史记·高祖本纪》。

是使君民上下相亲相爱的，就可称为和睦；凡是人民不需开口恳求、君王就能设身处地予以满足的，就可称为诚信；凡是消除天下人祸患的，就可称为仁爱。道义、和睦、诚信、仁爱，都是君王治国的法宝。《吕氏春秋》上记载这样一则故事。春秋时期，晋平公问祁黄羊："南阳缺县长，你看派谁去担任合适呢？"祁黄羊毫不迟疑地回答："解狐最合适，他一定能够胜任。"平公甚是惊奇，问："解狐不是你的仇人吗？为什么你要推荐自己的仇人做官呢？"祁黄羊就回答："您只是问我什么人能够胜任县长一职，并没有问我的仇人。"平公听后很称赞，就派解狐到南阳县上任。果不出所料，解狐到任后，为当地老百姓办了不少好事，人人称颂。又有一次，晋平公问祁黄羊："朝廷缺个法官，你看谁能胜任呢？"祁黄羊说："祁午能够胜任。"平公也很不解地问："祁午不是你的儿子吗？你怎么自己推荐自己的儿子？不怕别人说闲话吗？"祁黄羊说："您只是问我谁可以胜任，并没问我的儿子。"于是，晋平公就派祁午做法官。祁午任职后，公正严明，很受百姓拥戴。这两件事传到孔子那里，孔子对祁黄羊称赞有加，说道："祁黄公推荐人，完全以才能为标准，不论敌我亲疏，关键看谁能为百姓做实事，谁能真正得民心，这才真正是大公无私。"

（三）仁道

教化问题，自古至今，都是治国理政的头等大事。《论语·子路》上记载这样一段对话："子路曰：卫君待子而为政，子将奚先？子曰：必也，正名乎。名不正，则言不顺。言不顺，则事不成。事不成，则礼乐不兴。礼乐不兴，则刑罚不中。刑罚不中，则民无所措手足。"大意是子路请教孔老夫子："如果卫国的君主请您去辅助他治国，您将以何事为先？"孔子回答说："那一定要先正名，使名分与事实（身份等）相符。名不正，言语就不能有理有据；言不顺，办事就不容易成功；办事不成功，礼乐的教化就不可能兴起；礼乐教化不兴起，刑罚就会用之不当；刑罚不当，人民就会手足无措，那么天下就要大乱了。”

“仁道”对忧患的化解主要包括两个方面：“以道育人”和“以德化人”。

首先，以道育人。《群书治要·体论》上说：“天地有纪矣，不诚则不能化育。君臣有义矣，不诚则不能相临。父子有礼矣，不诚则疏。夫妇有恩矣，不诚则离。交接有分矣，不诚则绝。以义应当，曲得其情，其唯诚乎。”天地之道是纲纪，不真诚就不能化育万物；君臣之道是道义，不真诚就不能相处共事；父子之道是礼节，不真诚就会无礼疏远；夫妇之道是恩义，不真诚就会忘恩离异；朋友之道是情分，不真诚就会无情断往。以道应事，才能事得其宜，而这只有真诚才能做得到的。

其次，以德化人。《礼记·祭义》上说：“一举足而不敢忘父母，一出言而不敢忘父母。一举足而不敢忘父母，是故道而弗径，舟而不游，不敢以先父母之遗体行危殆。一出言而不敢忘父母，是故恶言不出于口，忿言不及及作反于身。不辱其身，不羞其亲，可谓孝矣。”古人每走一步路、每说一句话都不敢忘记自己的父母。每走一步路不敢忘记父母，所以只走正道、不走邪径，有船可乘就不涉水过河，不敢用父母遗留的身体冒险。每说一句话也都不敢忘记父母，所以不会口出恶言，不致反招别人诟骂自己。不侮辱自己的名声，也就不会使父母遭到羞辱，这便可以说是孝了。就是说，古人的举手、投足之间，无不彰显着对父母的孝德，这感化着几千年来的中国人。

正是这份对父母的敬爱之心，以及由此延伸出来的忠、友、恭、信、仁等美德，延续着中华文明几千年不衰的脉络。

近代新儒学大家牟宗三先生说："中国哲学之重道德性是根源于忧患的意识。中国人的忧患意识特别强烈，由此种忧患意识可以产生道德意识。"[1] 苏轼也曾经说过："人生识字忧患始"[2]，这是因为，"真正的智慧是生于忧患。因为只有忧患，可以把我们之精神，从一种定型的生活中解放出来，以产生一种超越而涵盖的胸襟，去看问题的表面与里面、来路与去路"[3]。从这一意义上说，中华文化就是在忧患中形成并发展起来的。只有满怀忧患意识的人，才能真正把握她、继承她，并将她发扬光大。"中国文化是在忧患意识中生长出来的文化。它必定在忧患最深、忧患意识最强的乡土上，重新得到发育滋长。"[4]

---

1 参见牟宗三：《中国哲学的特质》，台北学生书局 1976 年版。

2 苏轼：《石苍舒醉墨堂》。

3 牟宗三、徐复观、唐君毅、张君劢：《为中国文化敬告世界人士宣言》，载封祖盛编《当代新儒家》，生活 · 读书 · 新知三联书店 1989 年版，第 2 页。

4 萧欣义编：《徐复观文录选粹》，台北学生书局 1980 年版，第 198 页。

第五章　民贵君轻的民本论

《尚书》曰："民惟邦本，本固邦宁。"《孟子·尽心下》云："民为贵，社稷次之，君为轻。"《群书治要·贾子》中亦讲："于政也，民无不为本也。国以为本，君以为本，吏以为本。"这些论述作为中国古代民本思想的代表观点，明确地指出了大到国家，小到企业、单位、社区，人民（包括下属、员工等所有被领导者）都是一切的根本，君主、官吏等所有身居领导职位的人都应以人民为贵、以人民为重，关心人民、爱护人民，"权为民所用、情为民所系、利为民所谋"。如前文所述，国家（包括企业、单位、社区等等）长治久安的根本在于民心安稳，领导者不可不知"得民心者得天下""水可载舟，亦可覆舟"的道理。《群书治要》中，蕴含着丰富的民本思想，概而言之，可分为以下四个方面，即贵民重民、爱民恤民、富民利民和恕民教民。

一、贵民重民

（一）爱民而安，好士而荣

关于人民是社稷之本，荀子曾有如下论述：

有社稷而不能爱民，不能利民，而求民之亲爱己，不可得也。

民不亲不爱，而求其为己用，为己死，不可得也。民不为己用，不为己死，而求兵之劲，城之固，不可得也。兵不劲，城不固，而求敌之不至，不可得也。敌至而求无危削，不灭亡，不可得也。故人主欲强固安乐，则莫若反之民。欲附下一民，则莫若反之政。欲修政美国，则莫若求其人。故君人者，爱民而安，好士而荣，两者无一焉而亡也。[1]

身为执政者，拥有国家而不能爱民、利民，却期求人民亲服自己、爱戴自己，这是不可能的。人民不亲服、不爱戴，而期求人民为己所用、为己效死，这也是不可能的。人民不能为己所用、为己效死，而期求兵力强劲、城池坚固，也是不可能的。兵力不强劲，城池不坚固，而期求敌人不来侵犯，也是不可能的。敌兵来了而期求没有危险，不被削弱、不被灭亡，这同样是不可能的。所以人君要想国家富强、稳固、安乐，不如首先反省一下自己对于人民的态度。如果想使下属亲服、使人民团结，就不如反省一下自己政事办得如何。欲修明政治、使国家美善，最好的办法莫过于寻求德才兼备的人来辅佐自己。由此，荀子得出结论：身为一国之君，因爱民而得以安定，因礼贤下士而得以荣耀，倘若这两者都不具备，则国家定会灭亡。

人民与领导者的关系，如响之应声、影之从行，自然地遵循着宇宙间森严的因果法则。正如《管子·桓公问》中所言："人主能安其民，则民事其主，如事其父母。故主有忧则忧之，有难则死之。"倘若君主能使他的人民安乐，那么人民侍奉君主就会像侍奉自己的

1 《群书治要·孙卿子》。

父母一样。君主有忧困，人民会为他分忧；君主有危难，人民会为他拼死效力。反之，“人主视民如土，则民不为用。主有忧则不忧，有难则不死。”如果人君把人民看得如泥土、草芥一样低贱，那么人民就不愿为其效劳。君主有忧虑，人民不会为其分忧；有危难，人民也不愿为他赴死。“故曰：莫乐之，则莫哀之；莫生之，则莫死之。”因此，如果国君不能使民安乐，则人民就不会为其分忧。如果国君不让人民安居乐业，则人民也不会为他效死。这说明，要想治理好一个国家、深得百姓的拥护，领导者必须要能安其民、爱其民。

真正的爱民如子、实现善治，需要领导者“好士”方能达到。“好士”，即喜好德才兼备之人，寻求并委任这些人才来做官，百姓方有长寿、富裕和尊贵可期。《群书治要·说苑》中记载这样一则典故：齐宣王到社山打猎，当地百姓听说后一道前去慰劳。宣王有感父老耕作之苦，便下令赏赐他们免交租税。百姓纷纷拜谢，但唯独隐士闾丘先生不拜。宣王以为赏赐不够丰厚，又赐令百姓免服徭役，闾丘先生仍不拜。宣王问其缘由，闾丘先生说：“大王到此游猎，特地前来慰劳大王，望得寿于大王，望得富于大王，望得贵于大王。”宣王闻言不解，婉言回答：“人生死有时，不是我所能决定的，无法使先生长寿；粮仓充实，是为了防备灾害，无法使先生富裕；大的官职没有缺额，小的官位太过卑贱，无法使先生尊贵。”闾丘先生说：

“此非人臣所敢望也。愿大王选有修行者以为吏，平其法度，如此，臣少可以得寿焉。振之以时，无烦扰百姓，如是，臣可少得以富焉。愿大王出令，令少者敬老，如是，臣可少得以贵焉。今大王幸赐臣田不租，然则仓廪将虚也。赐臣无徭役，然则官府无使焉。

此固非臣之所敢望也。”

大意是说，望大王选择有美好品行的人做官，使法令制度公平合理，这样臣便可以稍微多活几年了；望大王及时赈济民众，不要烦扰百姓，这样臣就可以稍微得到富裕了；望大王发布命令，令年少的人尊敬长者，兴起孝悌之风，这样臣就可以稍微得到尊贵了。现在大王赏赐臣下不必纳税，但这样国库将会空虚；赏赐臣下免服徭役，但这样官府便无人可以效力，这些本来就不是臣所希望的。闾丘先生的深思远虑和他的一番颇具艺术性的言语，最后令齐宣王心悦诚服、欣然纳谏。他不仅表达了为民请愿之意，更是从整个国家的前途安危着眼对齐宣王起到了劝谏的效果。荣耀、声誉乃由尊贤美政、人民亲服而来。“爱民而安”“好士而荣”，是为政者思想上不可动摇的纲领，也应是其实现修齐治平的一以贯之的原则。

（二）求贤辅佐，以利天下

1. 贤德辅佐，方能成治

古代国君出于对国家长治久安的考虑，特别注重选任德才兼备之人以辅佐自己。《群书治要·新序》中记载，曾有一名官员因事向齐桓公请示，桓公对他说：“将此事禀告仲父。”“仲父”是桓公对管仲的尊称。后又有官员因事请示，桓公仍是这样回答。如是一连几次，桓公身旁的侍者就说：“一则告仲父，二则告仲父，易哉为君！”感叹这样当国君也太容易了。齐桓公就说：“吾未得仲父则难。已得仲父之后，则曷为其不易也。”我在没有得到仲父辅佐前，确实感到治国很难，但是有了仲父之后，怎么能不容易呢？“故王者劳于求贤，逸于得人。”所以君王求贤的时候很辛苦，而一旦任用了贤才，治国就很清闲了。“舜举众贤在位，垂衣裳恭己无为而天下治。汤文用伊、吕，成王任周、邵，刑措不用，用众贤故也。”大舜在位时，举用了很多贤能的人，使他们各适其位，自己则垂衣正身、恭谨律己，凡事不用亲为，就使得天下大治。商汤和周文王重用伊尹、吕尚，周成王任用周公、邵公，结果刑法都搁置不用。这些都是由于德才兼备的人能被重用、教化之风能够兴起的缘故。

为政者尊重、举任贤者，使自己做到垂拱而治，离不开两个要素：一是为政者求贤若渴、诚恳恭敬之心，感得贤士辅佐。贤德之人做事必不为一己之私利，而是心系天下，辅佐君王，以使国家得到善治。二是为政者能够知人善任，明察谏言，用则不疑。管仲相齐便是很好的例子。春秋时期，管仲曾是齐桓公的政敌，后因鲍叔牙的极力举荐及桓公自己求贤若渴，两人冰释前嫌，共同成就霸业。《群书治要·说苑》载，齐桓公刚任用管仲治国时，管仲对他说：“贱不能临贵。”身份低贱的人不能去管理那些身份高贵的人。桓公随即拜他为上卿，但国家未能治理好。桓公问其故，管仲回答说：“贫不能使富。”贫穷的人不能差使富裕的人。齐桓公就把齐国市场上一年的税收赐给了管仲，但国家仍没有治理好。桓公再问其故，管仲回答说：“疏不能制亲。”关系疏远的不能去管制那些与君主亲密的人。桓公遂拜他为仲父，尊之如父。齐国于是“大安”，齐桓公也由此称霸天下。孔子闻知此事后，评论道：“管仲之贤，不得此三权者，亦不能使其君南面而霸矣。”大意是说，即使是管仲这样的贤德之才，如若不能得到这三种权力，也不能够使他的国君称霸天下。所以，正所谓“世之千里马常有，而伯乐不常有”，齐桓公的难得之处就在于他能知人善任、用人不疑，而任贤对于治理国家而言是重中之重。

2. 贤德教君，爱民为本

《群书治要·阴谋》中记有周武王和姜太公的一段对话，武王问尚父曰:“五帝之戒可闻乎？”尚父曰:“黄帝之时戒曰，吾之居民上也,摇摇恐夕不至朝。尧之居民上,振振如临深川。舜之居民上,兢兢如履薄冰。禹之居民上，栗栗恐不满日。汤之居民上，战战恐不见旦。”由此可以看到，圣贤人处在君王之侧，教导他们的都是爱民如子、恭敬谦下，唯恐有愧于先王和君位，而不是随意地役使民众甚至残害损伤民众。武王听到教诲之后说道:“寡人今新并殷居民上，翼翼惧不敢怠。”意思是说，我现在刚刚兼并殷商，位居万民之上，也当戒惧谨慎而不敢怠慢。

《管子·霸形》中还记载一则故事，齐桓公在位时，有一天管仲和隰朋求见。桓公看见天边有两只鸿雁飞过，遂感而叹曰:“今彼鸿鹄，有时而南，有时而北。四方无远，所欲至焉。寡人之有仲父,犹飞鸿之有羽翼也,若济大水有舟楫也。仲父不壹言教寡人乎？”管子对曰:“君若将欲霸王、举大事乎？则必从其本事矣。”桓公曰:“敢问何谓其本？”管子对曰:“齐国百姓，公之本也。民甚忧饥，而税敛重。民甚惧死，而刑政险。民甚伤劳，而上举事不时。轻其税敛，则民不忧饥。缓其刑政，则民不惧死。举事以时，则民不伤劳。”桓公曰:“寡人闻命矣。”从这里可以知道，那些贤明的君主，常会主动地求教于贤士。管仲不失时机又深中肯綮的劝导，使桓公认识到百姓的安危乃是自己兴举霸业的根本，唯有爱民为本、视民如伤，战战兢兢、小心谨慎，才能实现国治民安的抱负。

“夫君者，舟也；庶人者，水也。水可载舟，亦可以覆舟。”此语出自《孔子家语·五仪》，唐太宗之所以创下“贞观之治”，既在于他能常引此以鉴，还在于他非常重视对后继人才的用心培养。《贞观政要·教戒太子诸王》记载，唐太宗不仅自己躬自奉行，还总会在日常生活中给以太子适时的引导，无论是太子用餐、骑马、乘船还是倚树小憩，都拈事说理，教诲太子务要克勤克俭、爱惜民力、端己修身、虚心纳谏，等等。俗语云：不孝有三，无后为大。"后"不仅指后代子孙，更指的是有能承继家业和家风的人才。中国古人对小到一技一艺的承传、大到一个家族、一个国家继承人的培养所付出的心血，足以令后人深感敬重并效法借鉴。

《群书治要·晏子》中也有一则事例。齐景公出游到麦丘，一位 85 岁高龄的封人为他献祝。这位官员先祝景公之年长于国家，再祝他的子嗣长寿如己之年，第三次献祝，他说："使君无得罪于民。"景公曰："诚有鄙民得罪于君则可，安有君得罪于民者乎？"景公闻言不解，确有下民获罪于君主的，怎会有君主获罪于百姓的呢？晏子在旁遂答："君过矣。敢问桀纣，君诛乎？民诛乎？"景公听到此语，便知是自己错了，于是说："寡人过矣。"赐封人麦丘以为邑。

由上可见，有贤君，始有贤士辅佐；有贤士，始能成就贤君。上如周武王、齐桓公、齐景公等，他们任用贤才，不仅是委以重任、非常尊重，而且心怀宽广、虚己纳谏。而姜太公、管仲、麦丘封人这些贤德之人的可贵之处，就是教导人君要经常对百姓施以恩惠，爱民为本，而不要过分役使民众，这些都是从根本上教以国泰民安之道，而非从技巧上、细枝末节上提供应对之术。

3. 与民为仇，民必胜之

贾谊有言："自古而至于今，与民为仇者，有迟有速，而民必胜之矣。”[1]这是从反面说明何以人民是国家的根本、是执政者的根本。概观历史，与人民为敌而终被人民所唾弃的君王不乏其人，例如秦始皇。《群书治要·汉书五》记载，在秦始皇以前，周初之时大概有一千八百个诸侯国，各国国君“用民之力，不过岁三日。什一而藉。君有余财，民有余力，而颂声作”，就是说，役使民力非常轻微，每年不超过三天，田赋按十分之一来收取，君主有富余之财，民众有剩余之力，歌颂之声随之而起。但秦始皇统一六国后，他让所有诸侯国的人民奉养一己之身，“力疲不胜其役，财尽不胜其求”，为了供养他一人的享用，天下人民不胜其苦，“劳疲者不得休息，饥寒者不得衣食，无辜死刑者无所告诉”，但还是无法满足他的欲求，以致“人与之为怨，家与之为仇”，天下就这样地败坏了，“身死才数月，天下四面而攻之，宗庙灭绝矣”。然而，秦始皇居于灭绝之中而不自知，“天下莫敢告也”，天下没有人敢告诉他实情。因为他“无养老之义，无辅弼之臣，无进谏之士”，他残忍暴虐，任意杀戮，贬退敢于批评之人，杀害直言劝谏之士，以致臣子们战战兢兢，苟且迎合以取悦于皇帝，比喻他的德行时就说贤于尧舜，估量其功绩时则说胜过汤武，因此天下已经溃败了，但却无人告诉他实情。秦始皇的可悲下场说明，与民为敌，“不致其爱敬”，不尊重贤才，没有不败亡的道理，反之如文王，“好仁故仁兴，得士而敬之则士用，用之有礼义”，则民心所向，没有不兴盛的道理。

（三）防民之口，甚于防川

中国古人同样很注重听取人民的劝谏。《群书治要·潜夫论》

---

1 《群书治要·贾子》。

上讲:“治国之道，劝之使谏，宣之使言，然后君明察而治情通矣。”意思是，治国之道，在于广开言路，鼓励人们敢于进谏，说出真话，然后君主才能明察国家的治乱，对下情通达知晓。

据《管子·桓公问》记载，有一次，齐桓公向管仲请教，说:“我想拥有天下而不失去,想得到权力而不亡失,怎样才能做到这点呢？”管仲回答:“不要忙于作新，执意而为，而要随着时节条件的成熟把事情促成。不以个人好恶损害法律的公正，而要认真地考察人民之所厌恶，以之为戒。黄帝立明台之议，尧有衢室之问，舜有告善之旌，禹立谏鼓于朝，汤有总街之庭，以观民诽也。”黄帝之时设立了明台供群臣议论国事，尧帝设立衢室以征询民意，舜帝设有奖励人们进谏的旌旗,禹王有设于朝廷的进谏之鼓,汤王设立大道旁的亭舍，这些都是用来听取人民的批评意见的。“此古圣帝明王所以有而勿失，得而勿忘者也。”这就是古代圣君贤王所以拥有天下而不失去、得到权力而不丧失的方法。在这里，管子劝谏齐桓公能够效仿古圣先贤，主动去听取民意，这样才能知道治理的得失，保有天下。

《群书治要·汉书五》亦云:“古者，圣王之制，史在前书过失，工诵箴谏，庶人谤于道，商旅议于市，然后君得闻其过失也。”古代圣王采取的制度，是史官在前记载君主的过失，乐工诵读规劝的谏言，平头百姓在道路上可以批评时事，商旅之人在市场上可以随意议论朝政，这样国君方能听到他的过失，见义则从，加以修正。这些劝谏制度的制定，都是为了使民情上达，民心安定。相反，如果“折直士之节，结谏臣之舌”，则“群臣皆知其非，然不敢争，天下以言为戒”，天下人都以犯颜为恐惧而不敢谏诤，此“最国家之大患也！”

周厉王正是这样一个典型。《群书治要·史记上》记载，周厉王即位后，贪图财利，亲近佞臣荣夷公。大夫芮良夫耐心向他劝谏道：

“王室其将卑乎！夫荣公好专利，而不知大难。夫利，百物之所生也，天地之所载也。而有专之，其害多矣。天地百物皆将取焉，何可专也？所怒甚多，而不备大难，以是教王，王其能久乎？夫王人者，将导利而布之上下者也，使神人百物无不得极，犹日怵惕，惧怨之来。今王学专利，其可乎？匹夫专利，犹谓之盗。王而行之，其归鲜矣。荣公有用，周必败。”

然而周厉王不听，仍任荣公为卿士，主管国事。由于厉王“暴虐侈傲”，人民怨声载道。当时召公劝谏他人民已经不堪他的政令了。厉王不但没有反省自己，反而找来卫国巫师，让他监察人民，凡巫师上告有谁指责他的过失，就将那人处死。于是，“其谤鲜矣，诸侯不朝。王益严。国人莫敢言，道路以目，以目相眄而已”。厉王为自己的威势得意，告诉召公：“我能止息人民的指责，他们都不敢说话了。”召公告诉他并不是人民不敢说话，而是把人民的口堵住了而已。

“防民之口，甚于防水。水壅而溃，伤人必多。民亦如之。是故为水者，决之使导。为民者，宣之使言。故民之有口，犹土之有山川也，财用于是乎出，犹其有原隰衍沃也，衣食于是乎生。口之宣言也，善败于是乎兴。夫民虑之心，而宣之口。成而行之。若壅其口，其与能几何？”

但是周厉王仍然听不进劝阻。三年后，厉王终于遭到了国人的共同讨伐。

历史上，但凡贤明的君主，无不主动求取谏言、了解民情，使下情上达。比如，《群书治要·新序》中记载，齐桓公去拜访小臣稷，一天当中拜访三次，都没有见到。随从人员就说："万乘之主见布衣士，一日三至而不得见，亦可以止矣。"桓公则曰："不然。士之傲爵禄者，固轻其主。其主傲霸王者，亦轻其士。纵夫子傲爵禄，吾庸敢傲霸王乎？"意思是说，纵然这位先生轻视官爵俸禄，我怎敢轻视成就霸业之道呢？直到第五次拜访时，桓公才见到小臣稷。人们听到这件事后，都说："桓公犹下布衣之士，而况国君乎？"桓公对布衣之士尚且如此尊敬，何况对于诸侯国君呢？于是"相率而朝，靡有不至。"又如《群书治要·后汉书三》中杨震所言："臣闻尧舜之世，谏鼓谤木，立之于朝；殷周哲王，小人怨詈，则洗目改听。所以达聪明，开不讳，博采负薪，尽极下情也。"杨震之语道出了古代圣哲明王所以能明察事理、修政安民的原因，就在于不仅设敢谏之鼓，立诽谤之木，让人们随时可以进谏，甚至听到百姓的怨骂，都会洗耳恭听，真诚接受，真正地做到了广泛听取普通百姓的意见、全面细致地体察民情。

二、爱民恤民

《尚书》中说："天子作民父母，为天下王。圣人取类以正名，而谓君为父母，明仁爱德让，王道之本也。"此话指明了"君为父母"的由来以及"王道之本"的涵义。《群书治要·典语》上也说，

“王所以称天子者，以其号令政治，法天而行故也”。王之所以被称为天子，是因为他办理政事法天而行。天道好生而恶杀，故天子须有仁爱之心。“天，万物之覆。君，万物之焘也。怀生之类，有不浸润于泽者，天以为负。员首之民，有不沾濡于惠者，君以为耻。”[1]这段话的意思是，上天护育滋养万物，君主庇荫保护万物。凡是生灵，只要有一个没有受到润泽，上天就会觉得有负于它；凡是百姓，只要有一个没有沾濡到君主的恩惠，君主就会觉得这是耻辱。因此，为政者顺天道而行，爱民恤民，他作为人民的父母才名副其实。

（一）道德存心，仁爱百姓

中国历史上治理国家的状况，可以用“失道而后德，失德而后仁，失仁而后义，失义而后礼”来形容。三皇时期，以“道”治天下，能够无为而治。

尧舜之时，以“德”治天下，其民和乐融融。《说苑》中讲，尧帝“存心于天下，加志于穷民，痛万姓之罹罪，忧众生之不遂也。有一民饥，则曰此我饥之也。有一民寒，则曰此我寒之也。一民有罪，则曰此我陷之也。”尧帝“仁昭而义立，德博而化广”，以致“不赏而民劝，不罚而民治”。以仁恕之心待民，“先恕而后教”，这是尧帝的治国之道。孔子曾盛赞尧帝的德行，说“大哉！尧之为君也。巍巍乎！唯天为大，唯尧则之。荡荡乎！民无能名焉。焕乎！其有文章也”[2]，赞美尧帝大爱无私、至美无偏，能法天行化，民众安然受其恩泽而不知。史书记载，尧帝出游康衢，有老人击壤而歌，“日出而作，日入而息，凿井而饮，耕田而食，帝力于我何有哉”。当

---

1 《群书治要・政要论》。
2 《论语・泰伯》。

时人民安乐自在，可见一斑。

尧帝如此，舜帝、禹王同样是如此。《群书治要·司马法》中云："有虞氏，不赏不罚而民可用。至德也。"虞舜不用赏罚，而人民都愿为他效命，这是由于其至高的道德所感召。《说苑·君道》中记载了一则禹王的典故。一次出巡时，禹王遇到一个罪犯，遂下车询问情况并为之哭泣。左右的人说："罪人不顺道使然，君王何为痛之至于此也？"犯人是不走正路才导致今天的结果，君王何必为他悲痛至此？禹王说："尧舜之民，皆以尧舜之心为心。今寡人为君也，百姓各自以其心为心，是以痛之也。"大意是说，尧舜时期的人民，都是以尧舜的存心为自己的存心。现在我做了君王，百姓却各自按他们自己的想法行事，所以我为此感到痛心。可见，尧舜禹这些圣贤明君皆是以"德"治天下，在他们身上，淋漓尽致地体现了"行有不得，反求诸己"的高尚德行。

到了夏商周，三代的圣王是以仁爱治天下、以爱民如子的心来爱护百姓。比如，周文王的仁爱之心，不仅施及百姓，而且还施及枯骨。《群书治要·新序》载，周文王在位时，下令建造灵台，后从地里掘出一具死人之骨。官吏将这件事告诉文王，文王命令为其改葬。官吏说这是无主之骨，文王却说："有天下者，天下之主也。有一国者，一国之主也。寡人固其主，又安求主？"遂命令为其更衣，并置办棺木将其改葬。天下的人听到此事后，都赞叹文王的贤德，连死人的遗骨都能受到恩泽，更何况是活生生的人呢？因此，人们评论，有些人得到珍宝，却给国家带来灾难；而文王得到枯骨，却显出他的仁德，所以自然能够"天下归心"。

《群书治要·尸子》中云：

尧养无告，禹爱辜人，汤武及禽兽，此先王之所以安危而怀远也。圣人于大私之中也，为无私；其于大好恶之中也，为无好恶。舜曰，南风之熏兮，可以解吾民之愠兮。舜不歌禽兽而歌民。汤曰，朕身有罪，无及万方；万方有罪，朕身受之。汤不私其身而私万方。文王曰，苟有仁人，何必周亲？不私其亲，而私万国。先王非无私也，所私者与人不同也。

其大意是，尧帝能奉养孤苦而无处投诉之人，大禹能体恤有罪当刑之人，商汤和周武王的恩泽能够惠及禽兽，这就是古代圣王能使国家安定、使远方人民归附的原因。圣贤君王拥有天下，以天下为己身而无一己之私；以天下万民之好恶而为自己之好恶。大舜说："南风吹来的香气，可以化解我百姓之怨恨。"大舜为其人民作歌而非禽兽。商汤说："若我有罪，不要连累万方人民。若万方人民有罪，我愿一人承受。"商汤能放下自己而关爱万方人民。周文王说："若有道德仁义的人可任用，何必要用至亲？"文王不偏爱亲人而利益天下万民。如果说他们有私心，那也是以整个天下人的福祉为私，而与寻常人的私心不同。

（二）循义而治，循理而为

春秋战国时期，虽然礼崩乐坏，道德陵夷，但一些君王霸主仍不失仁义之心，能够做到循义而治、循理而为。《群书治要·新序》中，"臧孙行猛政"就是一例。

臧孙施政严苛，受到子贡指责。臧孙召子贡而问："我不法耶？"曰："法矣。"又问："我不廉耶？"对曰："廉矣。"三问："我不能事耶？"

对曰："能事矣。"臧孙曰："三者，吾唯恐不能，今尽能之，子尚何非耶？"子贡曰："子法矣，好以害人。子廉矣，好以骄上。子能事矣，好以陵下。"大意是说，您依法行事，却喜欢用刑法杀害人；您很廉洁，却喜欢在国君面前骄慢；您有执政能力，却喜欢欺侮下属。三者虽然难得，但因此就自恃甚高，则不足道矣。子贡接着说：

"夫政者，犹张琴瑟也，大弦急则小弦绝矣。是以位尊者，德不可以薄。官大者，治不可以小。地广者，制不可以狭。民众者，法不可以苛。天性然也。故曰，罚得则奸邪止矣，赏得则下欢悦矣。由此观之，子则贼心已见矣。"

大意是说，为政，好比调琴瑟，大弦上得太紧、音太高，细弦就会崩断。因此，地位尊贵的人，德行不能浅薄；官位高的人，管理不能琐碎；辖地广大宽阔，制度不能偏狭；辖区百姓众多，法律不能苛刻。这是自然的法则。所以说，处罚得当，奸邪就能制止；奖赏得当，下属就会高兴。由此看来，您的残忍之心已经显露了。子贡进一步举"子产相郑"的例子劝谏臧孙：

"独不闻夫子产之相郑乎？其论材推贤举能也，抑恶而扬善。故有大略者，不问其所短。有德厚者，不问其小疵。有大功者，宿恶灭息。成人之美，不成人之恶也。其牧民之道，养之以仁，教之以礼，使之以义。修法练教，必遵民所乐，故从其所便而处之，因其所欲而与之，顺其所好而劝之。赏之疑者从重，罚之疑者从轻。其罚审，其赏明，其刑省，其德纯，其治约，而教化行矣。治郑七年，而风俗和平，灾害不生，国无刑人，囹圄空虚。及死，国人闻之，皆叩心流涕，曰：'子产已死，吾将安归？夫使子产命可易，吾不爱家一人！'其生也则见爱，其死也而可悲。仕者哭于廷，商人哭于市，农人哭于野，处女哭于室。良人绝琴瑟，大夫解佩玦，妇人脱簪珥，皆巷哭。然则思（思疑惠或恩）者，仁恕之道也。君子之治，始于不足见，而终于不可及，此之谓也。"

子产如此受民爱戴，皆是因为贤明智慧的他推行仁义之政、讲究恕道啊！君子治理国家，一开始看不出他的政绩，但是最终却让别人难以企及，"子产为政"就是这样的情形。随后，子贡总结道：

"盖德厚者报美，怨大者祸深。故曰，德莫大于仁，而祸莫大于刻。夫善不可以为（为疑伪）求。而恶不可以乱（乱疑辞）去。"

凡是德泽深厚的人，其所得的回报必然丰美；积怨很深的人，其遭受的祸患必然严重。所以说，恩德莫过于施仁政，而祸殃莫过于行苛政。趋善避恶都应合道而为，而不能非道而行。相形之下，臧孙"病也，人以相喜；生也，人以相骇"，执政若此，怎能不被人责怪呢？臧孙听后，觉得很有道理，明白了为政要宽和、仁恕，而不能过于苛刻，于是"惭焉，退而避位"，臧孙可谓做到了"义者循理"。

《晏子·谏上》上也记载了一则故事。齐景公在位时，有一年大雪下了三日都没有放晴。景公身披"狐白之裘"，坐在殿堂侧阶上。晏子进见景公，站立片刻后，景公说："真奇怪！雪下了三日，天气却不寒冷。”晏子问：“天气真的不寒冷吗？”景公笑了。晏子接着说：“婴闻古之贤君，饱而知人之饥，温而知人之寒，逸而知人之劳。今君不知也。”意思是说，我听说古代的贤君，自己吃饱时便想到还有百姓在挨饿，自己穿暖时便想到还有百姓在受冻，自己很安逸时便想到百姓的劳苦，而您现在却感觉不到啊。齐景公说：“善！寡人闻命矣。”齐景公也很难得，他听到晏子说得对，马上赞叹，并按他的教诲，“命出裘发粟以与饥寒”，下令取出府库中的皮衣，开仓放粮，救济那些挨饿受冻的百姓。

又如，《说苑·反质》中记载，春秋时期，鲁国正卿季文子，他为人克勤节俭，“三思而后行”，曾辅佐鲁宣公、成公、襄公三代国君。季文子在做鲁国的卿相时，“妾不衣帛，马不食粟”。大夫仲孙它劝谏说：“您是鲁国的上卿，妻妾不穿丝绸，马不吃粮食，别人会认为您这么做是吝惜，并且也会使国家不光彩。”季文子说：“是这样吗？我看到国人的父母还穿着粗布衣服、吃着蔬食，我因此不敢奢侈”，况且我听说君子是靠德行来光耀国家，没有听说靠妾与马的。所谓“德”，既能使自己有所得，又能使别人有所得，这样才可以推行。如果纵情于奢侈的生活，沉迷于华美的文饰，而不能反躬自省，如何来治理国家呢？仲孙它听了之后，惭愧地退了下去。所以说，即使春秋战国出现很多臣弑君的现象，但是仍有许多国君和臣子都能以义来治理国家，以仁爱之心对待百姓，事事“循理而为”。

（三）施恩加惠，体恤百姓

《群书治要·政要论》上讲，“为君难”。君主身居万人之上，应能体悟作为君主所应有的品德，时时小心谨慎，体恤人民的辛苦，想着百姓的利益：

服一彩，则念女功之劳。御一谷，则恤农夫之勤。决不听之狱，则惧刑之不中。进一士之爵，则恐官之失贤。赏毫厘之善，必有所劝。罚纤芥之恶，必有所沮。使化若春气，泽如时雨。消凋污之人，移薄伪之俗，救衰世之弊，反之于上古之朴。

意思是说，穿一件丝织品，就要想到织女的辛劳；吃一粒谷子，就要体恤农夫劳作的勤苦；判决那些未加详审的诉讼，就要唯恐刑罚不当；晋升一个人的官位，就要反复思考自己是否用人失贤。即使是赏赐微小的善事，必要让它能够起到劝人向善的作用；即使是对微小的恶事进行惩罚，也应该起到警戒人们不敢作恶的功效。使给予百姓的教化像春风一样温暖和煦，给予百姓的恩泽如同适时的雨露一样润泽。减少那些道德腐化的人，转化轻薄虚伪的风俗，挽救衰败世道的弊政，使人们重新回归到上古时代的淳朴。“至德加于天下，惠厚施于百姓”，让自己这种高尚的德行泽被天下，让自己的仁慈厚道之举惠及百姓，阐化立教，必以其道，行为举动，所虑周全，而不敢有丝毫的懈怠轻慢之心。

这些古人的教诲在现在看来，也许会有人觉得不切实际、太过高渺。然而，一篇登在《参考消息》上的文章——《松下商学院的一天》，却让人们看到了松下幸之助的企业对中国古圣先贤教诲的承继。在这家企业，早餐 7 点 10 分开始。每餐饭前，全体学员都正襟危坐、双手合十，口里念诵着如下言语：第一句，“此膳耗费多少劳力”，升起对社会的感恩之心和对这顿餐饭的珍重之意；第二句，“自己是否具有享用此膳之功德”，升起对人民的报恩之心和对自己的惭愧之意；第三句，“以清心寡欲为宗”，立定宗旨，谨防利欲熏心；第四句，“为走人之正享用此膳”，决心已下，目标已明，方可安然享用此膳。用餐完毕，还要合十诵念：“愿此功德，广播天下。吾与众生，共成道业。”该篇文章中报导的松下商学院用餐的情景，不禁让人回想起中国悠久的文明，“人能弘道，非道弘人”[1]。日本人很少有随意浪费粮食的现象，这与他们对先人教诲的传承不无关联。这种对优秀传统文化遗产的敬重，不惟松下商学院有，国内许多有识之士也将这种精神运用到了自己的企业和管理当中。对执政者而言，真正做到爱民恤民、心系百姓之疾苦与时时缅怀追思先贤之遗训是一体两面、难以割裂的。

三、富民利民

（一）节欲富民，民富易治

“凡治国之道，必先富民。民富则易治也，民贫则难治。”《管子·治国》中的这句话点明了治国首先应该富民。那如何富民呢？《晏子·问上》上记载，齐景公曾向晏子询问：“富民安众难乎？”晏子回答说：“易。节欲则民富，中听则民安，行此两者而已矣。”如果（君主）能够节制私欲，人民自然富裕；审判诉讼公平合理，人民就能安定。想富民安众，做好这两件事足矣。古人所理解的富民之道，并非一味刺激消费、发展经济。单单追求 GDP 的增长往往会导致两极分化，不能使人民真正富裕，因为财富仍是集中在少

1 《论语·卫灵公》。

数人的手里，而这会激化社会矛盾。

《说苑·反质》中记有魏文侯与李克的一段对话。魏文侯问李克刑罚产生的根源，李克回答说："生于奸邪淫佚之行也"。他指出刑罚的根源是产生于人们邪曲不正、放纵奢侈的行为。

"凡奸邪之心，饥寒而起。淫佚者，文饰之耗。……饥寒并至，而能不为奸邪者，未之有也。男女饰美以相矜，而能无淫佚者，未尝有也。故上不禁技功，则国贫民侈。国贫民侈，则贫穷者为奸邪，而富足者为淫佚，则驱民而为邪也。民已为邪，因以法随而诛之，则是为民设陷也。刑罚之起有源，人主不塞其本，而督其末，伤国之道也。"

意思是说，凡是奸诈邪曲的念头，都是由饥寒引起的；淫逸放纵的行为，是因为耗神于文饰。饥寒交迫，而能不做奸邪之事，很少有；男女装扮精美并以此互相夸耀，而能不骄奢淫逸，也未曾有过。所以君主不禁止奇技淫巧，防止其泛滥，所导致的结果就是国家越发贫困，百姓愈来愈奢靡浪费。国家贫困、百姓奢侈，那么贫穷者为了谋求享受，就会去做奸邪之事；而富足者则会放纵欲望，做出荒淫之行，这就等于是驱使百姓去做坏事。百姓既已被驱上邪路，做出坏事，又随即用法令诛杀他们，这就如同为百姓设下了陷阱。所以，刑罚的兴起是有根源的，君主若不从根本上加以杜绝，而只从细枝末节上来禁止人们的恶行，是为"伤国之道"。

在《崔寔政论》上，也有一段类似的阐述，它指出："夫人之情，莫不乐富贵荣华，美服丽饰，铿锵眩耀，芬芳嘉味者也。昼则思之，夜则梦焉，唯斯之务，无须臾不存于心，犹急水之归下，下川之赴壑。”人之情性有别，本性清净无为、纯善无染，情则感物而动、很容易受到染污。人之常情，莫不喜好并追逐物质的享受，如果任其发展，就会做出违背本性、越礼非分乃至丧天害理的事来。所以古人把“欲”比作深渊，提出要调理情感、节制欲望。因此，先王治理天下，“必明法度以闭民欲，崇堤防以御水害”，通过礼法、制度，做到防患于未然，并教人把欲望调适在合理的范围内，做到欲而不贪。然而近来“法度颇不稽古”，如今成列的商铺都在卖奢侈品，商人出售越礼违制的服饰，各类手工业者也都在制作奇巧而无用的器物。百姓见了能够引起欲望的物品，不能不买，而商人之流，家家户户都超越等级地享受，奢靡无度。所以国家政令一旦有了偏失，普天之下，官庶百姓，就会无不奢侈逾礼、不合法度，这不是到人们家里去宣扬的结果，而是时势潮流的驱动使然。这是天下最让人忧心的事情之一。而且，世风奢侈，逾越礼制，无用的器物就会越加昂贵，而农业反被轻贱。从事农耕蚕桑辛勤劳苦却获利微薄，从事工商业安逸闲适而收入丰厚，则农夫就会抛下农具从事手工制作，女子就会放弃织布而去刺绣。如此，耕作的人越来越少，从事工商业的人却越来越多，荒地虽然都已经开垦，但不出力施肥，不精心耕作，怎么能有丰收的年景？财富集聚在少数人手里，百姓因穷匮而为奸寇，以致“仓廪空而囹圄实，一谷不登，则饥馁流死，上下俱匮无以相济”。所以，“国以民为根，民以谷为命。命尽则根拔，根拔则本颠。此最国家之毒忧，可为热心者也。”国家以百姓为根本，百姓以粮食为命根。粮食不足则百姓就不能生活，百姓生存不下去，国家就会被颠覆，这是国家最大的祸患、最令人焦心之事。这段话鞭辟入里地说明了国家的忧患何在，同时也说明了中国古人之所以强调“重农抑商”背后的深刻原因。

从《贞观政要·论君道》中可以了解到，唐太宗也是秉持了“节欲则富民”的理念。太宗认为，“为君之道，必须先存百姓。若损百姓以奉其身，犹割股啖腹，腹饱而自毙”，所以“伤其身者不在外物，皆由嗜欲以成其祸”。“若耽嗜滋味，玩悦声色，所欲既多，所损亦大，既妨政事，又扰生民。且复出一非理之言，万姓为之解体，怨既作，离叛亦兴。朕每思此，不敢纵逸。”由此可见，历代明君之所以能够治理好天下，无不缘于自己率先垂范，节制自己的欲望，并把百姓的利益放在心上。

《孔子家语·贤君》记载，鲁哀公曾问政于孔子，孔子对他说：“政之急者，莫大乎使民富且寿也。”哀公问如何去做，孔子说：“省力役，薄赋敛，则民富矣。敦礼教，远罪疾，则民寿矣。”哀公说：“寡人欲行夫子之言，恐吾国贫矣。”意思是说，我虽然很想施行夫子的谏言，但又担心国家会因此而贫穷。孔子则说：“诗不云乎？恺悌君子，民之父母。未有其子富而父母贫者也。”《诗经》上不是说过吗？平易近人的仁德君子执政，对待百姓就像父母一样，既然是百姓的父母，哪有儿子富裕而父母贫穷的道理？意思是说，君是百姓的父母，百姓都富裕了，做国君的怎么会贫乏呢？在古圣先贤看来，国君和百姓是一体的关系，谁也离不开谁，而不是一种对立的矛盾关系。

战国时期的邹穆公就是这样的一位“恺悌君子”。《群书治要·贾子》上记载，邹穆公“食不众味，衣不杂采。自刻以广民，亲贤以定国。亲民犹子，臣下顺从，若手之投心也。故以邹之细，鲁卫不敢轻，齐楚不能胁。”邹穆公饮食从不讲求多样，衣着朴素不穿华服，自奉刻薄，对百姓却施与丰厚。他亲近贤明以安邦定国，爱护百姓有如己子。因此，臣下顺从，就像手臂听从心的指挥那样默契。所以邹国虽然很小，但鲁、卫这样的大国不敢轻视，齐、楚这样的强国不能威胁。穆公去世的时候，“邹之百姓，若失慈父。四境之邻于邹者，士民向方而道哭。琴瑟无音，期年而后始复。”不仅邹国的百姓像失去了慈父一样悲痛，就连四边邻国的士民都朝向穆公所在的方向沿路而哭。琴瑟音绝，直到一年以后才渐渐恢复。“故爱出者爱反，福往者福来。”以仁爱之心对待百姓的人，百姓也一定以仁爱之心对待他；给他人带来福祉的人，也一定会因此而增添自己的福分。

《群书治要·新序》中也记有邹穆公的一则故事。穆公在位时，下令喂养野鸭、大雁一定要用秕谷，而不能用粟米（即小米）。结果粮仓里秕谷用尽了，他就让手下到民间拿小米去换秕谷，“二石粟而得一石秕”。主管官吏认为这样耗费太多，建议不如直接用小米来喂养。穆公却说：“你不明白这个道理。‘夫百姓暴背而耕，勤而不敢惰者，岂为鸟兽也哉？’米粟，是人们上等的食物，怎么能用来养鸟呢？你只知算小账而不知算大账，周朝有句谚语‘囊漏贮中’，你没有听说过吗？君主是百姓的父母，把粮仓里的小米转移到百姓的家里，难道就不是我们自己的小米了吗？‘鸟食邹之秕，不害邹之粟而已’。让鸟吃这些秕谷，为的是不伤害我们国家的粟米。‘粟之在仓，与在民，于我何择耶？’粮食在我们的仓库还是在人民的手上，对我有什么区别呢？”百姓听闻邹穆公这番话后，“皆知其私积之与公家为一体也”，才知道自己私积的粮食和公家原来是一体的。“此之谓知富国矣”，这才是懂得了真正的富国之道。

（二）利民爱民，分配公平

爱民不仅要富民，还要做到财富的公平分配。无论从事哪一行业，都要从国康民乐着眼，扶持贫弱，抑制奢富，保持福利的公平配给，使民各安其所务。《群书治要》中对这一点也多有阐发，例如《群书治要·汉书二》上就对农民与商人的生活悬殊进行了鲜明的对比，指出：

今农夫春耕夏耘，秋获冬藏，伐薪樵，给徭役。春不得避风尘，夏不得避暑热，秋不得避阴雨，冬不得避寒冻。四时之间，无日休息。又私自送往迎来，吊死问疾，养孤长幼在其中。勤苦如此，尚复被水旱之灾，急政暴虐，赋敛不时，朝令而暮改。当其有者，半贾而卖，无者取倍称之息。于是有卖田宅，鬻子孙，以偿责者矣。

意思是说，农民春天翻地，夏天除草，秋天收获，冬天储藏，还要砍伐柴火，供给徭役。春季不能避开风沙尘土，夏季不能避开酷暑炎热，秋季不能避开绵绵阴雨，冬季不能避开冰冻严寒，一年四季没有休息的时间。此外还有个人的迎来送往、吊唁死者、慰问病者、赡养孤老、养育幼儿的事情包括在其中。如此勤劳辛苦，尚且还会遭受水旱的灾害，官府又要急征暴敛，随时征收赋税，早晨才发出的征税令，当天晚上就要求征收到位。（为了纳税）有粮食的人，往往不得不半价出售以完税，没有粮食的就以加倍的利息向他人借钱交税，于是就有了卖掉田宅、儿孙来偿还债务的事情。这就是农夫的生活。而相比之下，那些商贾的生活却是：

商贾大者，积贮倍息。小者，坐列贩卖，操其奇赢，日游都市，乘上之急，所卖必倍。故其男不耕耘，女不蚕织。衣必文采，食必粱肉。无农夫之苦，而有阡陌之得。因其富厚，交通王侯。力过吏势，以利相倾。千里游敖，冠盖相望。

意思是说，那些大的富商囤积货物，以获得加倍的利息；小商人则坐在店铺中贩卖，带着他们用余财获得的奇货异物，每天在都市中游逛，官府有了急需，便趁机以成倍的价格卖出物品。所以这些商人们，男子不进行耕作，女子不进行蚕桑和纺织，而所穿的必是华美的衣服，所吃的必是上等的米和肉，没有农夫的辛苦，却拥有田间农桑的收获。他们凭借雄厚的财富，与王侯交往相通，势力超过一般官员，依靠钱财争权夺利，互相排挤，遨游于千里之外，一路上往来不绝。这就是商人所以能兼并农民、农民却流落他乡的原因。而农民一旦流离失所、饥寒交迫，就可能作奸犯科。因此古时候，当社会出现了不公平的状况，臣下就要向皇帝进谏，劝导皇帝重农抑商，使各行百姓都能平等地受其泽惠。

除此之外，利民还要做到为官之人不与民争利。《群书治要·史记下》记载，公仪休担任鲁国宰相时，有一次客人送给他一尾鱼，公仪休不肯接受。客人问：我听说您很爱吃鱼，所以特意给您送来，为何您不接受呢？公仪休回答：“以嗜鱼，故不受也。今为相，能自给鱼。今受鱼而免，谁复给我鱼者？吾故不受也。”公仪休不仅奉公守法，循理办事，不随便更改法令制度，使得“百官自正”，而且还要求“食禄者不得与下民争利，受大者不得取小”，规定享受朝廷俸禄的官员不能与百姓争利益，既然已受朝廷大恩，眼里就不能盯着小利。他觉着家种的蔬菜味道鲜美，便把自家菜园里的蔬菜都拔掉；他看到家中织出的布匹质地上乘，也把家里的织女送了出去，并烧掉织布机，说："欲令农士、工女安所雠其货乎？"让那些农夫、织女们去哪里卖出他们的货物呢？公仪休强调为官之人不能与小民争利，这正是他爱民利民的一个重要的表现。

四、恕民教民

（一）先恕后教，德教为先

《孔子家语·始诛》上记载，孔子任鲁国大司寇时，有父子两人因争讼来告状，孔子将他们关进了同一间牢房，三个月不对其进行判决。后来，父亲提出撤诉，孔子就把他们释放了，没有再进行追究。季孙闻之而不悦，说："司寇曾经告诉我，治理国家必须把孝道放在第一位。现在杀一个不孝之子，以警戒百姓尽孝，不也可以吗？可他却将那对父子赦免了，这是什么原因呢？"孔子知道后，感叹地说：

"上失其道，而杀其下，非理也。不教以孝，而听其狱，是杀不辜也。三军大败，不可斩也。狱犴不治，不可刑也。何者？上教之不行，罪不在民故也。"

意思是说，身居上位，却不能恪行其道，没有教化好百姓，百姓犯了罪就把其杀掉，这不合乎情理。不教民众培养孝心，却用"孝"字来判案定罪，这是杀害无辜。全军大败，不可因此而责杀兵士。司法混乱，就不能轻易对犯人实施刑罚。这是因为上位者没有进行教化，所以罪不在百姓。孔子接着又讲了刑罚的使用：

“夫慢令谨诛，贼也。征敛无时，暴也。不诚责成，虐也。政无此三者，然后刑可即也。”

法令松弛而诛杀甚严，那是对百姓的残害；随意征收赋税而没有定时，这是欺凌百姓的暴政；不教化百姓却苛求其能守礼守法，这是虐待百姓。国家朝政杜绝了这三种弊害，而后才可以施用刑罚。这是从大的方面而言的。从对民众的具体教化上讲，孔子提出应遵循以下次序：

“既陈道德以先服之。而犹不可，则尚贤以劝之。又不可，则废不能以惮之。若是，百姓正矣。其有邪民不从化者，然后待之以刑，则民咸知罪矣。是以威厉而不诫，刑措而不用也。”

首先，为政者应提倡伦理道德，并以身作则，使人民信服；如果不行，就通过崇尚表彰那些有德行的人，劝勉百姓积极向善；若还不行，就放逐、罢黜一些品行不端的人以震慑他们，让他们有畏惧之心。如果这些都做到了，百姓自然会遵纪守法，民风也就良善了。倘若还有一些奸邪之徒顽固不化，最后才给他们以刑罚的制裁。如此，民众就能明理而知耻，羞于犯罪。于是，就不须使用严厉、苛责的政令，刑罚也可以搁置不用了。然而，当今的社会却不是这样做的：

“乱其教，烦其刑，使民迷惑而陷罪焉，又从而制之，故刑弥繁，而盗不胜也。世俗之陵迟久矣，虽有刑法，民能勿逾乎？”

教育混乱失当，刑罚繁多，民众因此而迷惑颠倒、不明道理，很容易陷入犯罪的境地，而为政者又用刑罚严厉地惩治他们，所以刑罚愈来愈多，盗贼却屡除不尽。社会风气的衰颓已经很久了，虽有刑法，百姓怎么会不越轨犯法呢？

所以，办理政事，首先要对民众进行道德的教化。如果人民没有接受教育而做了邪曲不正之事，那也应该宽恕。然后，一定要给他补以道德的教育，使他知道做人的本分，从而不愿再去犯罪。

《群书治要·汉书二》上也说，“王者承天意以从事，故务德教而省刑罚。今废先王之德教，独用执法之吏治民，而欲德化被四海，故难成也。”《群书治要·汉书八》中记载的酷吏严延年，虽然精明强干，敏捷于事，即使是以精通政务著称的子贡、冉有等人也未必能及，而且“吏忠尽节者，厚遇之如骨肉，皆亲乡之。出身不顾，以是治下无隐情”，他作为一郡的长官，属下凡是忠诚奉公的，他就会像自家人一样优待、亲近，且一心为他们着想。居官办事也不顾个人得失，所以在他的管辖区域内没有什么是他不知道的。然而，他太过嫉恶如仇，因此被他伤害者甚多，尤其是他擅长写狱辞和官府文书，想要诛杀之人，便亲手写成奏折。因为他狱词写得好，且言之有理，所以奏准判定一个人的死罪，“奄忽如神”。到了冬天行刑时，他还命令所属各县把囚犯押解到郡上，集中统一处死，一时血流数里，郡人都称他为“屠伯”。在他的辖区里，有令则行，有禁则止，因而上下一派清明。有一次，严母从东海来探望，打算与他一起行腊祭礼。刚到洛阳，正好碰上他在处决犯人。其母大惊，于是就住在道旁的亭舍，不肯入府。严延年出城到亭舍拜见母亲，其母关门不见。严延年在门外脱帽叩头良久，其母才见他，并斥责："幸得备郡守，专治千里。不闻仁爱教化，有以全安愚民。顾乘刑罚，多刑杀人，欲以立威，岂为民父母意哉？"意思是说，你有幸当了一郡太守，治理方圆千里的地方，但是没有听说你以仁爱之心教化百姓，保他们平安，反而利用刑罚大肆杀人，想以此建立威信，难道身为百姓的父母官该这样行事吗？"严延年赶忙认错，重重叩头谢罪，并亲自为母亲驾车，一同回郡府居住。正腊祭祀完毕后，其母对严延年说："天道神明，人不可独杀。我不意当老见壮子被刑戮也。行矣！去女东归，扫除墓地耳。"严母深明苍天在上，明察秋毫，岂有乱杀而不遭报应的道理，她为自己人老了还要亲眼看着壮年的儿子身受刑戮而痛心，于是准备回乡，为他准备好葬身之地。严母回到家乡后，又把上述所言讲给了同族的兄弟。过了一年多，严延年果然出事。在古人看来，"上天有好生之德"，从政者一定要顺应天道，以仁恕之心待民，而不能过于苛刻。把人民放在自己的对立面，把能够杀戮多少人、逮捕多少人作为自己的功绩去称扬，毫无怜悯之心，实与天道相违。所以，贤明智慧如严母，观子之行，即知他日后之兴衰成败。

相反，一个人只要心存仁爱，那么即使执掌刑罚、秉公办事，也同样会受到人民的爱戴，例如孔子的弟子季羔。《孔子家语·致思》上记载，季羔在卫国当狱官时，曾对一犯人实施了断足之刑。不久卫国突发暴乱，季羔想出城躲避，把守城门的恰巧是被季羔断足的那个人。他对季羔说："城墙上有缺口，可以出去。"季羔说："君子不翻墙。"守门人又说："城墙下有洞，可钻出去。"季羔说："君子不钻洞。”守门人又说：“这里有间房屋可以藏身。”于是季羔就进屋内躲避。等追兵走后，季羔要离去时，对受了断脚刑罚的人说：“我不能违背国家的法律，而亲手砍断了您的脚。如今我在危难当中，正是您报仇的时候，可是您却帮我逃脱，何故？”被断足之人说：“断足，故我之罪也，无可奈何。曩者君治臣以法令，先人后臣，欲臣之免也，臣知之。狱决罪定，临当论刑，君愀然不乐，见于颜色，臣又知之。君岂私臣哉？天生君子，其道故然，此臣之所以悦君也。”意思是说，您砍断我的双足是因为我犯了罪过，这是无可奈何的事。以前，您依法审理我的案子时，都是先处治别人的，一直拖到最后才处理我的，这是想让我有减免的机会，这个我看出来了。案件审理并确定罪名后，临要行刑时，您面带忧愁，伤痛之心显于颜色，这点我也观察到了。您这样做并不是对我有什么偏袒，而是像您这样的君子，自然而然就有的表现，看到人民犯罪，是一种哀怜之心，这就是我之所以爱戴您、帮助您的原因。孔子听说此事后，赞叹道：“善哉为吏！其用法一也。思仁恕则树德，加严暴则树怨。公以行，其子羔乎！”

所谓“人之初，性本善”（《三字经》），“愧之，可以使小人为君子；激之，可以使君子为小人”。作为官员，同样是依法办事，存仁恕之心，为百姓留下的就是仁德之风；太过严酷苛刻，与百姓结下的就是怨仇。严延年和季羔的事例证明，同样从事司法工作，存心不同，百姓对他们的回报也就不同。既能秉公执法，又对民仁爱，有不忍之心，百姓才会受其感化，而报以真诚的尊敬与感激。

（二）先教自己，而后教民

《晏子·问上》中记载，齐景公曾问晏子：“明王之教民何若？”

晏子回答说：

“明其教令，而先之以行；养民不苛，而防之以刑；所求于下者，不务于上；所禁于民者，不行于身，故下从其教也。称事以任民，中听以禁邪；不穷之以劳，不害之以罚；上以爱民为法，下以相亲为义，是以天下不相违也。此明王之教民也。”

意思是说，首先要明确教义和政令，并且自己率先履行；对待人民不用苛政，而是以刑罚来防止犯罪；要求臣民做到的，君王必须先做到；禁止百姓去做的，自己一定不能违反，这样，人们才会服从其教诲。要衡量事情的轻重来使用民力，要恰当地处理诉讼来禁止邪恶；不使民众非常劳苦，也不用刑罚伤害百姓；在上者以爱护百姓为准则，在下者以相亲相爱为道义，如此，天下之人就不会背离。这就是英明的君主教导民众的方法。

所以，教民，领导者要先受教育。古代经典，如四书五经等教诲，针对的不是百姓，首先应是实施教化的领导者。百姓所受的教化，实际是从为政者的一言一行、一举一动之中学到的。正如《礼记·乐记》中所言：“君好之，则臣为之；上行之，则民从之。《诗》云，诱民孔易，此之谓也。”领导人的言行表现若都符合经典的要求，则民众自然可以从其身上学到。

第六章　固本保国的重农论

一、农业文明的内涵：天人合一

有这样一副对联：一等人忠臣孝子，两件事读书耕田。在中国古代，农业不仅是人们供给基本生活物资的主要生产方式，同时也是陶冶性情、磨炼体魄、汇通天人、感悟一体的生活教育方式。古人重视自给自足，讲求“一分耕耘，一分收获”，这直接造就了中华民族乐天安命、知足常乐、不妄索求的朴实敦厚品格。而中国自古奉行睦邻友好的和平外交理念，也与悠久的农业文明传统息息相关。

中国古人重视沟通天地，天有四时化生万物，地有厚土长养万物，人们从事农业，必须仰观天文，俯察地理，相时而动，因地制宜，这就促使人们必须有意识地认识、遵循自然规律来播种五谷蔬果，获得衣食供给，并效法天地之道以开展家庭、社会等领域的实践活动。遵从天地四时之道而行，即是“德”，“德者，得也”，有德就会“有所得”。可以说，农业是发现和实践“德本财末”经济思想的肇始，是百业兴旺的基础。唯有遵天地之道，才能物阜民丰、国富民强。由此可见，农业文明是中华民族启发智慧的载体，是中华民族铸造性情的熔炉。

《元史·志第四十二》上讲：“国以民为本，民以食为本，衣食以农桑为本。”自古以来，中国就是一个非常重视农业的国家。“兴自神农之世，斫木为耜，煣木为耒，耒耨之利，以教天下。”（《群书治要·汉书二》）从公元前5000年左右的神农氏起，中国人就已经开始从事农业生产。农业生产既需要依赖自然条件，又需要人们对自然进行积极合理的改造。在此过程中，人们学会了与自然和谐相处。“天人合一”可以说是中国农业文明的思想核心，而几千年的农业文明历史则是对可持续发展道路的最好诠释。在古代，天子有“郊祀之礼”,国家以“社稷”代指,读书人有“耕读传家”的传统，“男耕女织”是主要的经济形态,军事国防则有“寓兵于农”的政策，等等。中华文化中一直伴有相当深刻的农业烙印，在几千年的历史发展中，农业文明哺育、教育了一代又一代炎黄子孙。

中国古人重视农业，一方面是由于作为中华文化发源地的中原地区气候、地理条件适合农业发展，农业保障了人们基本衣食所需，因而中华文化形成初期，就确立了重农传统。另一方面随着中原文化的扩散和领土的扩张，农耕文化在整个中华大地遍地开花。历朝历代的统治者无不看到农业在国家稳定、人心导向、经济发展和邦国外交中所发挥的不可替代的作用。在中国古代典籍中，对农业重要地位的论述可谓十分丰富。

二、农业的经济地位：保证民生

（一）民生之本

《史记·郦生陆贾列传》中说：“知天之天者，王事可成。不知天之天者，王事不可成。王者以民人为天，而民人以食为天。”由此可以看出，“王道”“民本”与“农业”其实是相辅相成的，农业是落实“民本”的第一要务，更是实现“王道”的基本要求。故而，“国以民为本，民以食为天”[1]。

《群书治要·汉书二》讲，“人情一日不再食则饥，终岁不制衣则寒”。人是血肉之躯，有了粮食充饥、衣服保暖，才有民之“生”；如果缺衣少食，“民生”从何谈起？孙中山先生认为，“民生就是人民的生活——社会的生存，国民的生计，群众的生命”[2]，“民生就是政治的中心，就是经济的中心和种种历史活动的中心”[3]，“民生是社会一切活动的原动力”[4]。可见，民生是一个国家首先要解决的问题。尤其在现代，改善民生更是我国一切事业发展的动力和旨归。

《管子·治国》中指出：“先王者善为民除害兴利，故天下之民归之。所谓兴利者，利农事也；所谓除害者，禁害农事也。”管子是中国历史上著名的“经济学家”，在他治理齐国期间，推行了很多促进国富民强的经济政策，使得齐国崛起为春秋五霸之首，在谈到如何“天下之民归之”时，他却把农业摆在了重中之重的位置。可以看出，管子把农业视为国家发展的基础，认为解决“兴利除害”的民生问题，关键在于农业。以农业为基础，才能促成百业兴旺。如果农业凋敝，百姓衣食尚且难继，就毋论发展生产力了。管子还说“民事农则富”。值得注意的是，他在谈到为民兴利除害时，所重为农业，而在“富民”问题上，同样鼓励人民务农而非从商。可见管子所指的“富”，是丰衣足食的“富足”，而

1 《群书治要·吴志下》。
2 《孙中山选集》，人民出版社 1981 年版，第 802 页。
3 《孙中山选集》，人民出版社 1981 年版，第 825 页。
4 《孙中山选集》，人民出版社 1981 年版，第 835 页。

不是锦衣玉帛的“富贵”。所谓“小富即安”，人能丰衣足食，就已经具备了安心生活、工作的物质基础。管子虽熟谙商道，但并不提倡人们普遍经商，因为重农抑商政策能促使从事农业生产的稳定人口多、从事商业的流动人口少。管子通过提倡重农来富民，能够进而增加农业人口，减少游民，维护社会治安的稳定。

《论语·子路》中提到，冉有请教孔子如何治理卫国，孔子答以“富之、教之”；而子贡问及为政之方，孔子则答以“足食、足兵、民信之”。结合起来看，可知“富之”即是“足食”。子贡是孔门七十二贤中有名的富商，如果孔子认为应该通过商业致富，他一定会直接告诉子贡发挥其特长来“通天下之财货以富国”，而不是“足食”。可见，孔子所说的富民方法并非重商，而是重农。孔子之所以有如此考虑，是因为从商盈利符合常人的趋利之心，即便国家不鼓励，商人也不会缺乏。但是如果民众都去从事商品流通而荒废农业生产，就会导致粮食、衣物等生活必需品供给不足，物价上涨，进而必然会引起人心恐慌、社会不稳。

因此，从管子和孔子对“富民”的定义中，我们可以看出“富民”的标准并不在于全体人民步入高消费的行列，而是基本能达到衣食无忧的“小康”水平。

（二）强国之本

《说苑·君道》上说，“禹称民无食则我不能使也”。衣食丰足，百姓安居，才有心力从事各项社会事业。如果处在饥寒交迫的境地，哪还有力气“一心一意谋发展，聚精会神搞建设”呢？

《孔子家语》中也说，“治政有理矣，而农为本”，“反本修迹，君子之道也”。治国施政有先后次第，从经济发展方面讲，就是要把农业作为立国之本。而“反本”二字，恰恰说明了国家发展中轻视农业基础地位的情况，或由于弃农从商，或由于弃农从工，影响农业的正常生产,所以才要“返”。在中国古代,生产工具并不先进,开拓耕种农田的面积与投入的劳动力成正比，农业人口减少会直接导致粮食产量下降。如果人民弃农，造成的直接结果就是整个国家缺衣少食。即便在科技发达、先进生产工具推广普及的今天，农业劳动力的大量减少仍然会对农业发展产生负面影响。孔子曰“富之教之”，如果将国家喻为大树，农业就是树之根，教育就是树之干，而其余事业就是枝叶花果。如果没有树根，枝叶花果就无从谈起；如果根本不牢，即便枝叶花果繁茂，若一经暴风骤雨，整棵大树也会轰然倒塌。俗话说“屋中有粮，心中不慌”，有了粮食才能稳住民心。

农业是百业建立、发展和兴旺的基础。重视农业、发展农业，就是为百业输送营养;粮食安全、食品安全就是百业的安全。反之，轻视农业就是损伤百业；不能保证粮食安全、食品安全，就会置国家于危难之境。《论语·尧曰》中说，“所重:民、食、丧、祭”。《群书治要》里对此句的注释为“重民，国之本也。重食，民之命也。”如果国家粮食的储量和质量安全受到威胁，则必为国之大患。

重农理念是我国经济发展中贯穿始终的脉络。那么从经济发展和综合国力方面看，重农政策是否会影响国家的整体实力，使国家变贫弱呢？从历史上看，并非如此。以享国八百年的周朝为例，据《群书治要·史记上》载：

周后稷名弃，好耕农，天下得其利。有功，封于邰。曾孙公刘修后稷之业，民赖其庆。古公复修后稷、公刘之业。积德行义，国人皆戴之。古公卒，季历立；季历卒，子昌立；是为西伯。

后稷是姬姓的先祖。舜王在位时，他受命为农官，教民耕稼。而他的子孙公刘、古公、季历乃至文王都遵循祖训，重视农业生产，厚实民生，施行文德教化，后崛起为强国，最终武王吊民伐罪，推翻了商纣王，建立周朝。周朝以农业而兴起、以农业而保国，以与农业文明相辅相成的儒家文化治国，享国800年，成为了中国历史上国祚最为久远的朝代。

而代替周朝统一天下的秦朝则非如此。史料记载，秦朝重视工商业而轻视农业，奉行急功近利、弱肉强食的“丛林法则”，人人趋利，人情浇薄，父子因利相争，家庭伦理衰败，仅靠严刑峻法维持统治。虽强盛一时，最后轰然崩塌，二世而亡，成为中国历史上的短命王朝。

继秦朝之后，汉朝则因恢复重农传统而再次兴旺。汉初时期，由于秦末动乱导致经济衰退、政治动荡，给汉王朝留下个“烂摊子”。后经过高祖、惠帝乃至吕后近30年的休养生息，虽国家趋于稳定，但仍然普遍存在着民生凋敝的问题。《群书治要·汉书二》记载，汉文帝采纳晁错的建议，推行重农政策，并通过“入粟者补官”的方式鼓励农业生产。这一政策经过景帝的承接，一直到汉武帝时，前后70年。

国家无事，都鄙廪庾尽满，而府库余财，京师之钱累百巨万，贯朽而不可校。太仓之粟，陈陈相因，充溢露积于外，腐败不可食。众庶街巷有马，阡陌之间成群。守闾阎者食粱肉，为吏者长子孙，居官者以为姓号。人人自爱而重犯法,先行谊而黜愧辱焉。于是罔疏而民富。

于是，成就了中国历史上著名的“文景之治”。可见，农业确能带来国富民强。在现代社会，作为第一产业的农业虽然对国民生产总值的贡献有所下降，但是，仍然必须摆在突出位置，尤其像中国、印度这样的人口大国。农业可以不是主要的经济增长点，但是在经济发展中必须保有不可撼动的一席之地。随着科学技术的发展，农业生产的成本大幅度降低，农产品的价格可能会随之波动。但是，农产品尤其是粮食对人们的价值却不会改变。无论何时，“民以食为天”这句古训都颠簸不破。没有粮食,一切“上层建筑”都会成为“海市蜃楼”。在国家经济运行策略上，一定应注意优先发展农业，在保证农业稳定、储粮充足、粮食安全的前提下再发展其他产业，如此才是长久之计。

《群书治要·汉书二》中继续说道，“夫珠玉金银，饥不可食，寒不可衣，然而众贵之者，以上用之故也。其为物轻微易臧，在于把握，可以周海内而无饥寒之患”，“是故明君贵五谷而贱金玉”。古人重五谷、贱珠玉，是根据其对人的价值作出的判断。一个国家缺少珠玉，不会动摇民心，但如果缺少粮食，势必会导致人口流散和社会动荡。“贱珠玉”并非弃珠玉，而是要分清主次缓急，在保证粮食充足的前提下,再发挥奢侈品刺激消费、推动经济发展方面的作用。

三、农业的政治意义：稳定民心

（一）重农保民

《群书治要·汉书二》中说，“夫腹饥不得食，肤寒不得衣，虽慈母不能保其子，君安能以有民哉”。一国之君的职责是代天地生养万民,而这首先要解决人民衣食问题,否则就不堪“为民父母”了。求生是一切生物的本能，人类也不例外。若国家粮食短缺，人民生存出现危机,就会很容易导致“有勇者聚徒而横击,并举而争起”《群书治要·汉书二》，国家短期内也会陷入混乱乃至危亡。俗话说“穷山恶水出刁民”，放眼世界，食不果腹、衣不蔽体的地方多是最不稳定的国家和地区，而影响社会稳定的暴乱分子也大多来自衣食难继的贫困群体或贫困地区。如果不能保证人民最低的生存需求，人民就很难服从国家的管理。从历史上看，农民起义基本都是由底层贫苦百姓发动和参与的。他们虽无精良的武器，但是为了求生存所激发出的勇猛，却常常如洪水般势不可挡。

《六韬·武韬》中记载了姜太公和周文王的一段对话：

> 太公曰：天下之人如流水，鄣之则止，启之则行，动之则浊，静之则清，呜呼神哉。圣人见其所始，则知其所终矣。文王曰：静之奈何？太公曰：夫天有常形，民有常生，与天下共其生而天下静矣。

要保持政治稳定的“民静”,就要厚实“民生”。而“与天下共其生”正是中国哲学中的“一体”观念。因此,“厚民生”亦是“厚君生”“厚官生”,乃至“厚天下之生”。如何保证“共其生”？《群书治要·汉书二》讲，“明主知其然也，故务民于农桑，薄赋敛，广蓄积，以实仓禀，备水旱，故民可得而有也。”想要避免粮食危机引发的政治危机，就要未雨绸缪，重视和保护农业生产。重农措施包括降低赋税、注重储粮，等等。

（二）重储保国

农业生产者经常说“靠天吃饭”，这就强调了农业生产对自然条件的依赖性。虽然随着生产技术的革新，现代人可以在小范围内模拟适宜农作物生长的自然环境进行生产，但大面积种植仍然需要依赖良好的气候条件。现代尚且如此，更何况生产技术不发达的古代。

《群书治要·汉书二》里讲，“粟米布帛生于地，长于时，聚于力，非可一日成也”。与工业、制造业相比，粮食生产必须遵循农作物的生长规律。由于农作物自身抵御自然灾害的能力较差，一旦天灾频发，就可能造成粮食歉收，短期内无法补救。如果没有充足的储粮，国家很快就会陷入危机。所以，仓廪空虚可谓国之“毒忧”。正如《群书治要·崔寔政论》中所描述的那样：

仓廪空而囹圄实，一谷不登则饥馁流死，上下俱匮无以相济。国以民为根，民以谷为命。命尽则根拔，根拔则本颠。此最国家之毒忧，可为热心者也。

前文提到，农业在国家发展中起到“固本”作用。但在和平年代，人们一般会更注意花果的繁茂，而忽略树根的给养。尤其在现代，便捷的交通运输条件和应对突发事件能力的增强，使得即便出现粮食短缺，国家也能做好周全应对。可如果一旦国际风云突变，或全球粮食歉收，本国既无充足的粮储，又无法获得他国粮食周转，国家就会很容易出现危机，可见储粮之重要。那么，粮食储备的总量应达到怎样的标准呢？《群书治要·周书》中指出：

天有四殃，水旱饥荒，其至无时，非务积聚，何以备之？夏箴曰：小人无兼年之食，遇天饥，妻子非其有也；大夫无兼年之食，遇天饥，臣妾舆马非其有也；国无兼年之食，遇天饥，百姓非其百姓也。戒之哉！不思，祸咎无日矣！

"兼年"即两年。也就是说，至少要储备足够全国人民食用两年的粮食，国家才具备抵御粮食短缺的能力。因为粮食生产需要半年左右，假如国家遭受了严重的水旱灾害，颗粒无收，那么当年的粮食消费就要靠前一年秋天的收获来维持；而粮食耕种要等到下一年才能进行，如果适逢风调雨顺，生产周期仍为半年，到第二年秋天才有收获，如此，国家从第一年秋到第三年秋所需的粮食都要有储备供应。因此，为了抵御一次大规模天灾，国家就至少要储备两年的食物，否则，就会出现"百姓非其百姓"的严重后果。

《礼记·王制》里也说道：

国无九年之蓄曰不足，无六年之蓄曰急，无三年之蓄曰国非其国也。三年耕，必有一年之食。九年耕，必有三年之食。以三十年之通，虽有凶旱水溢，民无菜色，然后天子食日举以乐。

《群书治要·汉书二》也有言，"民三年耕则余一年之畜"，"余三年食，进业曰登，再登曰平，三登曰泰平，然后王德流洽，礼乐成焉"。

综合《礼记》与《汉书》所讲，则国家至少要储备足够9年食用的粮食，才能促成“王德流洽”的太平盛世局面。“三年耕则余一年之蓄”，依照当时的生产力水平，储备9年的粮食要通过27年的耕作才能完成。从“天人合一”的理念出发，如果能有二十七年持续的风调雨顺，显然已经是太平盛世的前奏了。

现代科技虽然促进了农业发展，提高了粮食产量，但也引发了粮食安全问题。同时，化肥、农药对土地造成的破坏，也非短期能够弥补修复。从大环境来看，由于经济发展中忽视了环境保护，导致极端天气日趋频发，旱涝等自然灾害屡现，这就大大增加了粮食生产的不稳定性，粮食储备的重要性也就凸显出来。在当今，和粮食一样重要的还有能源、资源等。从重农的角度推而广之，则一切关系国计民生底线的资源、能源，国家都要做好储备工作。

四、农业的文教功能：敦厚民风

首先，农业为施行文教提供了物质基础。《管子·牧民》中有句千古名言：“凡有地牧民者，务在四时，守在仓廪。仓廪实则知礼节，衣食足则知荣辱。”这就直接点明了农业在国民经济建设和精神文明建设中的基础性地位。

《群书治要·韩诗外传》中指出了民生匮乏对道德修养的影响：

夫饥渴苦血气，寒暑动肌肤，此四者，民之大害也。大害不除，未可敢御也。四体不掩，则鲜仁人。五藏空虚，则无立士。百姓内不乏食，外不患寒，乃可御以礼矣。

伯夷、叔齐之所以名留千古，是因为他们能忍人所不能忍，行人所不能行。在受到其清廉德行感化的同时，我们也应意识到，这种操守确非常人所能行。对于一般大众而言，则是“饥寒至身，不顾廉耻”[1]。只有在基本物质生活需求能够满足的情况下，广大民众才有接受并恪守伦理道德教化的可能。而最基本的生活保障——衣和食，都来自于农业。

其次，农业经济形态下产生的“熟人社会”能有效起到舆论褒扬和监督作用。无论古代还是现代，农民的生产都依附于土地，和土地形成了紧密联系。在以农业为经济基础的中国古代，百姓居所较稳定，甚至很多家族世代居住在同一个地方。由于稳定性强，邻里间就会比较熟悉。在这种“熟人社会”中，人们的行为善恶会时刻受到周围人的审视，因而社会舆论对于一个人的约束作用也就更为显著。相反，如果人们以游走谋生，居无定所，那么社会舆论对其行为规范的约束力就会大大降低。古代边远地区的游牧民族被中原国家称为“蛮夷”，与其因游荡而生性不定的生活方式有很大关系。

《孟子·梁惠王上》云：“无恒产而有恒心者，惟士为能。若民，因无恒产，则无恒心。苟无恒心，放辟邪侈，无不为矣。”对于普通民众而言，没有一定的生活物资保障，就很容易行为邪僻、作奸犯科。《论语·卫灵公》中也说“小人穷斯滥矣”，如果国家不能保证民生，只有圣贤君子能够坚守节操，普通人是做不到的。

夫唯君子而后能固穷，故有国而不务食，是责天下之人而为君

1 《群书治要·汉书二》。

子之行也。伯夷饿死于首阳之山,伤性也。管仲分财自取多,伤义也。夫有伯夷之节,故可以不食而死。有管仲之才,故可以不让而取。[1]

后面接着说道,国家贫困,就会“君子伤道,小人伤行”。而“君子伤道则教亏,小人伤行则奸起”,意味着施教者与受教者皆无法践行伦理道德。“民富则所求尽得,民贫则所求尽失”。为了推行教化和促进国家发展,当“率民于农”。

最后,农业能促进“民富”,进而达到“易治”的效果。《管子·治国》中指出:

凡治国之道,先富民。民富则易治也,民贫必难治。奚以知其然也?民富则安乡重家,安乡重家则敬上畏罪,敬上畏罪则易治也。民贫则危乡轻家,危乡轻家则敢凌上犯禁,凌上犯禁则难治也。故曰:治国常富而乱国必贫。是以善为国者,必先富民,然后治之。

管子深入剖析了百姓经济状况和社会心理的直接关系。中国有句俗语,说“光脚的不怕穿鞋的”,正是因为有所得,才会有所顾忌;若一无所有,也就无所畏惧了。

用现代话总结这段论述,就是“经济基础决定上层建筑”。管子一语中的的是,他直接点明了构建经济基础的根本标准是“富民”,也就是说,如果社会经济状况良好,但仅仅是富了国家财政收入或小部分人,大多数百姓并没有真正受惠,那么所谓的“经济基础”

1 《群书治要·袁子正书》。

就仍未建立，“上层建筑”也就无从谈起了。

可见，早在几千年前，管子就已经阐述了与当今我国特色社会主义建设几乎相同的理念，即物质文明是精神文明的基础，物质文明必须平等惠及全体人民，物质文明建设和精神文明建设的根本目标是提升人民群众的物质生活水平和精神道德境界。在中国古代，但凡国家能秉持“轻徭薄赋”“休养生息”的发展理念，即便是动乱后民生凋敝的状况下，也可以迅速恢复国力。这就证明了自给自足的农业经济是快速有效实现全民共同富裕的发展方式。

《论语·子路》载，孔子到卫国去，冉有驾车。孔子感慨卫国人口已经很稠密了，冉有就问人口稠密后应该做什么，孔子回答使他们富裕起来，冉有又问富了之后还要做什么，孔子回答那就对他们进行教育。可见，同管子一样，孔子的治国理念也是“先富后教”“物质文明和精神文明两手抓，两手都要硬”。虽然物质文明的水平不能直接决定精神文明的高度，但基本的物质保障是精神文明建设的前提和基础。这是从物质保障方面认识农业对提高人民整体素质的作用。

另一方面，农业生产活动有助于培养人民敦厚的品格。在中国，人们经常将“农民”与“朴实”联想在一起。这是因为，农民必须通过脚踏实地的劳动，才能收获果实，“一分耕耘一分收获”，没有任何钻营取巧的可能，这就造就了农民淳朴实在、乐于付出的品性。安守本分，就不会有非分之想，更不会投机取巧、作奸犯科，这可以称为农业生产的“自然属性”。农业实现了人类与天地的共生共荣，是种“共赢”的生产方式。与之相对，商业更接近于“零和博弈”，容易引发人的争利心和侵夺心。对比二者盈利方式，可以看到农业文明对于社会的稳定和持续发展有着先天的优势。

几千年来，中国士人都沿袭着“耕读传家”的传统，通过耕种，供给家庭的物质需求；通过读书，提升个人的思想境界。读书久坐，会导致身体虚弱；而从事农耕，可以强健体魄。读书容易重视理论而忽视实践，农耕可以培养人的实干精神。士者容易清高自傲、目中无人，而面朝黄土背朝天的农民则更淳朴谦卑。中国文化崇尚道法自然，农耕可以帮助人直观感受四时变化、阴阳交替，也可以培养子弟敦厚的品行。在二十世纪六七十年代，我国鼓励知识青年接受贫下中农再教育，大批知识分子“上山下乡”，和农民同吃同住同劳动。虽然这对知青来说，是个巨大考验，但也磨炼了其坚毅的品格和亲民的态度。

农耕文化对中华民族优秀精神品格的塑造，无疑起到了直接且深刻的影响。可以说，中华民族骨髓中含藏着丰富的农业基因。农业文明是温厚的文明形态，崇尚天人和谐、遵道而行，其教化功用，不仅适于家庭、学校、社会等领域，对于军人精神体魄的塑造、官员求真务实精神的培养，同样值得借鉴汲取。

五、农业的外交功能：攘外安内

（一）国防底线

《论语·颜渊》中，子贡曾向孔子请教为政之道，孔子回答“足食，足兵，民信之矣”。保证人民的粮食供给，是安内；兵力充足，是御外。在子贡问及“必不得已而去”时，孔子答以首先“去兵”，其次“去食”。这就是说，在非常情况下，可以先减少兵力，但必须保证粮食储备。

尽管军事力量是国防安全的重要保障和影响国际关系的重要因素，但在孔子眼中，粮食储备比扩充军力更为重要，因为内部稳定是对外作战的前提，如果国家没有充足的粮食，就会不攻而自破。

从国防安全的角度考虑，粮食安全是国家安全的底线，粮食不保则国家安全无从谈起。中国古代有“寓兵于农”的政策：兵士农忙时从事农业生产，农闲时参加军事训练，这就顾全了国家的粮食供应和军事实力。如果国家因兵而害农，就会“伤筋动骨”。史料记载，汉武帝在位时，连年征战，不惜荒废农时，使得文景基业很快被掏空，迫使朝廷不得不通过纳粮补官、增加赋税等方式供给军队开支。最后虽拓宽了疆土，但国家也因此受到重创，其原因就在于农业的荒废。

《孙卿子》云：“强本而节用，则天不能贫；养备而动时，则天不能病；循道而不贰，则天不能祸。故水旱不能使之饥，寒暑不能使之疾，妖不能使之凶。”此处的“天”既是指四季气候，也是指外部环境局势。可见，荀子同孔子的主张相同，都肯定通过重视农业，充实粮食储备，以从容应对外部变化。

前文谈到，国家至少要准备两年的储粮以抵御天灾。在《吴志下》中，则提出了更高要求以抵御人祸：

先王治国，无三年之储曰国非其国。安宁之世，戒备如此，况敌强大而忽农忘畜？若上下空乏，运漕不供，北敌犯疆，使周、邵更生，良、平复出，不能为陛下计明矣。

当时，三国里的蜀国已为曹魏所灭，司马氏取代曹魏建立晋，吴国处在与晋对峙的局面，但此时的吴王孙皓却不惜误农时而大兴土木建设宫殿，于是大臣华核劝谏：平时国家储粮不足3年之用，则国家已经在隐患之中。如果是在两军交战的非常时期，壮丁离田，又农时荒废，再加上前线补给，国家的粮食总量就会急剧减少。若国家没有充足的粮食储备，就要做“投诚”的准备了。

古人讲“兵马未动，粮草先行”。在古代战争中，切断对方粮草供应，确实能起到“不战而屈人之兵”的效果，如东汉末年著名的“官渡之战”，即是曹操通过焚毁袁绍的粮草而扭转战局，以弱胜强。美国前国务卿基辛格也说过：“控制了石油，就控制了每一个国家；控制了粮食，就控制了每一个人。”粮食储备确实是国家战略规划中所应高度重视的重大问题。

在现代，粮食安全，不仅受自然气候异常的影响，还有来自国际竞争所带来的各种不稳定因素。作为人口大国的中国，尤其要重视粮食储量。如果主粮依赖进口，那么一旦国际局势变化导致供应链条中断，无疑将对中国产生巨大冲击。而且，随着科学技术的发展，很多安全性尚无定论的粮食、果蔬，如转基因产品进入到中国，这些都使粮食安全问题呈现出复杂性特点，亟需全面关注。因而，如何保证我国粮食在数量和质量上的双重安全，直接关乎国家安全。

（二）发展优势

《周书·文传解》曰：“能制其有者能制人之有，不能制其有者人制之。”每个国家都有自己的发展优势和劣势，如果能发挥长处，回避短板，甚至转劣势为优势，就能在国际关系处理中进退有度、争取主动。

中国地处亚热带、温带，河流众多，平原广阔，从自然地理条件讲，非常适合农业发展，所以中华文明诞生伊始就特别重视农耕。几千年来，自给自足的农业经济一直是中国主要的生产形式。清朝末年，英国人企图通过抢占中国市场而掠夺财富，结果大失所望，因为远渡重洋而来的洋货对中国人而言并非必需品。这个现象既反映了当时中国生产力的低下，同时也说明了，依赖国内市场促进本国经济增长的发展模式，有助于降低国际市场和国际金融资本波动对本国经济造成的负面影响。因此，从“小农经济”的经验中，可以总结出适合中国现阶段经济发展的方针政策。在当前经济结构调整中，国内贡献比例正在逐渐加大，已成为经济健康发展的重要表现。然而，由于我国主要能源、资源，如石油、铁矿等人均储量在世界排名靠后，且基于生态保护的国策，对非可再生资源进行合理保护，决定了我国不会再采取以牺牲资源换取经济增长的发展模式。所以，如何发挥传统优势产业的特长，对我国未来经济的发展就显得格外重要。

面对贫困地区粮食产量不足、高科技改造下粮食安全等问题，发展生态农业，促进农业的创新改革，推进新型城镇化建设，无疑可以成为重要的经济增长点。我国现有 8 亿左右的农村人口，富农脱贫必然是经济发展的重头戏。要想让其富起来，关键还得在农业、农村做文章。发展农业，建设农村，不仅能提升经济发展的速度，保证经济发展的质量，还能真正惠利人民。可见，无论是加强自身发展，还是承担国际责任，解决好“三农”问题，都是我国必须面对的课题。

《群书治要·汉书二》中在论及农业在大国竞争中的重要作用时讲，“夫积贮者，天下之大命也。苟粟多而财有余，何为而不成。以攻则取，以守则固，以战则胜，怀敌附远，何招而不至”。这里点明了保证外交关系优势的两个重点：丰厚的粮食储备和雄厚的经济实力。在冷兵器时代，粮食多寡是攻守的关键因素，对克敌取胜至关重要。虽然现代战争中，粮食所产生的影响已“退居二线”，但是“各国之间的竞争归根到底是经济实力的竞争”仍被奉为圭臬。如前所述，农业是百业之基，只有农业基础不可撼动，才能搭建起雄厚的经济大厦。

《管子·治国》中说：“昔者，七十九代之君，法制不壹，号令不同，然俱王天下者，何也？必国富而粟多也。夫富国多粟，生于农，故先王贵之。”“王天下者”，是指众望所归的王道，绝非霸权主义。“粟多”不仅可以满足本国百姓的需求，实现“近者悦”；也可以支援贫困地区，成就“远者来”。无论古今，想要行王道，就必须以强盛的国力为基础。在中国古代，国富主要依赖农业，虽然目前就促进我国经济发展的贡献比例看，农业的直接贡献并不明显，但是在天灾频发、全球性粮食歉收的非常时期，雄厚的农业基础则会凸显出不可替代的优势。

六、农业的发展路径：勤入俭出

从前面的论述中可以得知，农业在保证民生、稳定民心、导良民风和对外关系上发挥着重要作用。作为农业大国、农业古国，中国古人积累了很多发展农业的智慧经验。

（一）国家导向

国家明确的导向是农业发展的首要条件。《礼记·月令》中记载，“孟春之月，立春之日，天子亲率三公、九卿、诸侯、大夫以迎春于东郊”，“是月也，天子乃以元日祈谷于上帝，乃择元辰，天子亲帅三公九卿诸侯大夫耕躬帝藉”。可以看出，早在周朝甚至更前，国家发展就已明确重农理念。天子不仅每年亲自率领群臣祈祷上苍，还要带头从事农业生产，通过身体力行，鼓励天下重农。在中国古代，天子直接决定着国家的发展方向。因此，唯有天子重视，各级官员和百姓才能重视。因为“农桑勤而利薄，工商逸而入厚”[1]，自古农业生产都是投入多、周期长且盈利少的行业，而商业恰恰相反，因而从商盈利是官员、百姓都会自发而为的事。如果不加以引导、限制，很多人就会弃农从商。可即便天子重视，也可能出现农业发展不利的情况，如《汉书》上就记载了汉文帝曾下诏批评官吏不落实重农政策而侵夺百姓的情况。《管子》上也讲：“身者治之本也。故上不好本事，则末产不禁。末产不禁，则民缓于时事而轻地利。轻地利而求田野之辟，仓廪之实，不可得也。”发展农业，只有国君思想上重视，政策上扶持，人民才会乐于务农，粮食储备也才能有望充足。

《群书治要·汉书六》中记载，汉武帝在位时，“公主贵人多逾礼制，天下侈靡趋末，百姓多离农亩”。武帝就问东方朔化民之道，东方朔说：

“今陛下以城中为小，图起建章，左凤阙，右神明，号称千门万户。木土衣绮绣，狗马被缋罽，宫人簪玳瑁、垂珠玑，设戏车，教驰逐，饰文采，丛珍怪，撞万石之钟，击雷霆之鼓，作俳优，舞郑女。上

1 《群书治要·崔寔政论》。

为淫侈如此，而欲使民独不奢侈失农，事之难者也。”

显然，东方朔认为奢侈之风兴起是人民弃农从商的主要原因。如果最高统治者没有用实际行动重视农业，百姓自然也不会重视。反观当前我国农村人口急遽减少的状况，固然由于务农利润低，但另一方面，绝大多数进城务工的农村人口，在体验过城市文明后，不再习惯于落后的乡村生活。由地区发展差距引发的劳动力流失问题，不仅影响农村农业发展，也是拉大地区发展差距的重要因素。因此，如何合理分流劳力资源，不仅关乎农业的持续发展，也关乎国家经济发展全局。

（二）保证劳力

农民是农业的主要从事者，在农耕时代，务农人口的减少会直接影响农业发展。天子重视农业发展，也要从保持和增加务农人口数量下手。《群书治要·汉书一》载，汉景帝时曾出现务农人口下降的情况，于是他分析原因，并提出了解决办法：

雕文刻镂，伤农事者也。锦绣纂组，害女红者也。农事伤则饥之本也，女红害则寒之原也。夫饥寒并至，而能亡为非者寡矣。朕亲耕，后亲桑，以奉宗庙粢盛祭服，为天下先。不受献，减太官，省繇赋，欲天下务农蚕。素有畜积，以备灾害。

可见，从事奢侈品制造的人口增多，是导致务农人口减少的主要原因。为此，汉景帝和皇后躬身务农，自奉俭约，减免赋税徭役，以鼓励带动全国务农的风气。一个国家如果不是人口输入或输出大国，则本国劳力总资源是基本稳定的。一个行业劳动力的增加，就意味着另一行业劳动力的减少。不同行业之间的劳力流动一方面是市场优化配置资源的体现，但另一方面，为了防止短视趋利的市场调节盲目性造成的损失，国家也要通过宏观调控的方式进行劳力资源的合理配置。在中国古代，农业是国民经济的基础，汉景帝大力提倡重农之风，确实也发挥了天子“宏观调控”的作用。

管子认为，“凡为国之急者，必先禁末作文巧。末作文巧禁，则民无所游食。民无所游食,则必农。民事农则富。”[1]“末作文巧”，指的是商业和手工业。国家要保证农民数量，就要防止其他行业的挤压。中国古代经济形态单一，主要有农工商三个领域，人民离开了商业、手工业，就必然会务农。可知，管子同样强调的是国家宏观调控、政策导向在合理配置资源方面的作用。

我国目前农村人口外流情况严重，固然由于农业生产工具的改良，使一部分人口闲置，而城市工商业的迅速发展也能不断消化农村剩余的劳力，但更主要的，还是在于务农收入并不丰厚。这就涉及到了农民的收入问题。

（三）贵粟减赋

在前文“民本论”关于“富民利民”一节中，曾引用《群书治要·汉书二》所载，讲了农民从事生产劳作的不易：

今农夫春耕夏耘，秋获冬藏，伐薪樵，给徭役。春不得避风尘，夏不得避暑热，秋不得避阴雨，冬不得避寒冻，四时之间，无日休

1 《群书治要·管子》。

息。又私自送往迎来，吊死问疾，养孤长幼在其中，勤苦如此。尚复被水旱之灾，急政暴虐，赋敛不时，朝令而暮改。当其有者，半贾而卖，无者取倍称之息，于是有卖田宅，鬻子孙，以偿责者矣。

农民劳作虽有收获，但如果国家政策失当，就会造成“农不聊生”。从这段论述中可以看出，务农获利少，是农户生活贫困、农民离开土地的主要原因。“收入少”，又是因为“急征暴敛”“半贾而卖”（粮价过低）、“倍称之息”（借高利贷）方面“支出多”。而“急征暴敛”则是导致粮价过低和借高利贷的直接原因。因此要提高农民收入，保证农民数量，国家就要及时出台相应的经济政策进行宏观调控，以鼓励百姓务农。在经济政策上，一方面要增加农民收入，这关系到粮价问题；另一方面要减少农民的支出，这就关系到赋税问题。

粮价不仅涉及农民利益，也影响全国人民消费能力和国家经济状况。《群书治要·汉书二》中说，“籴甚贵伤民，甚贱伤农。民伤则离散，农伤则国贫。故甚贵与甚贱，其伤一也。善为国者，使民毋伤而农益劝。”民以食为命，粮价的变动对百姓的影响是最直接、最快速的。粮价过高，会使百姓生活成本加大，影响民众情绪。粮价过低，则会使农民丧失积极性而荒废土地，不利于农业发展。因而，只有根据社会经济具体情况，把粮价控制在合理的范围内，使农民、百姓和国家都能受益，才能实现经济的健康发展。后面接着讲道：

岁有凶穰，故谷有贵贱。令有缓急，故物有轻重。人君不理，则蓄贾游于市，乘民之不给，百倍其本矣。计本量委则足矣，然而民有饥饿者，谷有所藏也。民有余则轻之，故人君敛之以轻。民不足则重之，故人君散之以重。凡轻重敛散之以时即准平，故大贾蓄家不得豪夺吾民矣。

市场调节的盲目性会使商人投机贱买贵卖，以百倍其利。如果国家不加干预，百姓的利益就会被商贾肆意侵夺。因此，汉朝时曾推行“常平仓”和“准平法”制度，即国家依据市场盈缩情况买进或卖出粮食，以稳定物价，打击商贾的投机行为，保证百姓的利益。由此，我们可以想起美国经济大萧条时期，资本家为了保持物价，宁可把生产过剩的牛奶倒入密西西比河，也不愿送给贫困人民。资本家这种自私牟利的行径与中国古代所贬斥的商贾行为并无二致。

除了遏制商人投机倒把，汉文帝时期还实行“入粟补官”的政策来提升粮食价值。《群书治要·汉书二》明确提出“欲民务农，在于贵粟”，但“贵粟”并不是直接提高粮价，“在于使民以粟为赏罚”，即使为国家贡献一定数量粮食的人“得以拜爵，得以除辠”，通过提升粮食的热度间接提升粮价。而“爵者，上之所擅”，这就是以民所富有换取民之所需，确实是种高明的“交易”策略。国家通过多样化手段，使得“富人有爵，农民有钱，粟有所渫”，既保证了国家的粮食储备，又促进民间财富的合理流动，也刺激了农业的发展，可谓“损有余而补不足”的有效方法。综上所述，国家宏观调控既可以直接干预，也可以间接引导，最终以各取所需的方式，达到国家资源的优化配置。

税收是国家财政收入的主要来源，也是国家调节经济的重要手段。由于中国古代以农业经济为主，因而赋税主要且稳定的来源也是农业，这从“税”本身“从禾”的造字原理中即可看出。在农民生活困苦时，古人也会通过减免赋税来增加农民收入。如汉昭帝在位时，粮价过低，导致农民赋税压力大，于是昭帝就下诏，同意农民以纳粮代替赋税。此外，他还通过削减不必要的官职、减少徭役等方式增加农民收入，但农户自奉仍然不足，于是又下令减免百分之三十的人头税。

2006年年初，我国以法律形式免除了农业税，结束了我国延续几千年的税种，一方面是由于现代经济发展，农业税对国家税收的贡献逐渐减小；另一方面也是因为我国农业人口庞大，免除农业税是惠民的重要举措。不仅如此，我国还从国家财政中抽出资金补贴农村财政开支。在2015年11月国务院常务会议上，李克强总理专就“卖粮难”问题提出了解决方案，比如规范秋粮收购、严查“打白条”、压级压价、改革粮食价格形成和收储机制、完善玉米大豆补贴政策，等等。同时提出，要加大仓储设备建设投入，加快建粮库和维修改造进度，以防止“卖粮难”。由此可以看到，无论是古代的“入粟补官”“常平仓”“准平法”，还是现代的“免除农业税”、解决“卖粮难”，都是我国根据经济发展具体情况而制定的经济政策，其本质都是立足于“民本”，这充分体现了我国农业发展的历史传承。

（四）随顺天时

农业生产遵循春种、夏长、秋收、冬藏的自然规律，农民要对四时变化透彻了解才能因时而动。一般人认为农民见识少，其实这种论断并不全面，因为古代很多农民对天文地理都有着丰富理论和实践经验，比如“草船借箭”和“借东风”的诸葛孔明就曾是躬耕南阳的“农夫”。而我国至今沿用的农历，也都是为农人直接掌握和应用于生产实践。

《礼记·月令》所述，是根据四时变化，对国家政事做出的总体部署。如把一年分为春夏秋冬四季，每个季节分为“孟、仲、季”三个时段，每个时段一个月。前面提过，孟春之月，立春之日，天子要率领三公九卿、诸侯大夫祈神、躬耕，而且还要出台政令保护生态、修养生息。

季春之月，天子布德行惠，命有司，发仓廪，赐贫穷，振乏绝，开府库，出币帛，聘名士，礼贤者。命司空曰：时雨将降，下水上腾，修利堤坊，导达沟渎，开通道路，毋有鄣塞……命工师，百工咸理，监工日号，无悖于时，毋或作为淫巧，以荡上心。

值得注意的是，《月令》中关于生态保护和社会保障的思想非常显著具体。如保护鸟兽山林、赈济春季缺少粮食的贫苦百姓，乃至国家基础设施建设，都有十分明确的“相时而动”的特点。

孟夏之月，就要“无起土功，毋发大众。命野虞劳农，命农勉作，毋休于都”，就是说，要省劳役，以不妨碍农事。并通过下达命令、张贴告示、口头通知等方式劝导农民勤恳耕作。因为进入夏季，酷暑难耐，正是耕作最辛苦的时节，这时就要提醒农民坚持生产，不能怠惰。

随顺天时的一个重要方面就是“不误农时”。《群书治要·魏志下》提出，“广开宫馆，高为台榭，以妨民务，此害农之甚者也。百工不敦其器，而竞作奇巧，以合上欲，此伤本之甚者也”。在古代，机械化水平很低，劳动基本依靠人力。每当国家大兴土木或出兵打仗，就会征用大量民力。如果征召劳役的时间与农忙时节相冲撞，就会妨碍生产。错过农时，一年的生产也就荒废了。这就需要国家合理安排土木工程和征兵时间，以保证农业生产的顺利进行。

仲秋之月，“乃命有司，趣民收敛，务蓄菜，多积聚。乃劝民种麦，毋或失时”。孟冬之月，“命百官，谨盖藏”。就是说，秋冬之月要做好粮食储备工作。而季冬之月，“命取冰，冰已入，令告民出五种。命农计耦耕事，修耒耜，具田器。天子乃与公卿大夫，共饬国典，论时令，以待来岁之宜”。季冬，如同《周易》六十四卦中最后一卦“未济”，旧年以此为终，新年以此为始，周而复始，循环不息，这就意味着《月令》的指导精神只有进行时，没有完成时。凡为国君者，都要法天而行仁，体恤民瘼，念兹在兹，无有止尽。

《月令》虽然关注农业生产，但也涉及国家的祭祀、徭役、军事、社会保障、生态保护、文教等领域。从所述中可以看到，天地祖先、天子百官、黎民百姓、山林鸟兽共同构成息息相关的生命共同体，人作为核心，要发挥维护“一体”的作用，践行天地的厚德。随顺天时，本质就是生养万物，是仁心仁政的最好落实。

在现代社会，随着科技的发展与应用，国家可以为农业生产提供很多针对性的指导，比如能够准确提供气象预报、教导农人科学合理应对气候变化、利用和改造自然条件、降低自然灾害对农业造成的损失，等等。另外，由于市场本身具有盲目性，常会造成供大于求的情况，对此，国家可以通过分析市场需求，指导农民有针对性地生产，既能达到供需平衡，又能使农民获利，避免资源浪费。现代企业管理经营的经验也可以为农民企业家提供发展策略，优化分配方式，促进地区共同富裕。除指导外，国家还应加大对农村的教育、医疗、养老等社会保障性质基础设施投入，以改善民生。这些其实都是“随顺天时”“效法天德”的表现。

（五）整治腐败

《群书治要·汉书一》中讲，“唐、虞之际，命羲和四子顺天文，授民时，咨四岳，以举贤材，扬侧陋。十有二牧，柔远能迩。禹作司空，平水土。弃作后稷，播百谷。”由此可见，贤能之臣是国家发展的关键。尧舜知人善任，才保证了国家各项事业的顺利进行。在农业方面，有赖平治水土的大禹和播种百谷的后稷，而大禹开创了夏朝，后稷是周朝的祖先，此即所谓“禹、稷躬稼而有天下”[1]。利人无数，堪称大德。大德者，方有此福禄名寿。若没有大禹和后稷，恐怕治水和兴农的国策也难以落实。所以贤臣是兴农的关键。没有良吏，重农政策也难以落到实处。《群书治要·汉书一》记载，汉文帝在位时，曾下诏责问官吏为政不勤：

> 道民之路，在于务本。朕亲率天下农，十年于今，而野不加辟。岁一不登，民有饥色，是从事焉尚寡，而吏未加务也。吾诏书数下，岁劝民种树，而功未兴，是吏奉吾诏不勤，而劝民不明也。且吾农民甚苦，而吏莫之省，将何以劝焉。其赐农民今年租税之半。

文帝身体力行，鼓励务农，但成效不彰，显然是由于地方官吏对于朝廷的政策不加重视、不能落实。从这个角度讲，解决农业问题的关键还是在于治吏，这也是整个国家发展成败的核心问题。后

---

1 《论语·宪问》。

面接着讲了，汉景帝曾就针对规范吏治而下达了著名的《令二千石修职诏》：

今岁或不登，民食颇寡，其咎安在？或诈伪为吏，吏以货赂为市，渔夺百姓，侵牟万民。县丞，长吏也，奸法与盗盗，甚无谓也。其令二千石修其职，不事官职、耗乱者，丞相以闻，请其罪。布告天下，使明知朕意。

这就是说，社会安定，但人民生活却没有显著改善，是因为官吏经商，利用手中权力操控市场，谋私利而侵百姓。“县丞”是基层官员，“二千石”指高级干部。景帝严厉打击官员腐败问题，不分职位高低一律彻查。市场被官吏操控，百姓必然成为受害方。为了避免这种情况的出现，国家就要严格监督管理市场，严厉打击破坏经济秩序的不法行为，而其中重中之重，就是严防彻查官员的腐败行为。

（六）改进设施

前面讲，“季冬之月，命取冰，冰已入，令告民出五种，命农计耦耕事，修耒耜，具田器。”[1]这里就提到了国家指导、甄选良种和修缮农具的问题。在今天而言，就是运用信息化、大数据、高科技来促进生产。提高生产力的需要促进了科学技术的革新。机械化生产不仅大大提高了生产效率，也节约了人力成本。从耕地等级来看，中国优等耕地面积比例很小，所以就特别需要借助科技手段改

1 《礼记·月令》。

良种植环境。如何研发和普及高级农业生产工具以实现增产增效，是发展科学技术时应加以关注的。“十三五”规划中，我国提出了“创新发展”理念，要实现农业的现代化，在农业领域运用信息化、大数据、先进工具等服务农业，这是当前促进农业发展的重大突破口。而在生产力不发达的古代，季冬时节通过修缮农具准备新一年的劳作，这其实与“创新发展”的理念相同。

“大禹治水”是中国家喻户晓的故事。大禹治水既是为了保证人民的生命财产安全，也是为了更好地发展农耕。“致费于沟洫”[1]说的就是大禹在完成了宏大的江河疏通工程后，兴修水利，以便人民灌溉农田，抵御水旱灾害对农作物的影响。

前面也提到，季春之月，天子“命司空曰:时雨将降，下水上腾，修利堤坊，导达沟渎，开通道路，毋有鄣塞。”[2]就是说，春末时节，除修建堤防、整治沟渠外，还要平整道路，以便往来耕作。在现代，兴修水利，方便农民灌溉排涝；铺设道路，便利乡村与城市的资源流动，仍然是国家对农村基础设施建设投入、促进农业经济发展的重要举措。

（七）提倡节约

粮食储量，就是指每年的“输入量”减去每年的“输出量”。前文已经讲了如何增加“输入量”，同时还要特别重视粮食消耗问题。《群书治要·汉书一》记载，汉文帝曾下达《议佐百姓诏》，在分析粮食不足的情况时，就提到了浪费问题：

1 《群书治要·史记上》。
2 《礼记·月令》。

以口量地，其于古犹有余，而食之甚不足者，其咎安在？无乃百姓之从事于末以害农者蕃，为酒醪以靡谷者多，六畜之食焉者众与？

显然，百姓造酒、用粮食谷物喂养牲畜，都会对粮食产生损耗。在现代，生产力不断提高的同时，人们的物质生活需求也在节节攀升。科技增产的速度能否赶得上消费增长的速度，确实是一个值得重视的问题。据相关统计，我国每年生产的粮食中，只有约30%的粮食作为口粮，酒类耗粮占10%，饲料用粮和工业用粮占60%。可以说，中国目前粮食产量还不能满足国内的需求，仍需大量进口。但如果能够降低对酒肉的消费，粮食自给将不成问题。可见，就当前来看，粮食供给不足问题并不在“输入”不够，而是“输出”太多。因而，解决问题的关键不在于“开源”而在于“节流”。不可讳言的是，当前我国粮食浪费问题仍比较严重。虽然国家大力整治官员奢靡之风，并已收到很大成效，但社会上奢侈浪费现象依然普遍存在。浪费就像桶底的洞，不把漏洞堵好，洞再小，水再多，最终会流空。就像现在的美国，虽然名义上是世界最大的经济体，但高消费也让这个“大块头”负债累累，赤字高挂而无能为力。追其元凶，就在于消费和浪费。

七、“重农抑商”传统的解析

中国古代社会，民分“士农工商”，商人排在最后。也就是说，商人的社会地位最低。几千年来，中国也一直奉行着“重农抑商”

的传统。似乎在中国古代，商人和商业并不是国家鼓励和支持的对象。其原因何在？

（一）文化取向

从文化传统角度分析，“轻商”源于中国文化中“重义轻利”的价值取向。孟子曰：“生，亦我所欲也。义，亦我所欲也。二者不可得兼，舍生而取义者也。”[1]孔子曰：“志士仁人，无求生以害仁，有杀身以成仁”[2]，“君子喻于义，小人喻于利”[3]。这里说的“小人”未必是奸邪之人，而是指弃仁义而求私利者，从广义上讲，即只顾一己之私的“小心量之人”。

中国文化重视道德仁义，社会通常以德行的厚薄而非地位或财富，来判断一个人社会价值的高低，于是产生了“位以德尊”的政治观念和“德本财末”的财富观念。因此，四民之中，没有权力财富，但是行圣贤之道、传圣贤之教的清寒之“士”最受社会尊重。因为他们“重义轻利”，堪为大众之师，能够带动社会伦理道德的正气。而商人与士人形成了鲜明对比：商人以逐利为目的，一旦有利可图，就会见利忘义。因此，在以仁义道德为主流价值观的中国，自私自利的商人群体自然不受社会大众的“待见”。

有议论指出，美国一流人才会选择从商，而中国一流人才会选择从政，似乎是对中国“官本位”文化的解读依据。实则是，现代中国依然延续着古代“士农工商”的观念，即“重义轻利”的重德传统；而从资本主义原始积累的血腥方式、现代资本家的敛财无度

1 《孟子・告子上》。
2 《论语・卫灵公》。
3 《论语・里仁》。

乃至霸权主义行为来看，则是典型的“重利轻义”“为富不仁”的“商贾”之风。孰优孰劣，不言而喻。

从经济角度分析，中国古代商人并没有从根本上发挥促进社会经济的作用。《群书治要·汉书二》中曾对商人的职业特点进行了分析，“商贾大者，积贮倍息，小者，坐列贩卖，操其奇赢，日游都市，乘上之急，所卖必倍。”古代“商人”和现代的“企业家”并不相同。现代企业家直接参与生产到销售整个运营过程。但在生产力并不发达的古代，商人流通的商品并非自己劳动生产所得，而是从他处低价买进，通过高价卖出，以赚取差价的方式盈利，其性质同现代的“中间商”类似。商人的作用仅限于流通领域，并没有直接参与生产活动。而国民经济的基础是生产，拉动生产的是消费，流通只是沟通生产和消费的中间环节。也就是说，商业对社会经济发展只能起到辅助协调作用。在中国古代，发挥生产主导作用的主要是农业和手工业，尤其农业被称为“本业”，商业则被称为“末作”。由于古代商业本身在社会经济结构中居于次要地位，所以商人在四民中自然也就靠后了。

（二）稳定政治

《孔子家语》中说：“治政有理矣，而农为本”。在中国古代，由于“农业”和“农桑”基本上互通，所以，也可以说农桑是立国之本，因为农桑为人们提供了基本生活所需：粮食和衣服。只有衣食无忧，人们才能安心从事其他社会活动。因此，发展农业是改善民生、稳定社会、促进经济发展的根本保证。前面提到，“先王治国，无三年之储曰国非其国”[1]，此处的“储”指的是“粮储”。若国家粮食储备不足，

1 《群书治要·吴志下》。

即使在和平年代，也已处于隐患之中。如果再加上水旱天灾、外敌入侵，则国家很容易陷入危亡之境。由此可知，古人"重农"无可厚非，但为何要"抑商"呢？这就涉及劳动力资源分配的问题。

《群书治要·崔寔政论》中讲："农桑勤而利薄，工商逸而入厚。故农夫辍耒而雕镂，工女投杼而刺文。躬耕者少，末作者众。"虽然从国家层面来看，农业的基础性地位不可动摇，必须大力发展。但是，如果从个人盈利角度考虑，制作精巧器物的工匠和善于倒买倒卖的商人付出少但获利多，其行业虽然对推动国家整体发展贡献甚微，但却能增加个人收入，这就导致了农民可能因趋利而离开农业、转向工商行业。在中国古代，农业生产工具并不先进，需要投入大量人力。如果农业劳动力流失，会直接导致粮食、布帛减产，进而引发全社会衣食供应不足，使人们可能成为"难民"，为了生存，就会卖妻鬻子，甚至揭竿而起，必然会造成社会秩序混乱。商业妨害农业，就动摇了国民经济的基础，国家随之而危，人民随之而贫。所以，"先王者善为民除害兴利，故天下之民归之。所谓兴利者，利农事也；所谓除害者，禁害农事也。"[1] 古人"重农抑商"，是因为劳动力资源有限，从商者多，则务农者少。按照农业与商业对国家贡献的大小来分配，自然会优先考虑农业，这是从根本上保证国家稳定和民众利益的长远之策。

（三）发展经济

生产和消费是经济活动的两个重要环节。如果生产领域（农业）的劳力资源大规模转移到流通、消费（商业）领域，就会造成供不

---

1 《群书治要·管子》。

应求，形成“阴盛阳衰”的经济发展模式。而社会经济良性发展的模式是生产和消费平衡协调，无论是生产过剩的“阳盛阴衰”，还是消费过盛的“阴盛阳衰”,都会妨碍经济平稳健康发展。如上所述，农业之本，务必夯实，如果因为商业兴旺而农业衰退，社会总产品减少，就会造成物价上升，通货膨胀。

在讨论“抑商”合理性的同时，也要考虑“重农”政策是否也会导致生产过剩进而引发经济危机的问题。从历史上来看，我国虽然主流上始终奉行重农理念，但在具体实践中，却不时会有妨碍农业发展的徭役、战争发生，使得人民无法安心从事农业生产，这就降低了粮食过剩的机率。而且，由于受农作物生长周期长、单位面积产量有限、国家需要储备粮食、朝廷适时进行宏观调控等种种因素综合作用，即便生产过剩，也达不到爆发经济危机的基准线。如据史书记载，在中国古代“太平盛世”，农产品虽有过剩积压甚至腐败不可食的情况，但却从未引起过社会危机。由此可见，“重农”并不会导致“阳盛阴衰”式的生产过剩。

相反，重商很容易引发经济秩序的混乱。首先是因为商人经常扮演投机倒把的角色。在古代，或因年景不好，粮食歉收；或因年景大好，而粮价下跌，商人总会利用囤积居奇的方法谋取暴利，而农民却只能任其宰割。《群书治要·傅子》中记载，秦朝的重商政策导致了“都有专市之贾，邑有倾世之商”的局面，商贾的垄断行为扰乱了国家正常的经济秩序。《群书治要·六韬》中说，“君无以三宝借人，以三宝借人，则君将失其威。大农，大工，大商，谓之三宝”，“三宝完则国安”。如果商人控制了关系国民经济命脉的重要领域，就会兴风作浪，引发社会动荡混乱。而商人致富后，会向急需用钱的穷苦百姓发放高利贷，这就更加大了社会贫富差距，使得社会经济难以健康发展。可见，商人群体如果不受限制就会恣意妄为，对国家和人民的伤害是不可估量的。中国古代之所以把治国之权交予士人而非商人，就是看到其“以利害义”“以私害公”行为的危害性。

《群书治要·傅子》中指出商人的职业，是“众利之所充，而积伪之所生，不可不审察也”。商人每天面对的都是金钱利益的诱惑，心术一旦偏邪，则会走向巧诈虚伪。中国俗语中有“无奸不商”的说法，其实就是根据商人的职业特点总结出来的。古往今来，开展经济活动，最重要的原则就是“诚信”二字。如果“奸商”横行，轻者骗取人财，重者则是谋财害命。现代社会中出现的劣质产品、有毒食品，都是商人“见利忘义”的结果。而2008年席卷全球的经济危机，就是美国私人企业的投机行为所引发的。

商人不仅有可能直接控制国家经济命脉，还会间接通过与官员交往而影响政治。《群书治要·汉书二》中指出了商人攀附权贵的情况：“因其富厚，交通王侯，力过吏埶，以利相倾，千里游敖，冠盖相望。”商人靠手中的财富贿赂官员，官员则利用手中的权力为商人提供便利。如果官商“勾肩搭背”，势必“狼狈为奸”，会造成政治的腐败和市场的不公平竞争。我国当前许多官员腐败案件，都与商人有着千丝万缕的关系。更有商人傍上“大树”后，会呼风唤雨，为所欲为，国家制度不仅不能限制其不义之行，还会被“钻空子”，成为商贾谋利的工具。而做到极致的商贾，会利用钱财操纵国柄，左右国家政策的制定，正如现在影响美国政治走向的是大财团而不是平民一样。

（四）改良风气

商业会影响风俗，首先体现在商人群体的奢侈之风上。在中国古代，商人普遍读书少，伦理道德观念和自身修养意识比较淡薄。《群书治要·汉书二》中描述商人的生活是“其男不耕耘，女不蚕织，衣必文采，食必粱肉。无农夫之苦，而有仟伯之得。”与农民相比，商人既无辛勤劳动付出，还有锦衣美食。所以，一旦发达，就很容易放纵耳目口腹之欲，过上骄奢淫逸的生活，即便白手起家的商人也常不免于此。而那些不知创业维艰的的富家子弟，更容易骄奢放纵、为所欲为，甚至可能成为地方恶霸，为害一方，会对社会秩序和社会风气造成极其恶劣的影响。

商业对风俗的影响，还表现在会带动全社会的功利主义之风。秦朝曾奉行重商轻农政策，结果导致整个国家伦理道德的沦丧。《群书治要·傅子》中记载：“秦乱四民而废常职，竞逐末利而弃本业，苟合壹切之风起矣。于是士树奸于朝，贾穷伪于市。臣挟邪以罔其君，子怀利以诈其父。”在这种情况下，人人逐利而忘义，父子无亲，君臣相欺，官员腐败，商贾欺诈，整个社会的风气都败坏殆尽。中国自古讲求以伦理道德立国，“五伦五常”是维系家国伦理道德规范的纲纪。伦理道德为利益所取代，就会出现《孟子·梁惠王上》所言“上下交征利，其国危矣”的情况。

（五）现代价值

从秦朝世风混乱的史实可以看出，盲目重商并不能促进国家经济的健康发展，因为财政制度的本质是伦理[1]，经济发展的道路必须与伦理道德的构建相辅相成。既然“重商”引起的功利主义破坏了伦理道德，那么也就必然会破坏经济的健康发展。且就商业在社会

1　钟永圣：《中国经典经济学》，中国财政经济出版社 2012 年版，第 191 页。

经济中的性质而言，其本身只是构成国家经济体系的一个领域，必须与其他行业相互配合才能发展成为真正健康的经济形态。以为商业可以谋利而忽视了生产，是舍本逐末的经济发展路径。如果强以重商的方式发展国家经济，则很可能导致如西方血腥的资本主义原始积累一样：产品、劳力靠掠夺而来，财富靠贱买贵卖的方式获得。《大学》云："德者本也，财者末也。外本内末，争民施夺。"[1]无论是秦朝重商政策，还是西方早期资本主义，其实都违背了"德本财末"的经济之道。

"重义轻利"是中国传统文化的主流价值观，然而现代西方经济学却把"自利假设"（自私自利）作为经济人的本质属性。[2]在西方价值理念大行其道的今天，各行各业均不约而同地出现了"商人"（见利忘义之人），甚至在教育、医疗这些本来应为公众谋福利的行业，从业者也都弃天职而逐私利，这些无不激化了社会矛盾。不得不说，"金钱至上"的价值扭曲与西方经济学的错误导向对社会乱象"贡献甚巨"。而这种"经济人假设"，正是中国古代对"见利忘义"商人的定义。中国传统文化中的"丑角"，却走进了西方世界的"大雅之堂"，岂非咄咄怪事？反观世界经济交往中种种不公平竞争、不对等贸易现象，究其根本原因，不正是因为"见利忘义"吗？

需要注意的是，"重视经济发展"与"重商"并非对等概念。尤其在中国，"重视经济发展"是集生产、消费、流通、分配为一体，以科学、可持续的方式提高人民的生活水平，增强国家的经济实力。但"重商"则是以流通为主要领域，以投机为主要形式，旨在追逐

1　阮元：《十三经注疏·卷五》，艺文印书馆 2013 年版，第 987 页。

2　钟永圣：《中国经典经济学》，中国财政经济出版社 2012 年版，第 334 页。

利润的经济行为。简而言之，“重视经济发展”是谋求整体利益、全面发展的“义举”，而“重商”则是谋求局部、个体利益的“渔利”。可见，“重农抑商”的本质在于重视脚踏实地的生产，排斥投机渔利的行为。认识了这点，就不会草率地断定这种经济理念已经过时。因为无论社会经济发展以何种形式呈现，其健康模式必然要遵循“重义轻利”的价值理念。古今中外，概莫能外，“重义轻利”应成为发展经济永恒的价值追求。

既然四民中有商人的一席之地，则说明商业是国家经济运行中必不可少的组成部分。《群书治要·傅子》中认为，商贾“伸盈虚而获天地之利，通有无而壹四海之财。其人可甚贱，而其业不可废。”虽然见利忘义确实为人所轻，但商人在促进财货流通方面发挥的作用，却功不可没。在合理经营的情况下，商贾带动了财货流通，持续调节着供需平衡，是对社会经济发展的有力辅助。中国古代的“丝绸之路”“茶马古道”等，就是以商旅为主体促成不同地区经济、文化交流的典范，在中国历史中刻下了不朽的篇章。而在恶劣艰苦的自然环境下，商旅所付出的努力甚至会超越农夫，这种吃苦耐劳、敢于探险的精神也确实值得尊敬。

随着中国历史的变迁，社会经济形态的转型，商人的职业性质、社会形象也在逐渐发生着变化。从活跃于明清时期的徽商、晋商，到现代驰骋于中国经济发展前沿的粤商、浙商，都是获得了良好口碑的商人群体。观其所以然，则离不开他们以德立身，成为了秉持诚信、和气、低调、共赢、慈善经营理念的“儒商”。因此，对商人社会身份认同的变化，从根本而言还是由于自身从“轻德”向“重德”、从“见利忘义”向“见利思义”乃至“重义轻利”的转型。

在现代中国,尽管社会经济发展呈现多元化特点,但“重义轻利”的价值观仍然存在于中国人的血液里，并以各种不同的形式表现出来。例如，人们会把财产富有但缺乏修养的人称为“暴发户”，定位近似古代之“商”。还有社会上的“仇富”心理，从根本上说是仇“为富不仁”,同样是对“有财无德”者的谴责。虽然“拜金主义”价值观泛滥，但是从社会公众道德舆论的呼吁、批判和文化心理层面的价值取舍方面观察，“重义轻利”的价值观仍占有主流地位。

当前中国特色社会主义市场经济蓬勃发展，以公有制为主体的经济制度和人民民主专政的政治制度，决定了中国经济发展必然遵循着“重义轻利”的价值取向和“为民谋利”的民本精神。无论从宏观还是微观角度观察，无论从经济还是文化层面分析，中国传承几千年“重义轻利”的思想和理念，至今仍深刻地影响着当代中国的发展壮大和中华民族的人格塑造。因此，在中国已经跃居全球第二大经济体的今天，更应继承和发扬优秀传统经济思想，努力实现其现代价值。

中国古人重视农业，是因为看到了农业在整个国家发展中所起到的重要作用，因而通过政策引导，鼓励农民务农，以充实国力。虽然古今情况不同,但“民以食为天”的古训却是永远不会改变的。我国之所以能维持几千年大一统的局面，与以发展农业为主的经济发展模式有着密切而直接的关系，因为农业倡导的是一种人与自然和谐共处的发展理念。中国历史上，不论王朝如何兴衰更替，都基本延续着重农的经济传统，这对生态环境保护起到了非常积极的作用。也正由于生态环境的平稳，中华民族才能在同一块土地上可持续地繁衍生息。

虽然随着工业文明的发展，农业对社会经济发展贡献的比重越来越小，但是“绿色发展”“可持续发展”“生态文明”的理念却永远不会过时。党的十八届三中全会确立了“建立生态文明”的重大部署，以及“十三五”报告中提出的“绿色发展”理念，其本质都是崇尚和强调人与自然共存共荣。可持续发展经济理念的继承和创新，是对过度工业化发展模式的纠正。正如英国汤因比博士所言，过度工业化达到顶点时将会出现停滞，而进入“后工业化”时期。而以农业文明为特征的发展模式就会因迟缓而避免过度工业化带来的环境污染、生态破坏、南北差距加大等问题。推进农工平衡的发展模式，将是人类未来的发展必然方向。[1]

由此可见，中国古代“重农”的经济理念已经在现代开出了“绿色”的新花，其价值必将服务于全球经济发展宏观方向的调整与规划。

---

1 杨栋梁、赵德宇译，山本新、秀村欣二编：《未来，属于中国——汤因比论中国传统文化》，陕西人民出版社 1989 年版，第 32 页。

第七章　官德为本的盛衰论

如前文所述，国家长治久安的根本是民心安稳，而关键却在于领导者阶层（包括君主与官吏）自身是否德才兼备，即是否心存仁义道德、是否具有治国理政的智慧。唐太宗曾说过："以铜为镜，可以正衣冠；以古为镜，可以知兴替；以人为镜，可以明得失。"[1]历史是一面镜子，记载着大量兴衰成败的经验教训，明确揭示出国家社会运转的客观规律，但凡欲实现修齐治平的从政者、管理者不能不依之反省、汲取并借鉴。

2011年的秋季，习近平总书记在中央党校的秋季学期开学典礼上做了题为《领导干部要读点历史》的重要讲话。在讲话中，他说："在中国的史籍书林之中，蕴含着十分丰富的治国理政的历史经验。其中包含着许多涉及对国家、社会、民族及个人的成与败、兴与衰、安与危、正与邪、荣与辱、义与利、廉与贪等等方面的经验与教训。……我们学习历史，就要学习和吸取中华民族传承下来的宝贵思想财富，从中获得精神鼓舞，升华思想境界，陶冶道德情操，完善优良品格，培养浩然正气，做到自重、自省、自警、自励。"

要治理好一个国家，首先应对国家盛衰的规律进行深入研究总结。《群书治要·崔寔政论》中讲："凡天下之所以不治者，常由人

---

1 《旧唐书·列传第二十一》。

主承平日久，俗渐弊而不寤，政浸衰而不改，习乱安危，逸不自睹。或荒耽嗜欲，不恤万机；或耳蔽箴诲，厌伪忽真；或犹豫歧路，莫适所从；或见信之佐，括囊守禄；或疏远之臣，言之贱废。是以王纲纵弛于上，智士郁伊于下。悲夫！”意思是：大凡天下得不到治理的原因，通常是由于君主承继太平的日子已经很久了，社会风气逐渐变坏也没有觉察，政治渐渐衰落也不知革新更改，习惯于混乱，安于现状，逸乐地生活而看不到这些危机。有的荒淫奢侈，不理朝政。有的耳朵听不进劝告和教诲，满足于虚伪，忽视真诚。有的是在歧路徘徊，不知道何去何从。还有的君主所倚重的大臣为了保住禄位而不敢犯颜直谏。有的君主疏远有才能的臣子，废除弃用他们的谏言。所以国家的法纪放纵、松弛于上，有识之士郁伊、担忧于下。这真是可悲呀！

这段话指出了国家之所以由盛转衰的一个重要原因，即唐朝著名诗人李商隐在《咏史》中写道的：“历览前贤国与家，成由勤俭破由奢。”在《群书治要》中，多处对比了衰世之主和盛世之主的表现，从中可以更加鲜明地看到，君主、官吏的道德和国家的盛衰有着直接密切的联系。

一、盛世与民同乐，衰世残害其民

《群书治要·魏志下》讲：“昔夏殷周，历世数十，而秦二世而亡。何则？”夏商周历经数十世才衰败，而秦朝两世就衰亡了，原因在哪里呢？“三代之君，与天下共其民，故天下同其忧也”，夏商周三代的君主，能够和天下的人民同甘共苦。“秦王独制其民，故倾危莫救也”，秦始皇这个人，独裁专制，压迫百姓，所以一旦倾覆、遇到危难，也没有人去拯救他。由此得出结论：“夫与人共其乐者，人必忧其忧；与人同其安者，人必拯其危。”那些能够和天下人共享安乐的人，人们也一定会和他共同承担忧虑；那些能够与天下人共享幸福的人，人们也一定会竭尽全力地拯救他于危难。这说明，君主、领导者对待百姓、下属的态度与其基业的兴衰成败有着密切的关系。

这一理念如果应用到企业管理中，也依然能够起到作用。比如，东南亚爆发金融危机时，西方的员工受自由、民主、人权观念的影响，因为老板不能给付工资，就罢工、示威游行，而韩国的员工不仅没有上街去示威游行，反而还把自己平时的积蓄都拿出来交给他们的老板，说：“老板，这几十年来，我们之所以有稳定的收入养家糊口，得益于您对我们的关爱。现在企业遇到了危机，我们愿意和您同舟共济、共渡难关！这些钱您先拿去用，等企业经营状况好转之后再说。”韩国的员工之所以能够做出这样感人的举动，原因很简单，就是因为韩国人提起孔老夫子、提起儒家思想，非常尊敬！

《春秋左氏传·哀公元年》中说：“国之兴也，视民如伤，是其福也；其亡也，以民为土芥，是其祸也。”国家之兴，就在于领导者能把百姓视作伤口，对他们倍加关心、体恤，这是国家的福祉所在；而国家灭亡的原因，则在于将百姓看得如同泥土、小草一样微贱，随意践踏，这就会给国家招致灾祸。领导者如果能把“民为贵，社稷次之，君为轻”[1]的理念落实到管理中，如果能够做到视民（员工）如伤、爱民（员工）如子，有了利益，首先回馈百姓、员工，其次

1 《孟子·尽心下》。

用于国家的发展、企业的扩大再生产，最后才是自己，那么百姓、下属就会与之同心同德、患难与共。稻盛和夫之所以能够拯救日航、能够创立两个“世界五百强”的企业，就是因为他能把这种儒家式的管理运用到企业经营之中。

《六韬》中也有一句话：“善为国者，御民如父母之爱子，如兄之慈弟也。”善于治理国家的人，对待百姓就像父母慈爱自己的儿女、兄长友爱自己的弟弟一样。“见之饥寒，则为之哀；见之劳苦，则为之悲。”见到百姓饥寒交迫，他会为他们感到哀伤；看到百姓劳苦奔波，会为他们感到悲忧。领导者如果也能以这样一种态度治理国家、管理企业，百姓、下属自然也会像对待自己的父母、自己的兄弟一样，发自内心地爱戴、尊敬领导者。松下幸之助之所以被誉为日本“经营之神”，也是因为他能把这种态度运用到员工管理中。

相反，如果领导者连百姓、下属最起码的生命安全都不能够保证，还百般苛求、肆意糟践，那么被领导者不仅会心生抵触，甚至还会把领导者视为仇敌。究其原因，就在于领导者没有起到君、亲、师的作用。在古人看来，一个好的领导者应该同时具备三个职能。第一，作之“君”，要当下属的领导。第二，作之“亲”，要当下属的亲人，像父母关爱儿女、兄长友爱弟妹那样关心下属。“君仁臣忠”是“中国式管理”最重要的特点。松下幸之助与稻盛和夫之所以事业成功，就是取决于这一理念的实际运用。第三，作之“师”，还要当下属的老师。领导者不仅有管理职责，还肩负着教导下属的责任。如果不教导属下辨别是非善恶，属下不明白做人的本分、不知道人生的价值何在，他可能就会弄虚作假来蒙骗。当然，教导下属，最重要的还是正己化人，首先必须自己做好了，才能起到为人师范的作用，也才能够感化下属。做好了这三点，就能够达到“不忍欺”的管理境界。达到了这个境界，领导者在与不在，属下的表现都是一样的，绝对不会阳奉阴违。

二、盛世考察历史，衰世自骄自智

前面讲过《孔子家语·观周》中的一段话：“夫明镜者所以察形，往古者所以知今。人主不务袭迹于其所以安存，而忽怠于其所以危亡，是犹未有以异于却步，而欲求及前人也，岂非惑哉？”就是告诉我们，历史上凡是有成就的领导者，都能够以古鉴今、古为今用。唐太宗就是一个很好的榜样。他 16 岁开始从军打仗，从军十多年，没有时间去学习圣贤经典，对于古圣先王的治国之道茫然无知。27 岁做皇帝之后，他知道创业难、守业更难。所以，他就命令魏徵、萧德言、褚亮、虞世南等大臣，把唐朝以前治国理政的经验汇集起来，花了很长时间，才编纂出《群书治要》一书。唐太宗认真阅读之后，说：“览所撰书，博而且要。见所未见，闻所未闻。使朕致治稽古临事不惑。其为劳也，不亦大哉！”[1]意思是，他看了这部《群书治要》，认为内容广博而切要，经、史、子中所记载的这些典故、经验、教训和治国的方法，是他从没有听过、也没有见过的。这部书使他能够汲取先贤智慧，遇到事情不迷惑，知道应该如何处理，并且知道了社会风俗教化的根本，也知道了治国理政应该从何处入手。

盛世之君考察历史，而亡国之君则自骄自智。《吕氏春秋·骄恣》

1 《答魏徵上〈群书治要〉手诏》。

中说:"亡国之主必自骄，必自智，必轻物。自骄则简士，自智则专独，轻物则无备，无备召祸。"亡国的君主一定是非常骄满自大、自以为聪明、又轻视他人。"必轻物"的"物"有自己以外的人——别人、众人的意思。如果一个人自以为是，对待士人就会简慢失礼；自以为聪明，就会独断专行；轻视别人，就会对人没有防备，对人没有防备，也就会给自己招来祸患。"专独则位危，简士壅塞"，独断专行，就会使自己的位子不安稳；对士人简慢无礼，就会闭目塞听。反过来，"欲无壅塞必礼士，欲位无危必得众，欲无召祸必完备，三者，君人之大经也。"如果在位者不想闭目塞听，一定要礼贤下士；要想使自己的位子安稳，一定要得到众人的支持；如果不想为自己招来祸患，一定要防备完善。这三点是君主治国的大道。

比如，《群书治要·史记上》记载，商纣王的天资很好，口才不错，反应也很快。他的才能和体力都超过了一般的人，甚至可以空手和猛兽格斗。他的才智足以拒绝群臣的进谏，并为自己的过失、错误找到借口。他"矜人臣以能，高天下以声，以为皆出己之下"，向群臣夸耀自己的才能，在天下抬高自己的声威，认为天下的人都不如自己。最终，这样一个自以为是、骄慢无礼的人还是被推翻了，商朝很快也灭亡了。同样，秦始皇自以为"德兼三皇，功高五帝"，便"足己不问，遂过而不变"，非常骄傲自满，不愿意向别人请教，有了过失不悔改，很快也灭亡了。商纣王和秦始皇都是从反面给我们证明了，如果一个领导者骄慢无礼、自以为是，就会给自己招来祸患，甚至灭亡。

三、盛世任用忠贤，衰世听信奸佞

《群书治要・中论》中有这样一段阐述："凡亡国之君，其朝未尝无致治之臣也，其府未尝无先王之书也，然而不免乎亡者，何也？其贤不用，其法不行也。"就是说，亡国的君主，他的朝中并不是没有可以使国家得到治理的贤臣，他的府中也并不是没有圣贤经典，但还是不免于灭亡，这是为什么？原因就在于虽有贤才，却不能被任用；虽有圣贤的礼法，却不被推行。

比如，《群书治要・傅子》记载，夏桀整天荒淫无度，饮酒作乐，不务朝政。臣子关龙逄（也叫关龙逢）进谏，站在他的身边不走，夏桀就很生气，下令把他关了起来并很快处死了。因为夏桀任用的都是奸佞之臣，而不是这种敢于犯颜直谏的臣子，结果夏朝很快就灭亡了。同样，商纣王也是如此。《群书治要・史记上》记载，商纣王整天沉溺于酒池肉林，还喜欢和女子玩乐嬉戏。他任用的"三公"，一个是鄂侯、一个是九侯，还有一个是西伯昌。九侯有一个女儿长得很美丽，九侯就把她进献给商纣王。但是九侯的女儿不喜欢过度的淫欲，纣王很生气，就把她给杀死了，还把九侯也杀死，并且做成了肉酱。鄂侯知道后，就去劝谏，言语非常激烈，用非常严厉的话语来指正他，结果纣王也很生气，把鄂侯也杀死了，还把他做成了肉干。西伯昌听到这件事，不免叹气。纣王知道了，就把他关在羑里。后来，西伯昌的几个臣子向纣王进献了一些美女、宝马、金银珠宝，纣王才将西伯昌放了出来。纣王身边还有三名贤臣——微子、比干和箕子，他们都是纣王的叔伯兄弟，都非常仁德。看到纣王的荒唐行径，微子三番五次进谏，纣王不听，最后逃走了；比干犯颜直谏，纣王很生气，就说："听说圣人的心和别人的心不一样，我要看一看比干的心是不是和别人的心不一样。"就将比干杀了，而且剖视其心；而箕子心痛殷商江山将毁于纣王之手，索性割发装癫，但纣王还是没放过他，把他关了起来，贬为奴隶。最后，再也没有人敢去劝谏。周武王吊民伐罪，商纣王穿着宝玉的衣服投入火中，自杀而亡，商朝也随之覆灭。这些史实无不告诉我们，但凡荒淫无道、不愿意听谏的领导者、君主，都不能避免衰亡的结果。

那么怎么才能开创盛世、避免衰世呢？《群书治要·典语》中有这样一句话："夫世之治乱、国之安危，非由他也。俊乂在官，则治道清；奸佞干政，则祸乱作。"意思是说，世间的治乱、国家的安危，并不是由其他的原因所导致的。只要任用有才能的、有德行的人为官，那么治理之道就会清明。如果奸诈的、谄媚的官员干预政治，祸乱也就会兴起了。知道了这一点，领导者就要选择那些忠贤之士来做自己的属下，把这些人提拔到管理者的位置上。但是，忠贤之士并不是能够一目了然就观察出来的。《吕氏春秋》中又有这样一段话："亡国之主似智，亡国之臣似忠。似之物，此愚者之所大惑，而圣人之所加虑也。"使国家灭亡的君主，看起来好像是聪明而富有智慧的。亡国之臣，看起来都是很忠心的。这些表象是愚者大为迷惑的，也是为圣人所详加考虑、忧虑的。所以，明智的君主一定要知道，什么样的臣子才是忠贤之士，并能够把这样的人选拔出来。

四、盛世乐闻其过，衰世乐闻其誉

《吴志下》说："兴国之君，乐闻其过。荒乱之主，乐闻其誉。

闻其过者，过日消而福臻。闻其誉者，誉日损而祸至。”这告诉我们，使国家兴盛的君主，无不喜欢听到别人指正他的过失。例如，《孟子·公孙丑上》中讲，孔老夫子的弟子子路“闻过则喜”，听到别人给他指正过失，他就非常地高兴。“禹闻善言则拜”，大禹听到别人给他进谏善言，他就向人礼拜以表示感谢。相反，那些使国家昏乱的国君，都是喜欢听到别人对他的赞誉，喜欢别人奉承他、为他歌功颂德。喜欢听别人指正他过失的人，他的过失就会一天天地减少，福分也就来到了。相反，喜欢听赞誉的人，他的声誉就会一天一天地减损，最后灾祸也就来到了。

《孔子家语》通行本上也有类似的教诲，即“良药苦于口而利于病，忠言逆于耳而利于行。汤武以谔谔而昌，桀纣以唯唯而亡。君无争臣，父无争子，兄无争弟，士无争友，无其过者，未之有也。”而在《群书治要·孔子家语》中，讲的是“药酒苦于口而利于病”，实则一样。意思是，良药虽然吃起来很苦，但是对病的痊愈有帮助。忠言虽然听起来使人不悦，但是对矫正行为有帮助。商汤王、周武王的臣子都敢于直言不讳，所以他们的朝代就昌盛起来了。夏桀王、商纣王的臣子大多唯唯诺诺，不敢犯颜直谏，结果他们就灭亡了。如果领导者、君主没有敢规劝他的属下、臣子，父亲没有敢规劝他的儿女，兄长没有可以规劝他的弟弟，普通人没有可以规劝他的朋友，而要想保证自己没有过失，这是从未有过的。

《文子·微明》中还有一句话：“国之将亡也，必先恶忠臣之语。”一个国家将要灭亡的时候，君主一定是厌恶忠臣的犯颜直谏、不喜欢听忠臣的规劝。这些教诲都是提醒领导者要保持明智，要多听别人给自己指正的过失、多听别人好的建议。

五、盛世反求诸己，衰世怪罪别人

《春秋左氏传·庄公十一年》中讲：“禹、汤罪己，其兴也悖焉；桀、纣罪人，其亡也忽焉。”尧舜禹汤在位时，国家之所以兴盛，是因为他们遇事能反省自己而不是责怪别人。相反，桀纣亡国，也正是因为他们不知自省而只会怪罪别人。这就告诉我们，盛世与衰世的区别，关键在于君主治国能否做到反躬自省。

比如，有一天，尧帝在大街上看到两个犯人被押往监狱，就很惶恐，因为他觉得是自己没有治理好，才会有人犯罪，便上前询问：“你们为什么被抓起来？犯了什么样的过失？”这两个人回答：“因为上天久旱不雨，我们没有饭吃，不得已偷了别人家的东西，所以被抓了起来。”尧帝听后，马上对身边押解犯人的狱卒说：“你们把他们放了，把我抓起来吧。”周围的人非常惊讶，都说：“怎么能够把国君抓起来呢？”尧帝非常诚恳地说：“因为我犯了两大过失。第一，我作为一国之君，却没有德行，所以才导致上天久旱不雨，这是我的第一大过失。第二，我作为一国之君，应该承担起君、亲、师的责任，但是我却没有把责任尽到，让他们犯了罪，这都是因为我没有把他们教好，这是我的第二大过失。”

再比如，汤王在位时，也效法尧帝这种“行有不得，反求诸己”的做法。《群书治要·后汉书二》中记载，在遇到大旱时，成汤以六事来自责：“政不节耶？使人疾耶？宫室荣耶？女谒盛耶？苞苴行耶？谗夫昌耶？”意思是说，是我的政事不合法度了吗？是我使用民力太急遽了吗？是不是我的宫室建造得太奢华了？还是女宠干预朝政太猖獗了？是收受的贿赂太多了吗？还是进献谗言的人太猖狂了？

正因为尧舜禹汤都有这种为国为民的高度责任感，所以才能够把天下治理好。因此，领导者能否率先垂范、以身作则，对于一个国家的昌盛是至关重要的。

而衰世之主则恰恰相反。据《淮南子》中记载，夏桀不关心朝政，放纵欲望而没有节制，结果商汤起兵把他关在了焦门这个地方，即使到了这时，他仍不知反省，不认为自己有错，反而后悔没有在夏台把商汤杀掉。商纣王也是如此，自己只知道寻欢作乐，不理朝政，不理百姓疾苦，还制造炮烙等残酷刑罚，最后周武王把他困在了宣室，他同样没有反省自己的过失，而是后悔没有在羑里这个地方把周文王杀掉。像夏桀、商纣这些人，即使遇到灾难，甚至濒临灭亡，还不知道反省自己的过失，还在怨天尤人，下场可想而知。

六、盛世抑损情欲，衰世纵欲享乐

《群书治要·晋书上》中讲："三代之兴，无不抑损情欲；三季之衰，无不肆其侈靡。"意思是说，夏商周三代之所以能够兴盛，无不是因为君主抑制自己七情六欲的享受。到了末期，三代之所以衰落乃至灭亡，也无不是因为君主太放纵自己的情欲、过分奢侈浪费所导致。

在《群书治要·政要论》中，有这样一段精辟的论述：

故修身治国也，要莫大于节欲。传曰："欲不可纵。"历观有家有国，其得之也，莫不阶于俭约；其失之也，莫不由于奢侈。俭者节欲，奢者放情。放情者危，节欲者安。尧舜之居，土阶三等，夏日衣葛，冬日鹿裘。禹卑宫室而菲饮食。此数帝者，非其情之不好，乃节俭之至也。

意思是说，修身齐家治国平天下，关键都在于能够节制欲望。经传（此处指《礼记》）说：“欲不可纵，傲不可长，志不可满，乐不可极。”考察历史会发现，举凡有家有国，之所以能够昌盛，没有不是凭借节俭的；之所以失去所得，也没有不是因为过分奢侈浪费所导致的。节俭的人，懂得节制自己的欲望；奢侈浪费的人，只知一味放纵自己的情欲。放纵情欲的人就危险，节制欲望的人会平安。尧舜居住的地方只有三级土台阶，他们夏天穿粗布衣服，冬日穿鹿皮大衣，衣着都很粗陋。禹王的宫室非常简朴，饮食也非常微薄。这几位帝王并非生来不喜欢奢华，而是因为他们最大程度地做到了节俭。恰是因为节俭，才能够使天下太平。

中国古人讲：“欲是深渊”，一个人的欲望一旦打开，就没有边际。所以《大学》中说，修身、齐家、治国、平天下，首先要从“格物”做起。“格物”就是格除自己的物欲，面对财色名利时能不为所动。“格物”之后，才能够“致知”，智慧才能够显明。“知至而后意诚，意诚而后心正”，只有把心放正，才能够齐家、治国、平天下。所以，领导者要想修身，应该从格除物欲做起，吃、穿、住、行都要力求俭朴，不要奢侈浪费。

中国古人从小就教导孩子要勤俭持家、孝悌传家，所以大多数家庭都能够绵延数代，家道长久。比如，晚清曾国藩先生虽然做到了四省总督，但他仍修身律己，廉洁勤俭，还留下家训遗嘱，告诫子孙务必俭约，不能放纵欲望。古人明白，一个人一生的福分是有限的，不能年轻的时候都消损完。所谓“少年得志大不幸”，少年的时候有钱有势，踌躇满志，便恣情放纵，不知珍惜，很快可能会自尝苦果。所以，人在童年的时候应该积福、惜福。到了中年，用自己的所学所能来贡献社会、回馈国家、造福人民。当心中怀着这样的信念时，即使是承担很重的工作，也不会感受到压力，因为他能够看到自己的工作对于国家、社会、人民乃至千秋万世的价值和意义。由于中国古人很会教导儿孙，所以到老的时候，子孙绕膝，就能乐享天伦。这就是中国古人的人生轨迹，确实非常值得今人学习和效仿。

《尚书》中记载，禹王的孙子、启的儿子太康，身居帝位，却不务朝政，非常喜欢游乐、打猎，放纵情欲而没有节制，百姓对他非常怨恨，他还不知道反省。有一次，他到洛水之南打猎，打了百余天，都不回京都，国民怨声载道，有穷国的国王后羿就把太康拦在了黄河岸边，不让他回国。太康的5个弟弟侍候着他们的母亲随从打猎，在洛水和黄河的交界河湾之处被拦住后，几个弟弟埋怨太康不理朝政导致了现在的困境，就分别作了一首诗来劝诫太康。

第一个弟弟说：“民惟邦本，本固邦宁。予视天下，愚夫愚妇，一能胜予。怨岂在明，不见是图。予临兆民，懔乎若朽索之驭六马。为人上者，奈何弗敬？”意思是说，人民是国家的根本，根本牢固了，国家才能够安宁。我看天下的愚夫愚妇，都能够战胜我。对于民怨，岂能只在乎已经显露的？应该在尚未显露时就有所谋划。我面临亿万的民众，危惧的心情就像用腐朽的绳索驾驭6匹马拉的马车。作为民众的君主，怎么能够不谨慎呢？

第二个弟弟说:“训有之:内作色荒，外作禽荒。甘酒嗜音，峻宇雕墙。有一于此，未或弗亡。”意思是说，我们老祖宗大禹留有遗训:在内兴起迷恋女色之风，在外又兴起游猎的风气，喜欢饮酒、迷恋歌舞而没有节制，住着又高又大、墙上雕绘着图饰的屋宇，有上述情况之一,则没有不灭亡的。这句话很值得人警醒,“有一于此，未或弗亡”，更何况六者都有呢?

第三个弟弟说:“惟彼陶唐，有此冀方。今失厥道，乱其纪纲，乃底灭亡。”意思是说，尧帝曾经占据了冀州这块地方，如今废弃了他的治国之道，扰乱了他的法纪纲常，所以才招致灭亡。

第四个弟弟说:“明明我祖，万邦之君。有典有则，贻厥子孙。荒堕厥绪，覆宗绝祀！”意思是说，我们圣明的祖先，曾是众多诸侯国的君王，他有治国的典章和法则，把这些都遗留给了他的子孙，但是我们现在却荒废了前代人所留下来的事业，覆灭了祖宗，断绝了祭祀!

第五个弟弟说:“乌乎曷归?予怀之悲。万世仇予，予将畴依?郁陶乎予心，颜厚有忸怩。弗慎厥德，虽悔可追?”意思是说，唉，我们将何以回归呀?我的内心充满伤悲。普天之下的人们都怨恨我们，我们还将依靠谁呢?我的内心充满了哀伤，脸上蒙着深深的羞愧。平日没有慎修自己的品德，虽想悔改，难道还能追回吗?

由于古人自幼深受圣贤教育的熏陶,明白“孝悌忠信礼义廉耻”的做人道理，所以当一些君主骄奢淫逸时，身边还有贤德明理之人进行劝告。反观现在，一些领导者也是过得纸醉金迷，但是因为西方价值观的冲击和传统圣贤教育的废弃，导致了不仅身边没有人劝告，大家还赞叹他、称颂他，从而助长了其不良作风，不以为耻,反以为荣。

七、盛世天下为公，衰世天下为私

在《淮南子·主术》中，有这样一段话："成康继文武之业，守明堂之制，观存亡之迹，见成败之变。非道不言，非义不行，言不苟出，行不苟为，择善而后从事焉。由此观之，则圣人之行方矣。"意思是说，周成王和周康王继承了周文王和周武王的基业，遵守着明堂的政教制度，能够明察前代兴亡的轨迹、看清成败的变化，不符合道的话不说，不符合义的事不行，从来不随便说话、不随意作为，能够择善而从。从这里可以看到，圣人的行为是方正的，可以作为后世的师表。

那么，为什么成康之后，想使国家兴盛发达的人很多，但是能够兴盛的却没有呢？《群书治要·汉书七》中用一句话为我们指出了原因："自成康以来，几且千岁，欲为治者甚众，然而太平不复兴者，何也？以其舍法度而任私意，奢侈行而仁义废也。"自周成王、周康王以来，几乎也有上千年了。想使国家大治的人很多，但是太平盛世却不能够再现。这是为什么呢？因为这些君主都舍弃了古圣先王治国的常道，一任自己的私心来行事，结果导致奢侈盛行、仁义废弃，所以盛世不再。再比如，《群书治要·商君子》中说："乱世之君臣，区区然皆欲擅一国之利，而搜一官之重，以便其私，此国之所以危也。"这句话也直接点明了国家衰亡的原因。乱世的君臣都是洋洋自得地想着要怎么样专有一国的利益，想方设法地去选择哪一个官位更重要、哪一个官位更方便谋取私利，这是国家之所以危亡的重要原因。

《孔子家语》中有这样一个典故：

鲁哀公来向孔子请教，说："大礼何如？""子之言礼，何其尊也？""大礼"是怎么样的呢？为什么您一谈到礼,就这样地尊崇它？

孔老夫子说："丘闻之，民之所以生者，礼为大。非礼则无以节事天地之神焉，非礼则无以辨君臣、上下、长幼之位焉，非礼则无以别男女、父子、兄弟、婚姻、亲族疏数之交焉。"孔子讲：我听说，人们之所以能够正常生活，是因为礼发挥着最重要的作用。如果没有礼，就无法按照一个合适的标准来祭祀天地鬼神；如果没有礼，就无法区别君臣、上下、长幼的位置；如果没有礼，就没有办法来辨别男女、父子、兄弟、婚姻、亲族远近亲疏的交往。

"是故君子此为之尊敬，然后以其所能教示百姓。卑其宫室，节其服御，车不雕玑，器不雕镂，食不二味，心不淫志，以与万民同利。古之明王之行礼也如此。"因此，古代治国理政的人都特别重视礼，并且身体力行，以之教导百姓。比如，他们住的房屋很简陋、穿的服饰非常简朴、坐的车子没有特别的雕饰、用的器具也不精雕细刻，饮食不讲究美味，心里没有过分的贪求，能和天下的百姓共享利益。古代圣明的君王就是这样来践行礼的。

哀公听了之后，提了一个很好的问题："今之君子，胡莫之行也？"那为什么今天的国君却不能够这样去践行礼了呢？

孔子回答说："今之君子，好利无厌，淫行不倦，荒怠慢游，固民是尽，以遂其心，以怨其政，以忤其众，以伐有道。"今天的君主追求利益，贪得无厌，荒淫奢侈无度，懒惰怠慢、游手好闲，一味地搜刮百姓的钱财来满足其贪心，使百姓抱怨朝政，并违背众人的意愿去征讨政治清明的国家。“求得当欲不以其所，虐杀刑诛不以其治。”为了满足自己的欲望不择手段，不是依据正常的法度而是任意地使用暴虐严酷的刑罚来诛杀百姓。“夫昔之用民也由前，今之用民也由后，是即今之君子莫能为礼也。”从前的君王治理和役用百姓，都是按照前述的方法，而今天的君官役用和治理百姓都是按照后一种做法，这就是今天的君主、今天的官吏不能够修明礼教的原因了。

为什么政教不修，礼仪不能够复兴？就是因为当君的、为官的不能够率先垂范，他们已经习惯于骄奢淫逸的生活，把升官作为发财求利的手段，没有想到身为领导者应该是为人民服务、为天下谋福利的。

所以，古之盛世君王，他能够崇尚道义，崇尚道德仁义礼，以天下为公，而衰世之主违背道义，以天下为私，无非是升官发财、以权谋私。

通过以上七个方面的对比，可以看到官德修养与国家盛衰之间有着直接而密切的联系。我们学习历史，总结出这些历史经验，可以以古鉴今，为现代的领导者修身、齐家、治国、平天下提供借鉴。

第八章　八观六验的观人论

诚然君德修养攸关社稷安危，然而，同样身为管理者阶层的官员，其德行品质对于国家的兴衰安危也是同等重要。因此，中国古人非常重视观人，原因不一而足。首先，观人是为了知人善任。只有对一个人认识透彻，才能委以重任，用之不疑。孔子曾言“不患人之不己知，患不知人也”[1]。若要知人，必先会观人。其次，观人始于自知，即欲知人者，必先自知。老子言“知人者智，自知者明”[2]，唯有先了解自己，才能更好地去观察别人。《孟子·尽心上》说“知其性，则知天矣”，人能清楚自己的本性，进而才能知道万物的本性；洞察了自己的特点，才能更好地了解别人的特点。最后，观人旨在提升自己的品性。观人，并非是为了与人勾心斗角或者处心积虑以对付别人，而是为了更好地提高自己的德性，进而去帮助别人，以期移风易俗、化成天下。

在《群书治要》中，观人之法屡见不鲜。如《吕氏春秋》中说，观人必须内以“八观六验”，外以“六戚四隐”，内外兼取，才能全面观察到一个人的本性。所谓“六戚”，指的是父、母、兄、弟、妻、子这六种非常亲密的关系。其意是，当对某人委以重任时，首先要向他的父母了解一下这个人是否孝敬。中国古人说“求忠臣于孝子

1 《论语·学而》。

2 《老子·第三十三章》。

之门”，如果在家不能孝敬父母，对父母没有恭敬心，这个人对领导也必不能真心尽忠。其次要向他的兄弟姐妹了解一下他能否尊敬兄长、帮助弟妹。一个人如果连自己最亲近的兄弟姐妹都不能给以帮助，那他对朋友也势必不能坦诚相待。最后还要问问他的妻子、儿女。这些人与其朝夕相处，对他的生活习惯、品行知之无遗。一个人在外可以粉饰装扮、衣冠楚楚，在家就极有可能会将本性暴露无遗。因此，可以通过“六戚”来观察一个人。所谓“四隐”，指的是四种相互隐恶扬善、可以信任的关系。第一，交友，就是一个人现在所交的朋友。第二，故旧，就是以前交过的朋友。第三，邑里，即同乡。第四，门廊，即邻居。这四种人对一个人的过去、现在都了解得很清楚，足供人们参酌鉴识。故而，对人委以重任殊非易事，要对其“六戚四隐”做详细调查，真切了解一个人的本性，然后才能决定是否任用。

一、八观之法

《吕氏春秋·论人》上所言“八观”，即“通则观其所礼，贵则观其所进，富则观其所养，听则观其所行，近则观其所好，习则观其所言，穷则观其所不受，贱则观其所不为。”意思是说，一个人亨通显达了，就看其能否保持谦恭有礼；地位尊崇了，就看其能举荐什么样的人；富足有钱了，就看其是否能结交贤德的人，“养则养贤也”；听他的言语，看其是否去身体力行、能否做仁德之事，“行则行仁也”；亲近他，看他是否喜好道义，“好则好义也”；具体做事的时候，看他是否言必称古圣先贤之道、是否会遵循，“言则言道也”；穷困潦倒时，看他是否能不接受不义之财；地位卑下时，看其是否能不做不义之举。这是《吕氏春秋》上讲的“八观”，下面来看一下另一种理解的“八观”。

（一）观言

观言，即观察一个人的言语。《周易·系辞下》有言：“将叛者其辞惭，中心疑者其辞枝，吉人之辞寡，躁人之辞多，诬善之人其辞游，失其守者其辞屈。”大意是说，将要背叛的人，其言辞会显得惭愧不安；心中有疑虑的人，其言辞就显得散漫枝节；贤明有德的人，言辞很少，因为他内心很平静；相反，一个人心浮气躁，表现在外就是爱说话，言辞很多；诬陷好人的人，其言语就表现得游移不定；失去操守的人，言辞便显得屈服、唯唯诺诺。《了凡四训》在讲到一个人做恶事之后，形容其“见君子而赧然消沮”。就是看到德行很高的人，其内心就感到非常惭愧不安，表现在言辞上便是支支吾吾。古人谓“言为心声”，故知人莫善于观言。

《论语》中有很多经典的观言之例。比如，“巧言令色，鲜矣仁”[1]，一个人花言巧语，致力于言语的好听，而伪装出和善的面目，便很少有仁德之心。因此，“君子不以言举人”[2]，不能因为一个人说得很好听，就对其委以重任。又说“君子欲讷于言而敏于行”[3]，君子在言语上应该缓慢不疾，但在行为上要敏捷、雷厉风行。再如“有言者不必有德”[4]，一个人言语虽然动人，却未必实有其德。孔子谓既

1 《论语·学而》。
2 《论语·卫灵公》。
3 《论语·里仁》。
4 《论语·宪问》。

要听其言，还要观其行，便是此理。

《群书治要·中论》云："夫利口者，心足以见小数，言足以尽巧辞，给足以应切问，难足以断俗疑，然而好说不倦，谍谍如也。"能言善辩的人，其心智足以洞察到微细之处，其言辞足以达到矫饰巧妙的地步，其辩解足以应对急切的追问，其诘难也足以断定世俗之疑虑。然而，由于其喜欢言谈而不知疲倦，便显得喋喋不休。"夫类族辨物之士者寡，而愚暗不达之人者多，孰知其非乎？"在世间，能够按类归纳推理，然后分辨事物的人很少，而愚钝、被蒙蔽、不通达的人却很多，谁知道其言辞之错误？因为一个人的口才很好，读书很多，甚至有很高的学历，善言矫饰，世俗之人很容易对其信而不疑，殊不知其言悖谬，不合大道。"此其所以无用而不见废也，至贱而不见遗也。"这就是他之所以没有什么用处却不被废黜、之所以低贱却不被遗弃的原因。"先王之法：析言破律，乱名改作，行僻而坚，言伪而辨者杀之。为其疑众惑民，而浇乱至道也。"古圣先王有法令规定：凡能言善辩、曲解律法之人；混乱礼法名分、改易原意之人；行为邪僻却坚持不改之人；言辞虚伪而巧辩之人，皆处以死刑。因为这些人的言语足以迷惑百姓，使其无法分清是非善恶，从而会扰乱正常的社会秩序。就像孔老夫子刚做鲁国大司寇时，就诛杀了"行僻而坚、言伪而辩"的少正卯。因为这个人口才非常好，把不符合道、不符合规律、不符合人性的歪理邪说讲得"头头是道"，甚至孔老夫子的很多弟子都被吸引去听讲。连这些跟着孔老夫子学了很长时间的弟子尚且不能分辨是非、不能就正道而黜异端，更何况凡夫俗子？故而，孔子举其五恶而诛之，使人们不为好辩之言而迷失其本。

《群书治要·汉书五》中所载之事亦有合于此理者。有一次，张释之和汉文帝一起出行，文帝登上虎圈，向上林苑的主管询问禽兽簿上的事情。一连问了十几个问题，上林尉却左顾右盼、一个都答不上来。而旁边一个官职很低的啬夫，就代替上林尉回答。对于文帝询问的禽兽簿上的问题，他都非常熟悉，而且为了显露才能，他有问必答、滔滔不绝。结果文帝听了，果然很欢喜。这时，文帝也忘记了孔老夫子的教诲——“巧言令色，鲜矣仁”，就说：“当官吏的人不就应该这样吗？”便欲下诏拜这个啬夫为上林令。上林令是当时管理上林苑最高的官职、比上林尉还高。张释之看到后，赶忙上前劝谏，就问文帝：“您觉得绛侯周勃是什么人呢？”（周勃是西汉著名的军事家和政治家，也是西汉的功臣，因为被封在绛县，所以称为绛侯。）文帝说：“他是位长者。”张释之又问：“东阳侯张相如何人也？”（张相如也是因有战功而被封侯，他在西汉一百四十三位功臣中列居一百一十八位。）文帝回答：“他当然也是位长者。”张释之就说：“您看绛侯、东阳侯都是德高望重的长者，但这两个人在上书言事的时候，竟然讲不出话。而您现在越级提拔这个上林令，岂不是想让大家都仿效其喋喋不休的口辩之才吗？秦国任用了只会舞文弄墨的刀笔之吏，这些人争相以亟疾苛察相比试。做事很急迫，督察又非常严苛，结果导致徒有官文的形式，而无实际的德行和恻隐之心。秦始皇因为听不到自己的过失，所以逐渐衰败，到了秦二世，天下就土崩瓦解了。现在陛下因为这个啬夫能言善辩，就越级提拔他，我恐怕天下会随风响应，争相去求能言善辩而不求实德。况且下级顺从上级，速度如响之应声、影之随行。因此，您的每一个政策、每一个举动，都不能够不审慎、不明察。”文帝听后，也受到警醒，称赞他说得好，便放弃了把这个人封为上林令的想法。所以，观言应由表及里，观其内心之本性善恶，切忌徒观其言而不察其实。

《群书治要·傅子》中有段话，“上好德则下修行，上好言则下饰辩。”如果君主喜欢道德，那么属下就会纷纷修养自己的品行；如果君主喜欢言谈，那么下边的人都会争相修饰言辞、文过饰非。“修行则仁义兴焉，饰辩则大伪起焉。”人人都重视修养品行，天下的仁义之风就会兴起来。倘若人人都去逞言饰辩，虚伪的风气也会随之而起。古人谓之上行下效，这是必然的征兆。“德者难成而难见者也，言者易撰而易悦者也。”但是德行的成就是很难的，不仅需要长期修养熏修，而且也很难被发现，而言语却是很容易编撰的、也很容易取悦于人。“先王知言之易，而悦之者众，故不尚焉。”古圣先王都知道说很容易，且爱听好话的人很多，所以并不崇尚言谈。“不尊贤尚德、举善以教，而以一言之悦取人，则天下之弃德饰辩以要其上者不尠矣。”如果不尊崇贤能之人、不重视道德、不能通过引导人们向善来教化百姓，却只会说好话取悦人，那么天下背弃道德而追求言辞修饰来要求君主给予封赏的人就不会少。这都是因为“德难为而言易饰也”，德行很难修养、很难成就，但言语却很容易修饰，所以孔子说“听其言而观其行”[1]。不过，懂得观言之妙尚不足，还应懂得“观言不如观事”之理。

（二）观事

观事，就是要看一个人具体所做的事情以及如何去做的方式。

---

1 《论语·公冶长》。

在《论语·卫灵公》中，孔老夫子说："众恶之，必察焉；众好之，必察焉。"如果大众都厌恶一个人，你不要轻易地相信，要认真地去考察；如果大众都喜欢一个人，你也不要认为他很有德行，也要认真地去考察。同样，在《论语·子路》中，子贡曾问孔子："乡人皆好之，何如？"全乡的人都称赞他，认为他好、喜欢他，能否以此判断他就是一个善人？孔老夫子回答说："未可也"，不一定。子贡又问："乡人皆恶之，何如？"如果全乡的人都厌恶他，那可不可以判定这个人就是个恶人呢？孔老夫子还是说："未可也"，仍然不能判定。孔子继续说："不如乡人之善者好之，其不善者恶之。"不如全乡里善良的人都喜欢他、不善良的人都厌恶他，这样才能够判断出这个人的善恶。

"观事"之重，可鉴于《群书治要·史记上》所叙。齐威王刚即位时，九年之间，诸侯都来讨伐他，致使国家得不到治理。于是，齐威王就把即墨的大夫（即负责治理即墨的地方官）召来，对他说："自从你到即墨上任后，毁谤你的言语，几乎每天都能听到。但我派人去视察，发现那里的田野都得以开辟，人民丰衣足食，官府也没有积压的公事，东方地区因此得以安宁，这些毁谤之言是因为你不会讨好我的左右，以求得赞誉的缘故。"于是，封一万食邑给即墨大夫。接着，他又把阿地的大夫召来，对他说："自从派你去驻守阿城，每天都能够听到赞誉你的声音。我派人去视察，发现那里的田野没有开辟，人民过着贫苦的生活。以前赵国攻打甄的时候，你不能出兵去援救；魏国获取薛陵的时候，你居然都不知道。这些赞美之言是因为你以重金巴结我的左右，以求取声誉所导致的。"所以当天就烹杀了阿地大夫以及齐王身边曾经赞誉过他的人。后来，齐王起兵向西攻打赵国、魏国，结果在浊泽打败了魏军，齐国上下震惧，人人都不敢再文过饰非，做事都尽本分、求真实，最终齐国得到了治理。其他诸侯听到此事，也都不敢再轻易地与齐国打仗了。这则故事告诉我们，即使很多人称赞一个人，也要考察一下，看看这些人是不是因为都接受了其贿赂，所以才帮他说好话。同样，即使一个人受到很多人的毁谤，也要进一步考察这些人是不是都贪污受贿，为了排挤忠臣，所以才群起诽谤。所以，观人不仅要观察一个人的言语，更要寻名求实，考察一个人的具体行事。古人谓“盛名之下，其实难副”。“观言不如观事”，便是此理。

《六韬》中也讲，如果不能审慎地考察一个人所做的具体事情，只是听多数人的赞毁，很可能就会做出错误的判断。“君以世俗之所誉者为贤智，以世俗之所毁者为不肖，则多党者进，少党者退，是以群邪比周而蔽贤，忠臣死于无罪，邪臣以虚誉取爵位，是以世乱愈甚，故其国不免于危亡。”如果君主以世俗大众所称赞的人为贤德、智慧之人，以世俗大众所毁谤的人为不肖之徒，那么党徒多的人就会被举进，党羽少的人就会被罢退。这样的结果是：邪曲不正的人结党营私，排除异己，把真正贤德的人给蒙蔽，致使信者见疑、忠者被谤。而且他们以虚有的声誉，取得了领导的位置，也会导致世间的乱象越来越严重，国家就免不了要危亡。实际上，这也从一个侧面为现代人认识民主制可能产生的弊端提供了参考。因为民主制就是看大多数人的意见，如果大多数人都是自私自利的，而且党同伐异，那么选出的领导必非真正有德之人。观言之余更要观事，便是要杜绝逞口舌之能之徒混淆是非，而荐举干练之才、有为之人。

在《新序》中就记载着一则“观事”的故事。子路治理蒲县三年，有一次，孔老夫子路过，刚进蒲县县境，就说：“子路治理得不错，做到了恭敬、诚信。”到了城镇，他说：“子路治理得不错，做到了尽忠职守，而且对待百姓宽厚。”到了县衙，又说：“子路治理得不错，做到了明察秋毫以审断案件。”子贡听后，手执着马缰就问：“夫子还没看见子路，就三次称赞他治理得不错，为什么呢？可不可以讲给我听听？”孔老夫子说：“我刚进入蒲县县境，看到荒地都得以开垦，田野都修治得很整齐，沟渠也都挖得很深，这是因为子路恭敬诚信，所以民众才愿意竭尽全力做事。到了城镇，我看到房屋、垣墙都很高、很牢固，树木也长得很茂盛，这是因为他对待民众忠诚守信，且宽厚，所以人民才不会苟且马虎。到了衙门，发现没有什么需要处理的事，非常清闲，这是因为他平时判案能够明察秋毫，所以人民就不会轻易地来打扰他。”这则故事告诉我们，通过观察一个人所做之事，可以看出一个人的内心。人心之善恶正邪，必然发为辞色呈露于外，只要注意观察，便可以看出来。

（三）观行

所谓“观言不如观事，观事不如观行。”《说苑》中提出了“六正六邪”，以观人之行。

人臣之行，有六正则荣，犯六邪则辱。何谓六正？一曰萌芽未动，形兆未见，昭然独见存亡之机，得失之要，预禁乎不然之前，使主超然立乎显荣之处。如此者，圣臣也。二曰虚心白意，进善通道，勉主以礼义，谕主以长策，将顺其美，匡救其恶。如此者，大臣也。三曰夙兴夜寐，进贤不解，数称于往古之行事，以厉主意。如此者，忠臣也。四曰明察极见成败，早防而救之，塞其间，绝其源，转祸以为福，使君终以无忧。如此者，智臣也。五曰守文奉法，任官职事，不受赠遗，衣服端齐，食饮节俭。如此者，贞臣也。六曰国家昏乱，所为不谀（谀作道），敢犯主之严颜，面言主之过失。如此者，直臣也。是谓六正也。

若人之行能达到此“六正”之一的，便足可取用授任。然而，此“六正”之臣实属难得，得其一，便足以正视听、黜奸佞。若有佞臣谗言，人君仍能用而不疑，亦属不易。故人君不但要奖掖此“六正”之臣，尤应辨别“六邪”之人。

“六邪”，是指臣子六种邪曲不正的行为。

“一曰安官贪禄，不务公事，与世沉浮，左右观望。如此者，具臣也。”一个人安享官位，贪图俸禄，心思根本不放在公事上，随波逐流，做事左右观望，这样的人是具位充数之臣，即“具臣”。

“二曰主所言皆曰善，主所为皆曰可，隐而求主之所好而进之，以快主之耳目，偷合苟容，与主为乐，不顾其后害。如此者，谀臣也。”君主说的话都说好，君主做的事都认可，暗地里探求君主的喜好并搜集进奉，以愉悦君主的耳目，一味苟且地迎合君主的意思，以求荣身，与主寻欢作乐，而不顾及有何危害，这样的人是“谀臣”，即阿谀奉承的臣子。《贞观政要·求谏》中说，“若人主所行不当，臣下又无匡谏，苟在阿顺，事皆称美，则君为暗主，臣为谀臣。君暗臣谀，危亡不远。”如果君主行事不当，臣子又不劝谏，反而一味讨好巴结，那么这样的君主就是暗主，臣子就是谀臣。君暗臣谀，危亡也就不远了。

“三曰中实险诐，外貌小谨，巧言令色，又心疾贤，所欲进则明其美、隐其恶，所欲退则明其过、匿其美，使主赏罚不当，号令不行。如此者，奸臣也。”一个人心中险诈邪僻，外表却谨小慎微。善于花言巧语，致饰于面目的伪善，其实内心嫉贤妒能。对于他要举荐的人，就宣扬其美德，隐藏其过恶；对于他要罢退的人，就宣扬其过恶，隐匿其美德，使君主赏罚不当，号令不能施行，这样的人被称为“奸臣”。《新序》中记载，楚恭王生了大病，知道自己快不行了，就把令尹召过来，对他说：“常侍管苏和我相处时，常常用道义来劝导我，我和他在一起就感到不自在，不见他，也不会思念他。虽然如此，他对我还是很有帮助，他的功劳不小，一定要重用他。而申侯伯和我相处时，常放纵我的欲望，我的行为肆无忌惮，他也不劝谏。我喜欢的，他劝我去做；我喜好的，他就先我去尝试，我和他在一起感到非常快乐，看不到他就很是想念。虽然如此，他对我却没有帮助。他的过失不小，一定要赶快把他打发走。”令尹深知其意。楚恭王过世，令尹就拜管苏为上卿，委以重任，而把申侯伯逐出了楚国。

“四曰智足以饰非，辩足以行说，内离骨肉之亲，外妒乱朝廷。如此者，谗臣也。”他的智慧足以文过饰非，他的口才足以到处游说，在宫内可以离间君主的骨肉亲情，在宫外因为他善妒而能使朝廷混乱，这样的臣子称为“谗臣”。

“五曰专权擅势，以为轻重。私门成党，以富其家。擅矫主命，以自显贵。如此者，贼臣也。”一个人独揽大权，以定轻重；巴结权贵、结党营私，为的是使自家富裕；擅自篡改君主的命令，为的是自己显达、富贵，这样的人是“贼臣”。

“六曰谄主以邪，坠主于不义，朋党比周，以蔽主明，使白黑无别,是非无闻,使主恶布于境内,闻于四邻。如此者,亡国之臣也。”用邪曲不正的道理谄媚巴结君主，陷君主于不义；结党营私、排除异己，蒙蔽君主的圣明，使君主黑白混淆、是非不分；使君主的恶名传布于国内，闻于四邻，这样的臣子被称为“亡国之臣”。如果君主任用的是这样的臣子，就会使国家陷于危亡。

故而，观人之行不仅要知“六正”，更要明辨“六邪”。古人谓良药苦口、忠言逆耳，正者难容而邪者易进。人君唯有明察人臣之正邪，方能扬善除恶，避免危亡。

（四）观友

观友,就是观察一个人所结交的朋友。《群书治要·孙卿子》上说，“夫人虽有性质美，而心辨智，必求贤师而事之，择贤友而友之。”一个人虽然禀性质朴美善，心智聪慧，但还是必须求得贤师学习、选择贤友交往。“得贤师而事之，则所闻者尧舜禹汤之道也。”如果你得到的是真正贤明的老师，并向他学习，那么你每天听到的就都是尧舜禹汤的道理。这些古圣先王都是“行有不得，反求诸己”，因此德行都很高，确实可以让后人效仿。“得良友而友之，则所见者忠信敬让之行也。”如果得到好的朋友，并和他交往，那么你所见到的就都是忠诚信实、恭敬礼让的品行。“身日进于仁义而不自知者，靡使然也。”你每天进修仁义以求进步，却不知不觉，这是潜移默化的结果。“今与不善人处，则所闻者欺诬、诈伪也，所见者污漫、淫邪、贪利之行也，身且加于刑戮而不自知者，靡使然也。”如果现在结交的都是不善之人，所听的都是欺骗、巧诈、虚伪的言语，所看的都是邪污、卑下、放荡、邪曲不正、贪图利益的行为，致使自己遭受刑罚还不知不觉，这也是潜移默化的结果。所以，择友不可不慎。孔子曾言“无友不如己者”[1],“无”同“毋”,是指不要。《荀子·劝学》又言“蓬生麻中，不扶自直”，蓬草本是很软、很弯曲的，但是生在笔直向上的麻地里，它自然也会向上生长、也会长得笔直。古人常说“亲附善友,如雾露中行,虽不湿衣,时时有润”,亲近善良的、有德行的人，和这样的人交朋友，就像在雾水、露水中行走，虽然湿不了衣服，但时时受其德风的滋润，不知不觉间也能受到好的熏陶。

《吕氏春秋》中记载一则故事：楚国有一个善于看相的人，他给别人看相，所预测的都和实际非常吻合。楚庄王很奇怪，就去向他请教。这个人回答:“我并不是能给人看相，只不过是观察这个人所结交的朋友。如果这个人是平民百姓，他所结交的朋友都能够孝敬父母、友爱兄弟、尊敬长辈、淳厚善良、行为谨慎、畏惧法律,这样的人，他的家庭会一天比一天过得好、身心也会一天比一天安定，这就被称为‘吉人’。如果这个人是侍奉君主的臣子，他所结交的朋友都能诚实守信、喜好品行和善德，这样的人，他侍奉君主会一天比一天侍奉得好,官职也会一天比一天高升,这就是‘吉臣’。如果这个人是君主，他的朝臣都是贤德之士，左右侍奉的人也都很忠诚，他一旦犯有过失，群臣能犯颜直谏，为他指正，这样的君主,他的国家会一天比一天安定，他自己会一天比一天受人尊敬，天下百姓更会一天比一天心悦诚服,这就是‘吉主’。我不是会给人看相,只不过是会观察这个人所结交的朋友而已。”故事里的看相人只是通过观察一个人所结交的朋友,就能够判断出他的前途命运。可见,

1 《论语·学而》。

朋友对自己的影响实是深远。因为“近朱者赤，近墨者黑”，看一个人所交的朋友，大概便能知晓此人如何了。

《孔子家语·六本》中也记载着一篇孔老夫子的教诲。孔老夫子说:“我过世后，子夏的德行会与日增进，而子贡的德行却会与日俱减。”曾子问其故。孔老夫子就说:子夏喜欢和比自己贤德的人相处;而子贡恰恰相反，他喜欢和那些不如自己的人交往。“不知其子，视其父;不知其人，视其友;不知其君，视其所使。”如果你不知道儿子怎么样，就观察他的父亲;如果你不知道这个人怎么样，就看他结交的朋友;如果你不知道君主、领导什么样，就看他的属下、所执事的人，这样你就能知道他们什么样了。“故曰:与善人居，如入芝兰之室，久而不闻其香，即与之化矣;与不善人居，如入鲍鱼之肆，久而不闻其臭，亦与之化矣。是以君子必慎其所与者焉。”与善良的人交往，就像进入种着芝兰的房屋，久而久之，你闻不到它的香味，因为你已经被它同化了。和不善的人交往，就如同进了一家卖鲍鱼的店铺，刚开始，或许还觉得腥臭难闻，但在里面待久了，就闻不到这种腥臭了，因为你也被它同化了。所以君子必须谨慎地结交朋友。古人谓“同声相应，同气相求”，“方以类聚，物以群分”，说的正是交友之重。这是“观友”，即如何通过观察一个人所结交的朋友而推及此人之德行。

（五）观德

观德，就是观察一个人的德行。“观德”有很多方法，比如《六韬·文韬》提出从“仁义忠信勇谋”六个方面（即“六守”）来观察一个人的德行。“富之而不犯者，仁也。”让一个人富裕起来，而他能不触犯礼法，这是仁的表现。“贵之而不骄者，义也。”使一个人尊贵，而他不骄慢，这是义的表现。“付之而不专者，忠也。”授予其官职，而他不独断专行，这是忠的表现。“使之而不隐者，信也。”让他去做事，而他对你没有隐瞒，这是信的表现。“危之而不恐者，勇也。”让他处于危境，看看他是否恐惧。如果他泰然自若，说明此人勇敢。“事之而不穷者，谋也。”让他处理一些事情，甚至是突发事件，看看他会不会困窘。如果他不困窘、不会计穷，说明他有谋略。这就是“六守”。注意这六个方面不可颠倒，必须按照仁义忠信勇谋的次序，因为仁义忠信是基本的、也是首要的德性，没有这四点，便不足以谈及其他。所谓“观德”，在古代中国，实际上便是观察人是否具有仁义忠信这些德性。

观察一个人的德行，首先要看他是不是谦虚。如果一个人有了功名、有了成就，仍很谦虚，能够自卑而尊人，这个人便是有实德。《群书治要·说苑》上还讲了另一个版本的“六守”：“吾闻之曰，德行广大而守以恭者荣。”德行很高尚，对人还很恭敬，这样的人便能够荣显。“土地博裕而守以俭者安。”土地很广博、很富裕，还能够守持节俭，不奢侈浪费，这样的人便能够得到安宁。“禄位尊盛而守以卑者贵。”官高位尊，还能够谦恭有礼、卑微自处，这样的人便能受到尊敬、更显尊贵。“人众兵强而守以畏者胜。”人口众多，军队势力强大，还懂得小心谨慎，这样的人便能战无不胜。“聪明睿智而守以愚者益。”一个人很聪明、很有智慧，还能守持着愚拙的姿态，这样的人便能增益他的道德学问。因为一个人一旦自恃其才，觉得自己比别人都强，那他就不会谦虚地向人学习、请教，他的人生也就不能再有所进步了。“博闻多记而守以浅者广。”一个人记忆力非常好，见闻广博，还以才疏学浅自居，这样的人便能学到更广博的知识。“此六守者，皆谦德也。”这六种能持守的行为，都是谦德的表现。“贵为天子，富有四海，德不谦者，失天下，亡其身，桀纣是也，可不慎乎。”一个人贵为天子，富有四海，却不谦虚，结果失去天下，丧失性命，这就是桀纣的所作所为，怎么能不谨慎呢？“故《易》有一道，大足以守天下，中足以守国家，小足以守其身，谦之谓也。”《周易》上有个道理，大可以守护天下，中足以守护国家，小可以守护自身，这就是谦德。像前面讲的，《周易》里只有谦卦，六爻皆吉。一个人才华横溢、有权有势，但还非常地谦卑，自卑而尊人，不居功自傲。这样的人即使很有成就也不会招人嫉妒，这正是拥有谦德所致。

古语说，“观德于忍，观福于量”。看一个人有没有德行，就看他能不能忍。“忍”字意味深长，内容也包罗甚广。比如，利益现前的时候，能够见利思义而忍住不贪，这是德行的表现。当美色现前，忍住不去贪爱而放纵自己的行为，这也是德行的表现。被人毁谤、误解，甚至遭人批评、怨恨，能忍住不辩解、不打击报复，这是德行的表现。贫穷时，能够忍住不埋怨，奋发图强，用自己的双手去创造生活，白手起家，到事事如意、受到恭维时，能忍住不起欢喜心，这还是德行的表现。不仅逆境淘汰人，顺境同样可以。因为顺境可以消磨人的意志，让人贪图享受、放纵自己的情欲。在面对这些境遇时，能不去贪恋，更是德行的表现。孔老夫子的弟子颜回，请教夫子什么是“仁”时，孔老夫子说“克己复礼为仁”，能克制自己的欲望、私利，回归礼的规范，依礼而为，这才是仁的表现。所以，古人说“一切法得成于忍”，一个人有没有德行，就看他难忍时能不能忍。

“观福于量”，看一个人有没有福德、以后有没有成就，就看他是不是心量很大、是不是心胸宽广。中国人说“量大福大”。明朝袁了凡先生年轻时仕途不顺，经云谷禅师点拨，反省是因为己不能容人，认为别人都对不起他，此后便洗心易行，拓宽心量，最终改造了自己的命运。不能恕人，这是心量不够广大。

此外，观察一个人的德行，重要的是要做到周瞻兼顾、综合考虑。《晏子·问上》中记载，齐景公向晏子问求贤之道。晏子说：“通则视其所举，穷则视其所不为，富则视其所分，贫则视其所不取。”意思是，当一个人通达、得志时，就看他能举荐什么人，是贤德之人？是结党营私的人？还是自己的亲属？当一个人穷困潦倒时，就看他能否不做不符合道义的事。例如，范仲淹先生小的时候，家境非常贫寒。有一次，他到一所寺院读书，从树底下偶然发现一坛金子。尽管生活非常困难，但他知道这金子不属于自己，便又把它埋回树底下。后来，他考中科举，做了宰相，一人之下，万人之上。某天，这所寺院的方丈来向他化缘，想重修寺院。范仲淹就告诉他，其实寺院里就有足够的财宝，有坛金子埋在树底下。方丈一找，果然找到了。此所谓“人穷志不短”——不苟取、不苟得。当一个人富裕时，就看他是不是会与人分享、惠施财富。在《论语·泰伯》中，孔老夫子曾说过：“这个人即使有周公的才华，如果他骄傲又吝啬，那么其余的地方都不值一提。”这就是所谓的“富而好礼”。当一个人很贫困时，只要恪守道义，必定有所不取。这就是孟子所说的“贫贱不能移”[1]。

1 《孟子·滕文公下》。

晏子继续讲道："夫上，难进而易退也；其次，易进而易退也；其下，易进而难退也。"这是说，观察一个人贤德与否，可分为三个等级。最贤德的人很难进朝为官，就像诸葛亮，若想请他出山，必须恭敬谦卑、三顾茅庐。因为这等贤德之人，并不贪图私利，他们出来做事不是为了自己的功名利禄，而是为了施展所学，以辅佐君主、匡扶天下，使人心安定、社会和谐。如果君主识人不明，认识不到他们的贤德，那么他们即便入朝，也对君主了无帮助。不过，他们易于度时明势，及时抽身而退，自求逍遥。次一等的人"易进而易退"，既易于出仕，又易于告退远遁。第三等之人"易进而难退"，这样的人急于进朝为官，但退之甚难，盖因私心难厌之故。对此，古人有高明之法以察其心，即选举任用那个推辞次数最多的人。因为这样的人，不争名好利，没有私心。他看到了君主、领导对他的诚心，他才受任辅佐，其心在百姓获利、苍生得福，故能君臣合心，一展其志。此所谓"观德"，选人之必知也。

（六）观佞

观人不仅要察德识忠，更要会辨奸知佞。在前文中，我们讲了《韩子》上的一段话，里面明确界定了何为奸佞之臣。"凡奸臣者，皆欲顺人主之心，以取信幸之势者也。是以主有所善，臣从而誉之；主有所憎，臣因而毁之。"凡是奸臣，都会想着顺从君主、领导者的心思去做事，为的是取得他们的信任和宠幸，以求能加官进爵。君主认为好的，他就跟着去赞叹；君主所憎恶的，他也跟着去诋毁。这就是奸佞之臣。

《新序》中有个故事，反映了奸佞之臣的特点。齐国有位田巴先生，他内在德行修养很好，名声远扬在外。齐王听说他很贤明，就召他进朝，问他怎样治理国家。临行前，田巴先生穿了件新衣服，整理好须发，戴上帽子，束好腰带，回头问他的宠妾怎么样，他的宠妾说“佼”，意思是很好、很漂亮。出门时，他又问侍从怎么样，侍从也说“佼”。但当他路过淄水时，看着河水中自己的倒影，发现自己其实长得非常丑陋。这件事启发了他。在面见齐王时，齐王问他怎么办理政治，他就回答：“办理政治，最重要的在于正身。而正身的根本，则在于左右的群臣。今天大王要召见我，我就穿了件新衣服，还把头发、胡须都整治一新。快要出门时，我问宠妾怎么样，宠妾因为爱我，就阿谀奉承地说很漂亮。将出门了，我又问侍从，侍从因为畏惧我，也说很漂亮。但是，后来我路过淄水，看到水中的倒影，才知道自己实际上很丑陋。如今大王您身边的臣子、宠妾，阿谀奉承的人恐怕不止两个吧！如果您能面临淄水，也会看到自己的过恶，有过失就马上改正，这样齐国就能够得到治理了。”可见，田巴先生非常有智慧，他去见齐王时正巧遇到这件事，就借题发挥，以此来劝谏齐王要任用敢于犯颜直谏的人，而不要任用那些阿谀奉承的人，这样才能够看到自己的过失。《邹忌讽齐王纳谏》及诸葛亮在《出师表》中说的“亲贤臣远小人”都是此理。自古以来，奸佞小人常易得志，恰因为其能混淆视听、惑人之心，为世人所深恶痛绝，不得不防。所以，“观佞”便是要正左右，进贤退佞，此人君不得不必知之道、必备之能。

（七）观心

古人曾云“相由心生”“言为心声”，就是说，一个人的心理状态能从其言行相貌表现出来。因此，从一个人的言行相貌可逆知其心，此所谓“观心”。

“言为心声”，即通过观察人的言语，能看出其内心之仁厚刻薄。《格言别录》中说：“德薄者，其心刻傲，见人皆可憎，故目中所鄙弃者众。”德行浅薄的人，往往心地刻薄傲慢，见到每个人，感觉都有可憎恶之处，以为皆不如己，故其鄙视的人很多。相反，“德盛者，其心和平，见人皆可取，故口中所许可者多。”德行高尚的人，往往心平气和，见到每个人，认为都有可取之处、都值得自己学习，所以他口里所赞叹认可的人就很多。因此，我们观察一个人的德行是宽厚还是浅薄，听听他的言语，就能判断了。

此外，中国人还经常说“相由心生”，是指一个人的仪容外表总受其心理因素的影响。我们仔细观察，便会发现，但凡宽厚的长者，都有一种慈眉善目之相，令人一见便欲亲近，而内心曲邪不正之人则多呈贼眉鼠眼之相。这是因为，一人的相貌或者神情大都能显露出其内心世界，使人一看便知。比如，奸邪之人，看上去大多阴险狡诈；身犯杀人抢劫等重罪之人，则目露凶光；好色之徒，其眼神猥琐。所以，以相观人，大致可知其心善恶，当然也不能一概而论。当今世人爱美之心方炽，常欲受刀药之苦而换其容颜，以示其姣好之面。殊不知此行不但不能益人之美，反而欲盖弥彰，其真实面目终会为人所知。

观察人心，重要的是观察此人是否有仁爱、恻隐、同情之心。《韩诗外传》中有则故事：有一次，田子方外出，看见道路旁有一老马，弃之无养，羸弱不已。他就长叹一声，问马夫这是谁家的马。车夫回答：“这是公家的马，因为疲老不能再用，所以就被放逐了。”田子方说：“年轻的时候用尽了它的力气，等年老力衰了，就把它丢弃，这是仁者所不为的。”于是，就花钱赎回此马。贫寒的读书人、士人听闻此事，便知道应当归附像田子方这样心有仁德之人。对马尚且如此，更何况对人呢？故而，观人之心，以仁德为上。《中庸》中，孔老夫子曾说“仁者，人也”，倘若一人心无仁德，其余何足道哉？

《群书治要·韩子》所记亦有此理。战国之际，魏国将领乐羊去攻打中山国，他的儿子恰身在中山，结果中山国的国君就把他的儿子烹杀了，并送与他，而乐羊居然吃了其子之肉。魏文侯知道后，对堵师赞说：“乐羊因我之故，把他儿子的肉都吃了。”堵师赞就说：“他亲生儿子的肉尚且敢吃，谁的肉他还不敢吃呢？”后来，乐羊攻下了中山，魏文侯虽然赏赐了其功劳，但却疑忌其没有仁德之心。相反，孟孙去打猎，捕获了一头幼鹿，让秦西巴带回去。但是，幼鹿的母亲一直跟在后边呼号，久久不愿离去。秦西巴看到之后，心有不忍，就把幼鹿归还给了母鹿。孟孙听说秦西巴把自己辛苦捕得的猎物居然放回去了，就非常生气，把他逐了出去。但是没过三个月，孟孙又把他召了回来，还让他当自己儿子的师傅。孟孙的车夫就问：“您以前降罪秦西巴，把他驱逐了，现在怎么又让他当您儿子的师傅，这是什么原因呢？”孟孙说：“秦西巴连一头幼鹿都不忍心伤害，他又怎么会忍心伤害我的儿子呢？”所以说，“巧诈不如拙诚”，与其精心于欺诈，不如守拙存诚。乐羊虽然因为有军功而受赏，但却被怀疑其用心；秦西巴虽然获罪，但却获得了信任。心有仁爱与否，确实为人们所欲知。有仁心之人，人皆坦诚相待，反之亦然。而要从根本上去观察一个人，就是看其有无仁爱之心。观心之大，正在观其仁心之宽厚与否。

（八）观诚

“观诚”并不是看一个人是否诚恳，而是指对一个人进行全面省察，看其内心真实状态，进而得出结论。《周书·官人》中记载着翔实的“观诚”之法。“富贵者，观其有礼施。”一个人很富贵，就看他是否讲究礼数、是否乐善好施。“贫穷者，观其有德守。”一个人地位卑贱又贫穷，就看他有没有德行操守。“嬖宠者，观其不骄奢。隐约者，观其不慑惧。”受宠的人，看他是不是不骄慢、不奢侈。处于困境的人，看他是不是没有畏惧之心。“其少者，观其恭敬好学而能弟。”年轻人，看他是不是恭敬好学而又能尊敬长辈、友爱兄弟。“其壮者，观其洁廉务行而胜其私。”人到壮年，看他做事是不是廉洁有守而又能克制自己的私心。“其老者，观其思慎、强其所不足而不逾。”上了年纪的人，看他是不是思考缜密，让他勉强去做力所不足的事，是不是能不逾越规矩。“父子之间，观其慈孝。”父子相处，看是否父慈子孝。“兄弟之间，观其和友。”兄弟相处，看他们是否和睦友爱。“君臣之间，观其忠惠。”君臣相处，看君对臣是否仁惠、臣对君是否竭忠。“乡党之间，观其信诚。”与同乡、朋友相处，看他是否诚实守信。“设之以谋，以观其智。”让他谋划一件事情，看他的智慧如何。“示之以难，以观其勇。”把困难展示在他面前，看他有没有勇气去承担。“烦之以事，以观其治。”让他处理各种各样的事情，看他是否有办事的能力。“临之以利，以观其不贪。”让他面对利益的诱惑，看他是否能不贪心。“滥之以乐，以观其不荒。”让他沉迷于声色，看他是否有所节制、不荒淫无度。“喜之，以观其轻。”让他高兴，看他是否轻佻。“怒之，以观其重。”让他生气，看他够不够沉稳。“醉之，以观其失。”让他喝醉酒，看他酒后是否失言失态。“纵之，以观其常。”放纵他，看他能否保持常态。“远之，以观其不贰。”疏远他，看他是否有二心、够不够忠诚。“昵之，以观其不狎。”亲近他，看他是否庄重、不轻薄。“复征其言，以观其精。”反复对比他前后的言论，看他是否精通自己所说的。“曲省其行，以观其备。”暗地里访查他的品行，看他的品行是否完备。经过以上种种考察，才能对一个人有全面的了解，这就是“观诚”之法。

二、其他观人法

《群书治要》中还有其他观人之法，比如，“三参”“四慎”“五仪”“六验”“七害”“八征”“九虑”。

（一）“三参”

《傅子》中提出，观人应该综合参考三个方面：“君人者，将和众定民，而殊其善恶，以通天下之志者也，闻言不可不审也。”国君要和睦众人、安定民众，而分辨善恶，通达天下人心志，听到言论就不可以不审慎。“闻言未审，而以定善恶，则是非有错，而饰辩巧言之流起矣。”如果听了他人的言论，没有加以审查，就确定是非善恶，那就可能致使判断有误。倘若如此，花言巧语的风气就会兴起。“听言不如观事，观事不如观行。听言必审其本，观事必校其实，观行必考其迹。”听人怎么说，不如看他怎么做；观察他怎么做事，不如观察其日常行为。听一个人的言论，一定要审察他说话的原因，了解其用心何在。观察他做事，一定要核查实情，看是否真实可信。观察一个人的行为，也要观察他这样做的原因。把这三者都综合起来考虑，就会减少言论判定的过失，这就是“三参”。

（二）“四慎”

《管子》中讲，治国者必须谨慎对待的方面有四个：“一曰大德不至仁，不可授国柄。”第一，一个人虽有道德，但却没有达到“至仁”的地步，那就不可以轻易地把国家的权柄交给他。因为这样的人一旦握有生杀大权，可能会非常苛刻暴虐，致使民心背离、社稷不稳。“二曰见贤不能让，不可与尊位。”第二，看到贤德的人、甚至比他做得更好的人，不能退让或荐举，这样的人私心很重，不可以授予他高位。“三曰罚避亲贵，不可使主兵。”第三，掌管刑罚，却偏袒亲朋好友，又畏惧达官显贵，这样的人不可以让他当三军统帅。“四曰不好本事，不务地利，而轻赋敛，不可与都邑。”第四，不重视农业生产，不能因地制宜、发挥地利，而又轻易征收赋敛，这样的人不可以让他做治理地方的一方主官。这四点是国家安危的根本，故被称为“四慎”。

（三）“五仪”

《孔子家语》中记载，鲁哀公问政于孔老夫子：“我想任用鲁国的士人与我一同治理国家，请问如何选择。”孔老夫子说：“人有‘五仪’，即庸人、士人、君子、贤人、圣人。国君如果能审慎地辨别这五种人，那就通晓了治理之道。”

“所谓庸人者，心不存慎终之规，口不吐训格之言，不择贤以托其身，不力行以自定，见小暗大而不知所务，从物如流，而不知所执，此则庸人也。”庸人，心里没有谨慎行事、慎始慎终的原则，口里也不讲伦理道德的教诲之言。他们不会选择贤人以托付终身，也不去力行伦理道德以成就自己，小事上明白，大事上糊涂，不知道自己要做的是什么，随波逐流而没有主见，这就是“庸人”。世间的“庸人”每天谈的是细小琐事，想的是如何获利、损人利己，对于怎样谨慎地落实伦理道德教育、怎样提升自己的德行，从不理会。此种人不足以治理国家。

“所谓士人者，心有所定，计有所守。虽不能尽道术之本，必有率也。虽不能备百善之美，必有处也。”士人，心中有明确的目标，做事也有一定的原则。即使不能尽知道德学问的根本，也一定有所遵循的标准；即使做事不能尽善尽美，也一定有所安处的操守。“是故智不务多，务审其所知；言不务多，务审其所谓；行不务多，务审其所由。”因此，他的智慧不一定渊博，却一定知道是非善恶，能做出正确的判断；言语不一定很多，但一定说到点子上，能明确表达他的意思；所作所为不一定很多，但一定知道这样做的原因。“智既知之，言既得之，行既由之，则若性命形骸之不可易也。”既然能明辨是非善恶，言语也能表达清楚，行为原因也明了，那么这就像性命对于身体一样，不会变化了。这说明他心有所主，不会随意更改自己的志向。“富贵不足以益，贫贱不足以损。此则士人也。”富贵不足以让他更加骄慢，贫贱也不足以让他有所忧凄，这就是“士人”。可见，做“士人”也是不容易的，要有明确的目标，能坚持不懈，并且能做到宠辱不惊。

“所谓君子者，言必忠信而心不怨，仁义在身而色不伐，思虑通明而辞不专，笃行信道，自强不息，油然若将可越而终不可及者，此君子也。”君子，说话忠诚守信而内心没有怨怼，行为符合仁义道德却没有夸耀自己的神情，思虑通达明了但言辞却不专断，身体力行，信奉道义，自强不息，他的所作所为都是自自然然的，就好像你能超过他，但终究又赶不上，这样的人就是“君子”。

“所谓贤者，德不逾闲，行中规绳，言足法于天下而不伤于身，道足化于百姓而不伤于本，富则天下无宛财，施则天下不病贫，此贤者也。”贤者，他的品德符合礼义，行为中规中矩、没有逾越法度，他的言论可以让天下人效仿而又不会为自己招致灾祸，他讲述的道理可以教化百姓而又不违背事物的根本。如果他富裕了，就会接济穷人，天下的人起而效法，也就不会把钱财都积累在自己家中、就不会积财丧道，“朱门酒肉臭，路有冻死骨”这样的事情也就不会发生。如果他惠施天下，天下就没有病贫的人，这就是“贤者”。

“所谓圣者，德合天地，变通无方，穷万事之终始，协庶品之自然，敷其大道而遂成情性，明并日月，化行若神，下民不知其德，睹者不识其邻，此圣者也。”圣者，他的德行深合天地之道，能随顺机缘变通无碍，能穷究万事万物终始的规律和道理，使万物自然协调，还能以大道教化众生，使他们形成一定的道德品性。圣者的光明之德与日月同辉，其化成天下俨若神明。一般的百姓不知道他的德行这样伟大，即使见到他，也不知道他就在身边，这就是“圣者”。也就是说，“圣者”是“与天地合其德”[1]，他不像“贤者”那样中规中矩地去做事，他会随着时节因缘，变通无碍，没有一定的执著。由于他没有故意表现得标新立异、与众不同，所以一般的人不能够识得他的这种德行，虽然看上去和平常人没什么区别，但实际上，他施行教化的影响却非常广泛，这就是“圣人”。

以上所述便是“五仪”，明察这五等人并取舍授用，便可以治理好一个国家。

---

1 《周易》。

（四）“六验”

《吕氏春秋》中说，观人必须内以“八观六验”、外以“六戚四隐”。前文已经讲了“八观”“六戚”和“四隐”，下面讲“六验”，即“喜之以验其守”，让一个人高兴，看他能否守持常态、会不会得意忘形；“乐之以验其僻”，让一个人快乐，看他有没有邪僻的行为、是否会肆意妄为；“怒之以验其节”，让他生气，看其性情如何、气度如何，“节”是“性”的意思；“惧之以验其特”，让他恐惧、畏惧，看他有没有独自面对的能力，“特，独也”；“哀之以验其仁”，告诉他一些哀痛的事，或者让他处于哀痛的环境，看他有没有仁爱之心；“苦之以验其志”，让他受苦，看他有没有意志能够坚持。正如《孟子·告子下》里讲的“天将降大任于斯人也，必先苦其心志，劳其筋骨，饿其体肤，空乏其身”，不能吃得苦中苦，哪能为人上人？吃不了苦，就不能真正提升自己。所以，要勇于让自己接受苦难的磨砺，这样才能增强自己的意志。以上便是“六验”。

（五）“七害”

“七害”出自《六韬》，指的是七种有损国君的臣子。

“一曰无智略大谋，而以重赏尊爵之故，强勇轻战，侥幸于外，王者慎勿使将。”第一种臣子，没有深谋远虑的智慧策略，却以重赏尊爵、追求名闻利养为目的，恃强逞强，轻易出战，希望获得侥幸之功。此种人，君王要谨慎，不能让他担任将领。

“二曰有名而无用，出入异言，扬美掩恶（扬美掩恶作掩善扬恶），进退为巧，王者慎勿与谋。”第二种臣子，有名无实，言辞矛盾，掩人之善，扬人之恶，无论进退，都是为了取巧营私。此种人，君王要谨慎，不能和他谋划大事。

“三曰朴其身躬，恶其衣服，语无为以求名，言无欲以求得，此伪人也，王者慎勿近。”第三种臣子，外表朴素，衣着简单，说自己无心功名，实际上却追求功名，说自己没有欲望，实际上却贪图利益，这是“伪人”、虚伪之人。君王要谨慎，不要亲近。

“四曰博文辨辞，高行论议，而非时俗，此奸人也，王者慎勿宠。”第四种臣子，博学多闻，能言善辩，经常高谈阔论，却不议时俗流弊，这是奸人。君王要谨慎，不要宠信。

“五曰果敢轻死，苟以贪得尊爵重禄，不图大事，待利而动，王者慎勿使。”第五种臣子，鲁莽急躁，不惜冒死犯险，苟且以求高官厚禄，为了蝇头小利，他就不顾大局、盲目轻动。这样的人，君王要谨慎，不要任用。

“六曰为雕文刻镂，技巧华饰，以伤农事，王者必禁之。”第六种臣子，喜欢雕文刻镂，沉浸奇技淫巧，追求过分华丽的装饰，因而妨碍、损伤了农业生产这个国之根本，君王必须禁止这样的事。

“七曰为方伎咒诅，作蛊道鬼神不验之物，不详之言，欺诈良民，王者必禁止之。”第七种臣子，用方术咒语、巫蛊邪道，假借鬼神这些不能被验证的东西、不吉祥的话，来欺诈骗取良民百姓，君王一定要制止这些行为。这是“七害”。

（六）“八征”

“八征”同样出自《六韬》，是指通过八个方面来审查一个人。

“一曰问之以言，观其辞。”你对他提出问题，听他的言语，看他回答的是否有理有据、有逻辑性。如果他的言语有逻辑性，说明他思路清晰、头脑冷静。

“二曰穷之以辞，以观其变。”对他追根究底地提问，看他能否随机应变。

“三曰与之间谍，以观其诚。”派间谍来考验他，暗中观察，看他是否忠诚。

“四曰明白显问，以观其德。”明知事情的来龙去脉，却故意问他，看他是否有所隐瞒，以此观察他的德行操守如何。

“五曰使之以财，以观其廉。”让他有得财的机会，看他能否清正廉洁。

“六曰试之以色，以观其贞。”用美色诱惑他，看他是否意志坚定、有节操。

“七曰告之以难，观其勇。”告诉他这件事有困难，看他是否有勇气去承担。

“八曰醉之以酒，以观其态。”让他喝醉酒，看他酒后是否失态失言。一个人平时可能很严谨，但醉酒之后，就会做些邪僻的事。所以“醉之以酒，以观其态”非常重要。这八个方面的考察，他都足可应对，这样的人才可以委以重任。

（七）“九虑”

“九虑”出自《政要论》，是指君主观人应从九个方面详加谋虑，便可防恶。

第一，“臣有立小忠以售大不忠，效小信以成大不信，可不虑之以诈乎？”有的臣子在小事上表现得很忠诚，为的是图谋大不忠；在小事上讲诚信，为的是实现大事上的阴谋诡计，怎能不考虑这是欺诈之徒呢？

第二，“臣有貌厉而内荏，色取仁而行违，可不虑之以虚乎？”有的臣子表面上很有魄力，但实际上却无胆识、很懦弱；看起来很仁爱，但实际行为却与之相背，怎能不考虑这是在弄虚作假呢？

第三，“臣有害同侪以专朝，塞下情以壅上，可不虑之以嫉乎？”有的臣子以伤害同僚来获得重用，又闭塞下情来蒙蔽君上，怎能不考虑这是嫉妒贤能呢？

第四，“臣有进邪说以乱是，因似然以伤贤，可不虑之以奸乎？”有的臣子进献邪说来混乱是非，又以似是而非的言论伤害贤士，怎能不考虑这是阴险呢？

第五，“臣有因赏以恩，因罚以佐威，可不虑之以奸乎？”有的臣子出于私心，以不公正的赏罚来笼络人心，树立威信，怎能不考虑这是在结党营私呢？

第六，“臣有外显相荐，内阴相谋，事托公而实挟私，可不虑之以欺乎？”有的臣子表面上互相推荐，暗地里却勾心斗角，假借为公办事之名，实际上却挟持私心，怎能不考虑这是欺世盗名之辈呢？

第七，“臣有事左右以求进，托重臣以自结，可不虑之以伪乎？”有的臣子专门通过讨好君主、领导者的左右来求取晋身之阶，私下里攀附权贵来结党，以巩固自己的地位，怎么不考虑这是欺伪呢？

第八，“臣有和同以取谐，苟合以求荐，可不虑之以祸乎？”有的臣子随声附和，曲意迎合，甚至违心苟同别人，为的是平步青云，怎能不考虑这是祸患呢？

第九，“臣有悦君意以求亲，悦主言以取容，可不虑之以佞乎？”有的臣子事事迎合君主的意思，专做君主喜欢的事，专说君主爱听的话，为的是讨得君主的欢心、取得君主的信任，怎能不考虑这是谄媚巴结之人呢？

观人之法不尽于此，上述不过举其要者。中国古代的观人经验非常丰富，对于当今察人、用人也非常有益。值得注意的是，汲取前人智慧，并不是为了钻营弄权，如果这样想，那就和道德学问悖离了。要想真正观察一个人，首先必须做到自己心地清净。己心不静，则难以明察万事。如水鉴影，流波不能也。然而，现代人的心中波澜很多，甚至波涛汹涌，时或大悲、大喜、大怒，情绪非常不稳定，因而对人事物的判断，便不乏歪曲和偏激之处。比如，人在盛怒下所言一定过分，对他人的判断亦不如其实。所以，想真正认清一个人，必须先修养自己，使自己心平气和。自己静下来了，别人的想法、神态、心意，才能自然而然地准确映照出来，就像树影倒映在平静的水面上。有人说这是第六感，也不无其理。如果心不静而去观察人，往往会导致“以小人之心度君子之腹”，好比一个人擅于勾心斗角、精于算计，那他也会觉得别人也是如此。所以，我们观察别人，要想观察得准确无误，重要的是要提升自身的修养。观人之重，不言而喻。无论人君选臣，亦或平日择友，都当细心斟酌，以便近贤远不肖，弘扬正直之气而移风易俗、化成天下。

第九章　同声相应的得人论

上一章讲了观人之法，从为政角度来看，君主、领导者通过各种方法全面考察臣子、下属，明辨其智愚、忠奸、贤不肖后，如何才能得到贤德之士的辅佐呢？此章便讲述《群书治要》中的得人之道。

一、为政之要，在于得人

《孔子家语》载，鲁哀公问政于孔子，孔子回答："文武之政，布在方策。其人存，则其政举。其人亡，则其政息。故为政在于得人。"意思是说，周文王、周武王的政令、制度、治国的理念，都记载在方策之中。[1]有文王、武王这样的人来推行，其政治便能清明有序；如果没有，其政必难以有所成就。这就说明了"得人"对于治理国家是至关重要的。

（一）贤能之士，何世无之

有人认为，当今之世人才难得，甚至没有人才。然而，古人却不这样认为。《傅子·举贤》中说，"夫圣人者，不世而出者也，贤能之士，何世无之"。意思是，圣人确非代代皆有，而贤德有能之

1　"方"是古代写字用的木板，"策"是指写字的竹简串在一起，"方策"就是典籍的意思。

士却历朝历代都有。那为什么古人能够得到贤能之士、今人却不能呢？“舜兴而五臣显，武王兴而九贤进。齐桓之霸，管仲为之谋，秦孝之强，商君佐之以法。”舜王、周武王欲行王道，贤德之臣就会出现辅佐他们；齐桓公、秦孝公欲称霸天下，管仲、商鞅等谋略之士亦会出现辅佐。所以“欲王则王佐至，欲霸则霸臣出，欲富国强兵，则富国强兵之人往。求无不得，唱无不和，是以天下之不乏贤也，顾求与不求耳，何忧天下之无人乎！”也就是说，不管你是想称王、称霸，还是想富国强兵，能够帮助你实现目的的人都会应时出现。只要去求，没有求不得的；只要去倡导，没有不应和的。所以，天下并不缺乏人才，只看君主求与不求，哪里用得着为天下无贤才而发愁呢？古人谓一呼百应，如影随形，正如云从龙、风从虎，各求其类之理。因此，不怕世上无贤人，只怕无人求贤才。伯乐相马，正是得乎其人也。

（二）用心求贤，得贤而用

世代不乏贤人，然而如何才能求得呢？《说苑》中有则故事，齐宣王与淳于髡共坐，齐宣王让淳于髡谈谈自己有什么喜好，淳于髡说：“古人的喜好有四种，而您却只喜欢其中的三种。”齐宣王说：“您可以详细地说一下吗？”淳于髡说：“古人喜欢骏马，您也喜欢骏马；古人喜欢美味，您也喜欢美味；古人喜欢美色，您也喜欢美色；但是，古人喜欢贤士，大王您唯独不喜欢贤士。”齐宣王说：“这是因为国家没有贤士。如果有，那我也喜欢。”淳于髡说：“古代有骅骝、骐骥这样的马中精品，现在没有，您就从众多的马中去挑选，可见大王喜好骏马；古代有豹胎、象胎这样的珍馐美味，现在没有，您就从众多的佳肴中去选取，可见您喜好美味；古代有毛嫱、西施这样的美女，现在没有，您就从众多的美女中去选取，可见大王也喜好美色。如果大王一定要等待尧舜禹汤时代那样的贤士出现，才喜欢他们，那么他们也就不喜欢您了。”齐宣王听完，默默无语。此中道理，灿若昭彰。其实天底下德才兼备的人很多，说世无贤人，乃是因为在位者没有用心去求取之故。若领导者求贤，能像求骏马、美味、女色那样，何愁不得？在《论语·子罕》中，孔子说“吾未见好德如好色者也”，亦是此理。

前面在讲盛世与衰世君主的区别时，引用了《中论》中的一段阐述：

凡亡国之君，其朝未尝无致治之臣也，其府未尝无先王之书也，然而不免乎亡者，何也？其贤不用，其法不行也。苟书法而不行其事，爵贤而不用其道，则法无异于路说，而贤无异于木主也。

退一步说，即便是亡国的君主，他的朝廷中，也不是没有可以治理天下的臣子；他的府库中，也不是没有古圣先王的治国典籍。但是终究免不了灭亡，是何缘故？原因就在于：贤德的人，不被重用；先王之道，不被推行。如此，即使把古人治国的理念方法，都书写下来，记在典籍之中，却将它束之高阁，不去学习、不去实施，那么这些治国方法，无异于路边闲话。同样，即使给与贤德之人高官厚禄，但却不去重用、不能采纳其意见，那么这些贤德之人，也就像木制的神主像一样，不能起任何作用。可见，得人的关键在于统治者是否真正有求贤之心、能否真正做到得而用之。

二、得人之道，在此七方

从古至今，国家从不缺乏有德有才之士，若欲求之以安天下，必当循此七方。有了贤德之士辅佐，自然会政治清明、人民富足、国家长盛不衰。

（一）以善感人

《群书治要·新语》中说："夫善道存乎心，无远而不至也。恶行著乎己，无近而不去也。"意思是说，如果你有公心、有善德、所言所行都能依道而为，那么即使是很远地方的人，也会被你感召而来；如果你自私自利、恶行昭著，那么即使是身边很亲近的人，也会离你而去。后面举例，"周公躬行礼义，郊祀后稷，越裳奉贡而至，麟凤白雉草泽而应。"周公亲身实践礼义，以郊祀之制隆重祭祀他们的先祖后稷，结果感得边陲之地的越裳国带着贡品来朝拜，麒麟、凤凰、白雉这些祥瑞之物也都在草泽中应现。相反，"殷纣无道，微子弃骨肉而亡。"商纣王荒淫无道，不务正业，废弃朝政，他的庶兄微子屡谏不听，结果便弃他而去。所以，"行善者则百姓悦，行恶者则子孙怨，是以明者可以致远，否者以失近。"君主行善，百姓就会很高兴；如若作恶，连自己的子孙都会心生怨恨。所以，明智有德的人可以招致远方的贤才，而以身行恶的人连身边的人都会失去。这就表明，能否感召到人才，关键还是在于君主、领导者自身的德行修养。

1. 高薪所求，未必贤才

当今社会，高薪养才蔚然成风。然而高薪真的可以聘请到贤才吗？据相关统计，全美国收入最多的 CEO，在 1980 年时，年薪是数百万美元；到了2000年，年薪已高达七千六百万美元，可以说增长了几十倍甚至上百倍都不止，但从企业的发展来看，当今的企业反而没有以前的企业更具优势。这说明了什么？这就说明企业发展的好坏与员工福利待遇的高低并没有决定性的关系。对企业的发展起到至关作用的，实质上是员工的德行修养而非薪资酬劳。假如员工无德有才甚至无德无才，那么无论什么样的企业，最终必然会像安然公司一样，惨淡收场。

据调查，“世界五百强”企业的平均寿命，是40年到50年；中国大型企业的平均寿命，是7年到8年；小企业的平均寿命，只有2.9年。所以，在企业界有这样一句话：“江山代有人才出，各领风骚三两年”。为什么当今的企业很难持久生存发展？原因很简单，就是因为管理者不再相信自己的民族文化、不再相信圣贤教诲、盲目迷信西方式管理、一味追求经济利益、不注重修养德行所致。

《大学》中有一句话：“有德此有人，有人此有土，有土此有财，有财此有用。”这就告诉我们，做事要有次序，不能搞颠倒。领导者若是一个有德行的人，他就能感召到德才兼备的人来帮助，这些有德有才的人汇聚到一起，众志成城，就会开创基业，自然就有“土”、有了发展的根本。各种“软件”“硬件”具备了，员工充分发挥自己的能力才智，自然也就会创造出财富。而财富创造出来后，领导者该如何利用，这又是一个至关重要的问题。

在当今，不管是白手起家的小老板，还是家资殷富的大商贾，大都极尽耳目口舌之欲，吃的是山珍海味，穿的是世界名牌，住的是豪宅别院，开的是宝马奔驰，认为这才符合身份地位，这其实是没有智慧的表现。在中国古代，越是有钱的人越有智慧，比如被后世誉为“财神”的范蠡三聚财三散财，他们都知道自己的钱财取之于民，也应该用之于民，应该将钱财用来造福乡里、回馈大众，用在“德日进，过日少”上，不断提升自己的德行，一天一天减少自己的过失。这样，自己的企业才能赢得良好的社会声誉、才会有良性发展。

上述表明，高薪聘请到的人才，不一定是德才兼备之人。如果这些人是因为钱财而来，那么终有一天也会因为钱财而离去。当今企业跳槽现象很严重，就是反映此理。只要别的企业能提出更高的薪酬条件，这些人便会义无反顾地跳槽，哪怕是跑到竞争对手那里，由此更会引发一系列商业问题，最终可能导致企业危机。所以，聘请人才关键在于考察他的德行修养，一味地进行金钱诱惑，只会得不偿失。因此，如何求取贤才便成为领导者必须思考的问题。

2. 求得贤士，须修己德

《群书治要·三略》中有这样的阐述：“有清白之志者，不可以爵禄得；有守节之志者，不可以威刑胁。”意思是说，如果这个人志向很纯洁，就不能够用高官厚禄来得到他；如果这个人坚守节操，那么也不能靠威刑来胁迫他。“故明君求臣，必视其所以为人者而致焉。”因此，明智的君主求取臣子，一定要清楚他是什么样的人，然后再招揽。“致清白之士，修其礼。”对那些品行纯洁的士人，领导者必须修明自己的礼义，对他们要有礼敬之心。“致守节之士，修其道。”若想要招揽坚守节操的人，领导者也要修明自己的德行。“而后士可致，而名可保。”这样的话，贤士才能够被招来，自己的名声也可以保全。

《傅子》中记载了类似的话:“举贤之本,莫大乎正身而壹其听。”领导者得到贤才的根本，就在于能端正自身，并遵循先王之道。“身不正,听不壹,则贤者不至。”如果自身修持不端,也不听从圣贤教诲,那么贤德的人就不会来。即使来到身边，也不会被你所重用，因为志不同、道不合，就像前面举例说的，周厉王任用荣夷公，两人沆瀣一气，都有贪财牟利、残暴不仁的嗜好，大夫芮良夫和当时的召公都曾劝谏，但厉王不听，最后导致了国破家亡。

《中论》中也曾明确指出,

故人君苟修其道义，昭其德音，慎其威仪，审其教令，刑无颇僻，惠泽播流，百官乐职，万民得所，则贤者仰之如天地，爱之如亲戚，乐之如埙篪，歆之如兰芳。故其归我也，犹决壅导滞，注之大壑，何不至之有乎?

意思是说，如果君主、领导者能修明其道义、彰显其仁德、注重其威仪，审慎地推行教化、颁布政令，刑罚没有偏颇邪僻之处，恩泽能广泛地流布，百官都安于本分、以尽职尽责为乐，万民各得其所、安居乐业，那么贤德的人敬仰君主就像敬仰天地一样，爱戴君主就像爱戴自己的父母亲属一样，快乐得就像听到了埙篪奏出的美妙声音,欣喜得就像闻到了兰草的芬芳。所以贤德的人纷纷归附,就像排除了壅塞的水流注入大海那般。如是而行，哪有贤德不来归附的道理呢?综上可知，求取贤才，关键还是在于领导者自身，如若能具备美好的德行，那么能人贤士便会纷纷而至;否则，即使是身边有德有才之人也会离去。

3. 尊贤为大，亲之敬之

《孔子家语》中曾有这样的记载："为政在于得人。取人以身，修身以道，修道以仁。"意思是说，为政的首要任务就是获得贤才，想获得贤才就要修养自身，修身要依道而行，而修道要以仁爱为根本。"仁者，人也，亲亲为大。"仁，是人之为人的根本，发端于"亲亲"，就是说，做人首先要孝敬父母、友爱兄弟，若一个人连父母兄弟都不爱，那么爱祖国、爱人民、爱他人都无从谈起。"义者，宜也，尊贤为大。"所谓"义"，就是做适宜的事。要想做事适宜，关键就在于尊重贤才、依靠贤才，这样才能减免行差踏错的机会。

对此，《尸子》中有所论述：舜王任用了禹、后稷、皋陶等人，便垂拱而治。他自己没有具体做什么，但天下人却都以其为父母，这是因为没有谁比舜更仁爱天下的了。"天下之善者，唯仁也。"天下所尊崇的，只有仁德。"内举不避亲，外举不避仇。仁者之于善也，无择也，无恶也，唯善之所在。"从内推荐贤才，不避讳自己的亲属；从外选举贤才，也不回避自己的仇人。这就是说，有德行的人选拔人才是没有分别心、没有个人好恶的，只看对方有没有德行。尧帝曾问舜应如何做事。舜回答"事天"，就是遵循天地自然的规律去做。"平地而注水，水流湿。均薪而施火，火从燥。召之类也。"在平地上浇水，水自然流向低洼潮湿的地方。均匀放置柴火，然后点燃，火自然先烧那些干燥的。这就是自然感召的道理。"是故尧为善而众美至焉，桀为非而众恶至焉。"所以，尧凭借美好的德行，感召来的都是贤良的臣子和治世的人才；而桀品行败坏，招来的则是奸诈狡猾、祸国殃民之徒。这其实与《周易》中所说的"同声相应，同气相求"是一个道理。若我们身边没有德才兼备的人，我们就应该反省一下自己是否德行有缺。

这个道理同样适用于当今社会。比如现在做慈善事业比较困难，原因并非世人吝啬，而是人们担心自己的爱心捐助会落入奸诈小人之手，因此有所顾虑。归根结底，还是因为做慈善事业的倡导者和从事者自己的个人修养不深厚，无法赢得民众的信任。所以，做任何事情都需要用善良的德行去感召。“以善感人”是招聚贤士共图大业之法，也是解决社会问题的有效途径。

（二）以礼敬之

1. 选拔人才，贵在尚德；贤才之德，贵在礼遇

当今社会，几乎所有企业、单位在招聘时都采用“竞争上岗”的方法，认为这样能选拔出人才。其实古人并不引以为然，才虽重要，德却更为关键。竞争也许可以选出业务精湛、技艺娴熟的人，但却未必能选出品性优异、德才兼备的人，况且此法还不能排除应聘者急功近利、为利而来的可能。就像前面“观人”中曾引用《晏子》中的论述，最上等的人才很难举进却会很容易退位而去，次一等的贤才很容易出仕也很容易罢官离去，最下等的人才最容易出来做官但却最难以被罢退。因为，愿意出来竞争的，很大程度上都是只图私利。而真正贤德之人，都会谦逊辞让，他们出仕为官，是为了黎民安定和社稷福祉，而非一己之私。所以古人选拔人才，都是任用那些最谦虚、最礼让的人，重在选让，而不在于使争。

《说苑》中有则故事：周公代理天子执政 7 年，在这期间，对于未做官的平民，他以尊师之礼拜见的有 10 人，以朋友之礼会见的有 12 人，优先接见的贫寒之士有 49 人，向他进献善言的有上百人，受他教导的有上千人，被他选拔到朝廷的有上万人。试想，如果当时周公对人骄傲且吝啬，那么天下的贤士肯定很少有来朝拜的。即使有，那也必定是贪图名利、尸位素餐之人。

《孔子家语》中也有则故事，鲁哀公问孔子："当今的君主，您认为谁最贤德？"孔子说："最贤德的君主我未曾见过，如果非要说的话，那就是卫灵公。"鲁哀公就问："他是怎么做的呢？"孔子说："卫灵公有一个弟弟，叫公子渠牟，他的智慧足以治理千乘之国，并能用信义去经营，卫灵公对他很喜爱、也非常重用。卫国有个士大夫，叫王林国，他若发现贤德的人，一定会举荐。如果贤德的人被退黜了，他还会把自己的俸禄分给他，所以卫国没有被埋没的读书人。卫灵公知道后，对他非常尊重。卫国还有个士大夫，叫庆足，每逢多事之秋，他一定会出来帮助治理，而国泰民安的时候，他便从官位上退下来，让与那些贤德的人。卫灵公很高兴，对他也非常礼敬。卫国还有个大夫，叫史鰌，因与卫灵公政见不和，便离开了卫国。结果卫灵公就在郊外住了三日，反省自己，琴瑟不奏，一定要等史鰌回国之后方肯回朝。从这些事情来看，我认为卫灵公是一个贤德的君主。"

这两则故事告诉我们，贤明的君主、有智慧的领导者想获得上等人才，一定要以非常恭敬的态度、非常优厚的礼节对待，对方看到了你的诚心，才会不遗余力地帮助你。

2. 礼贤下士，百业兴旺；侮慢贤才，百业不兴

《孙卿子》中有这样一句话："尊圣者王；贵贤者霸；敬贤者存；嫚贤者亡。古今一也。"意思是说，尊重圣人的君主，可以称王天下；重视贤德的君主，可以称霸诸侯；礼敬贤德的君主，可以得以保存；侮慢贤德的君主，终究会走上灭亡的道路。这是古今通用的道理。

《韩子》中记载了一则故事：周文王去讨伐崇国，到了黄凤旧城的时候，他的袜带松开了，他左右看了一看，发现没有人可为他系袜带，便自己系上了。姜太公看到就问："君王您为什么自己系袜带？"文王说："我听说上等的君主，和他相处的人都是他的老师；中等的君主，所交往的人都是他的朋友；而下等的君主，所交往的人都是他的仆从。我虽然不贤德，但是和我相处的人都是先王的旧臣，所以无人可被指使为我系袜带。"正是因为文王待臣下这般谦敬有礼，才使得众臣心悦诚服，最终平定天下。

不仅周文王礼贤下士、尊重臣民，文王的儿子周公也同样谦虚谨慎。《史记上》记载，周公的儿子伯禽代周公到鲁地就任。临行前，周公反复告诫伯禽："我是文王的儿子、武王的弟弟、当今成王的叔父，对于天下而言，身份也不低贱了。哪怕如此，我在洗头发的过程中还多次停下去接见贤才，吃饭的时间也因为接待贤士而多次被打断，即使我这样地恭敬谨慎，还恐怕失去了天下的贤德之人。所以你到了鲁国一定要谨慎，不要因为你是国君就骄慢世人。"

《吕氏春秋》中也曾讲："贤主必自知士，故士尽力竭智，直言交争，而不辞其患。"贤明的君主，一定要亲自了解士人。士人觉得你对他有知遇之恩，他就会竭尽全力回报你；如果你做错了事，他会犯颜直谏，不考虑是否会为自己带来灾祸。春秋战国的时候，豫让在晋国做智瑶的家臣。智瑶被杀后，豫让费尽心机想要替他报仇。他的朋友不理解，便问他："以前你侍奉过范氏、中行氏，他们被诸侯灭掉之后，你也不曾想着去为他们报仇。而现在智氏被灭了，你为什么一定要为他报仇呢？"豫让说："以前的范氏、中行氏，在我寒冷的时候，不给我衣服穿；在我饥饿的时候，也不给我食物吃。

他们以一般士人的礼节对待我，那我也以一般士人的回报来对待他们。但智氏就不一样了，我吃不饱，他就给我充足的食物；我穿不暖，他就给我厚实的衣服。在朝会的时候，他一定特别尊敬我。他是像对国士那样礼遇我，所以我也要以国士的态度来回报他，因此一定要为他报仇。”这个故事说明，即使像豫让这样被称为国家贤士的人也要根据君主对他的态度来选择回报国君的方式，更何况一般人。所以，贤明的君主，一定要自己去结交并且礼敬贤德之士，这样才会拥有真正的肱骨之臣、国家良将。

历史上这样的例子不胜枚举。据《说苑》记载，魏文侯从中山国急奔安邑，田子方居队伍之后，途中魏文侯的儿子——太子子击遇到了田子方，便下车快步向前。结果田子方端坐在那，一动不动，并告诉太子：“你替我告诉君主，在朝歌等着我。”太子听了之后，脸色不悦，便对田子方说：“不知道是贫穷的人待人骄慢？还是富贵的人待人骄慢？”田子方回答：“当然是贫穷的人待人骄慢，富贵的人怎么敢待人骄慢呢？君主待人骄慢，就会导致亡国；大夫对人骄慢，便会丧失地位；贫穷的人傲慢，他也只是保持贫穷而已，对个人而言没有什么损失。”太子听后，将田子方的话转告给了魏文侯。魏文侯感叹道：“如果不是你的缘故，我又怎么能够听得到圣贤人的这一番话呢？在仁德方面，我比不上子方，所以对他很礼敬，以朋友之道与他相处。自从我和子方成为朋友后，君臣之间的关系越加亲密了，百姓也越加归附了，从这里我得到了友爱贤士的功效。当我想攻打中山国的时候，因为我在用兵作战方面比不上乐羊，所以我也对他非常礼敬，结果乐羊用了三年时间就把中山国打下来献给我，那时我便得到了和武士交友的功效。如今，我之所以不能够稍有进步，就是因为我没有遇到以智慧骄慢于我的人。如果我能够得到这种人，我的功绩又怎么能够比不上古圣先贤呢？”可见，魏文侯能够开创霸业，并不是没有原因的，就是因为他能够礼遇贤士。田子方对他的太子这样傲慢无理，他不仅没有指责，反而还以此事教导太子。

当然，田子方这种对待君上的态度，也招致了其他人臣的批评。《新序》中记载，有一次，臣子公季成对魏文侯说：“田子方虽然是一个贤德的人，但他并不是拥有封地的君主，而您却经常对他以君主之礼相待。如果有比田子方更贤德的人出现，您又将以什么样的礼节对待呢？”魏文侯回答说：“田子方这样的人，不是你可以随意议论的。子方是品德高尚的仁德之士。有仁德的人是国家的珍宝，有智慧的人是国家的栋梁，知识广博通达的人是国家尊贵的象征。所以，一个国家，拥有了仁德的人，群臣之间就不会相争；拥有了智慧的人，四邻的诸侯便不敢存窥视之心；拥有了知识广博通达的人，人主的地位就越来越尊崇，这并非你所议论的那样。”公季成听罢，便在郊外住了三天，以此谢罪。

从这两个故事中可以看到魏文侯的明智。他对待贤才，确实做到了礼敬有加，即使别人有所微词，他也依然信任如故，这也是他能成就霸业的一个重要原因。

关于君不侮臣，《新序》中有则故事。有一次，赵简子的车驾要爬一条狭长又弯曲的小路，群臣都光着膀子推车，只有虎会扛着戟、唱着歌，也不去帮忙。结果赵简子看到非常不高兴，便说：“群臣都来帮助推车，而虎会你却扛着戟，还唱着歌，身为人臣却轻慢君主，该当何罪呢？”虎会回答：“作为人臣，却轻慢他的君主，那罪过是死而又死。”赵简子就问:“什么叫死而又死?”虎会说:“首先罪臣自己被处死,然后他的妻子儿女也要受牵连,这叫死而又死。君主您已经听到了臣子轻慢君主的下场,您想听一听做人君的轻慢臣子的结果吗?”赵简子说:“那是什么结果?”虎会说:“做君主的轻慢他的臣子,有智慧的人就不会为他出谋划策,能言善辩的人就不会为他出使他国,勇敢善战的人也不会为他去作战。有智慧的人不为他出谋划策,国家就危险了;能言善辩的人不为他出使他国,那就不能和别的国家交好;勇敢的人不为他去作战,边境就会受到侵犯。”赵简子一听,觉得非常有道理,说“善”。拜虎会为上客,对他非常敬重。

古代的有识之士之所以能够建功立业,与他们待人的态度有很大关系。《说苑》中记载,田忌离开齐国,前往楚国,楚王问他:“齐国和楚国常常想互相吞并,您对这件事有什么看法呢?”田忌回答:“如果齐国任命申孺做将军,那楚国只要发五万兵士,使上将军率领,就能够擒获敌军将领的首级而返。但如果齐国使眄子做将军,那么楚国即便征发了所有的兵士,再加上楚王您亲自出征,也仅仅是免于不被擒获而已。”结果,两军交战,刚开始,齐国确实派申孺做将军,楚国便征发了五万士兵,使上将军率领,果然就带着敌军将领的首级凯旋。之后,齐王换眄子做将军,结果楚国征发了所有的兵士,而且楚王亲征,也确实是仅仅没被擒获而已。回来后,楚王问田忌:“先生为什么很早就知道了这个结果呢?”田忌回答:“申孺为人有一个特点,他侮慢贤德的人,又轻贱不肖之人。这种态度使得贤德的人和不肖之人都不能为他所用,都不愿意为他效力,因此得以灭亡。而眄子尊敬贤德的人,又怜爱不肖之人,所以贤德的人和不肖之士都会为他竭尽全力，所以楚王您才会大败而回。”从这则故事可以看出，一个将军能否打胜仗，不是全看其有无军事才能，而是看其德行如何，如若能心怀仁义道德，爱护尊敬属下，便会不战而胜；相反，如果好大喜功，刚愎自用，结果同样不言而喻。

《尸子》中有这样一句话：“下士者得贤，下敌者得友，下众者得誉。故度于往古，观于先王，非求贤务士，而能立功于天下，成名于后世者，未之尝有也。夫求士不遵其道，而能致士者，未之尝见也。”就是说，对士人礼遇便能够获得贤才，对敌人礼敬便可以化敌为友，对众人礼敬便能够获得众人的赞誉。纵观历史发展和古代圣王的治国经验，如果不依靠贤才，没有哪个君主可以立功于天下、成名于后世。而且君主若没有按照道来求取贤才的话，那么贤才也不会被招致。这说明礼敬的态度很重要。一个领导者对贤德之士礼敬有加，才能够得到贤能之士的真诚相助，进而才能成就事业。

这个道理在《说苑》中也有论述。孔子问宓子贱：“你治理单父，百姓都非常满意，能不能告诉我，你是怎么做到的呢？”宓子贱回答说：“我对待百姓的父亲如同对待自己的父亲，对待百姓的儿子如同对待自己的儿子，体恤那些孤儿，而且百姓有丧事的时候，我都为他们感到哀痛。”孔子说：“不错，但这只是小节，只能使小民归附，还不够。”宓子贱接着说：“我像对待父亲一样对待的人有三个，像对待兄长一样对待的人有五个，结交的朋友有十一个。”孔子听了之后说：“像对待父亲一样对待的有三人，可以教百姓孝道了；像对待兄长一样对待的人有五个，可以教导百姓友悌了；结交的朋友有十一个，可以让百姓效仿了。但这只是中节，中等的人会归附，还是不够。”宓子贱又说：“在百姓之中，比我贤德的人有五个，我都很恭敬地和他们交往，并虚心请教，于是，他们都教我治理之道。”孔子感叹地说：“成就大事的秘诀就在于此了。以前尧舜都非常卑己而尊人、谦恭地对待臣下，才招来贤德之士辅佐治理国家。所以，能够举荐贤德，才是百福的根本、英明的关键。可惜你治理的地方太小了，如果你所治理的地方大些，恐怕你所取得的成就能与尧舜相继了。”由此可见，若想真正使百姓归附，礼贤下士、尊敬贤才是至关重要的。

（三）以富安人

1. 富之安之，使贤尽能

据《墨子》记载，墨子曾讲过这样一段话：

“今者王公大人为政于国家者，皆欲国家之富，人民之众，刑政之治，然而不得。是其故何也？是在王公大人为政于国家者，不能以尚贤事能为政也。是故国有贤良之士众，则国家之治厚。故大人之务，将在于众贤而已。然则众贤之术，将奈何哉？譬若欲众其国之善射御之士者，必将富之贵之，敬之誉之，然后国之善射御之士，将可得而众也。况又有贤良之士，厚乎德行，辨乎言谈，博乎道术者乎？此固国家之珍，而社稷之佐也，亦必且富之贵之，敬之誉之，然后国之良士，亦将可得而众也。是故古者圣王之为政也，言曰‘不富不义，不贵不义，不亲不义，不近不义。’”

大意是说，如今（即春秋战国时期）的王公贵族治理国家，都想使国家富裕、人口众多、民心安定，但是却难以达成。这是什么原因呢？皆因治理国家的人没有遵循尚贤使能的原则，他们没有认识到国家贤良之士越多、国家风气就越淳厚的道理。所以，领导者为政首务，就是要得到众多的贤才。那如何才能得到呢？道理很简单，这就好比想让国家善于骑射、善于驾车的人越来越多，就要让他们富裕起来，重视他们，并且尊敬他们，使他们得到良好的声誉。这样，国家善于骑射、善于驾车的人才会越来越多。对于得到这些人尚应如此，更何况是德行深厚、明辨是非善恶、精通治国策略的贤良之士？他们都是国家的珍宝、社稷的栋梁之才，想得到他们，更要使他们富裕起来、重视他们，并且尊敬他们，让他们得到美誉，这样，国家的贤德之士才会越来越多。所以，古代的圣王治国理政，都奉行这样一句话，那就是"不要让不义的人富裕，不要让不义的人尊贵，不要亲爱不义之人，也不要接近不义之人。"这就告诉我们，虽然高官厚禄不能引诱真正有德的人才，但领导者还是必须得为他们创造优厚的物质条件，并给与他们施展才华的舞台，尊敬他们，使他们能有好的声誉，这样他们才会克尽己能、竭力辅佐。

《韩诗外传》中就有这样一则故事：宋燕在齐国做宰相，遭到罢免，回家后，便召集门尉陈饶等 26 个人，说："诸位大夫，有谁愿意和我一起去其他的诸侯国？"陈饶等人都伏在地上，无人应答。宋燕就说："唉，太可悲了！为什么士大夫容易获得，却难以使用呢？"陈饶回答说："并不是士大夫易得难用，而是主上您不会用。您不会用，士人难免心生不平。这是您自己没有做好，怎么能责怪士人呢？"宋燕问："你这话什么意思？"陈饶说："您给士人的薪俸，只有三斗黍稷，他们都不能够养家糊口，但是您家的野鸭、大雁却有吃不完的粮食，这是您的第一个过失。您家的果园种满了梨子、栗子，后宫的妇女用这些果子互相投掷嬉闹，但士人们却没有尝过一颗，这是您的第二大过失。您家的绫罗绸缎华丽地装饰在厅堂之上，任其随风破败，但是士人都不能够用它们做自己衣服的滚边，这是您的第三个过失。钱财是您所轻视的，可生命是士人所重视的。您不能付出您所轻视的东西，反而希望士人付出他们所重视的东西，这就好比您做的是铅刀（用铅纸做的刀，刀质非常软、不锋利），却希望它有干将（古代名剑）的用途，这不也是很难吗？”宋燕一听，便知道自己做错了。不能待人以仁，何谈共进退、同甘苦？所以尊敬贤才，“富之”是基本要求。

2. 渴马守水，难保清廉

《傅子》中说：“凡欲为治者，无不欲其吏之清也。不知所以致清而求其清，此犹滑其源，而望其流之洁也。”但凡从事治理的人，没有不希望他的属下清廉的。但是，不知道怎样使其清廉而一味地要求其清廉，这就像是搅浑了水源，而希望水流很清洁一样，怎么可能呢？“知所以致清，则虽举盗跖，不敢为非。不知所以致清，则虽举夷叔，必犯其制矣。”知道了怎样使属下清廉，那么哪怕任用盗跖之徒，他们也不敢做不义之事。如果不知道怎样使属下清廉，那么哪怕任用像伯夷、叔齐之辈，他们也必定会触犯法制。那如何使他们保持廉洁呢？后面接着从反面论证，“夫授夷叔以事，而薄其禄，近不足以济其身，远不足以及家室。父母饿于前，妻子馁于后。不营则骨肉之道亏，营之则奉公之制犯。骨肉之道亏，则怨毒之心生。怨毒之心生，则仁义之理衰矣。”任用像伯夷、叔齐这样抱节守志的人做事，却只给他们微薄的俸禄，既不能养活自己，又不能奉养家人，父母妻子都跟着饿肚子。从私讲，不去营取私利，他们的亲情孝道会亏失。但从公看，营取私利，必然会触犯国制。这样他们就陷入两难境地。亲情孝道亏失了，久而久之就会滋生怨心。怨心一旦产生，心中的仁义之理也会渐渐衰微。

《群书治要·崔寔政论》中对这样的道理做了更好的比喻：对于俸禄不足的官员而言，希求他们奉公执法就像“渴马守水”“饿犬护肉”，即让饥渴的马去守护水源，让饥饿的狗去看护肥肉，若想让它们不越雷池，那几乎是不可能的事。虽然世间存在着清廉、有傲骨的人，但万中难觅其一。仅凭道德修养的约束，不能够使得所有官员都能做到洁身自好，领导者必须明白这个道理。因此，明智的领导者首先必须给以属下足够的俸禄，解决其后顾之忧，如此，他们便既不用担心养家糊口，又不用铤而走险，触犯国制。比如，晏子做宰相的时候，据说他的俸禄可以养活五百家的人口。也就是说，他不必为了钱财去做违法乱纪的事。退一步说，假如他做了，可能不仅丢官，甚至会付出更大的代价。得失相权，显而易见。

3. 精简官职，增厚其禄，节其欲望

《袁子正书》中曾提到：“明主设官，使人当于事。人当于事，则吏少而民多。民多则归农者众，吏少则所奉者寡。使吏禄厚则养足，则无求于民。无求于民，奸轨息矣。”明智的君主设置官位，都是使人和事相称，不会让人浮于事。人和事相称，就会官吏少而人民多。人民多了，从事农业的人也就多了，创造的物质财富也就丰厚了。另一方面，官吏少了，需要供养的也就少了，那么即使提高他们的薪俸，整体所需相对而言还是减少的。假如官吏的俸禄都很优厚，他们可以奉养自己和家人，那么也就没有必要有求于人民、与民争利了。如果对人民没有所求，不与民争利，作奸犯科的行为也就会停止。

这说明，高薪养廉确实是必要的，但是这有两个前提条件。其一，就是上面讲的，人事相称，人能当于事、事能竟其功，也就是俗话说的“一个萝卜一个坑”，根据具体事务需要，精简机构和官员的数量，既要能完成事，又没有多余的人。其二，就是要节制官员不合理的欲望，止息其逐利之心。

《傅子》中说：“欲治其民而不省其事，则事繁而职乱。”若想治理人民，但又不精简职事，就会导致事务繁多而职能混乱。“知省其职而不知节其利，厚其禄也，则下力既竭而上犹未供。”知道精简官职，但又不知道节制官员的逐利之心，在这种情况下还增加官员的俸禄，那么百姓竭尽全力也无法供养做官的人。所以，要实现高薪养廉，既要做到精简职位，还要使官员“知节其利”，懂得克制自己不合理的欲望，否则将会给国家和人民带来沉重的负担。

（四）以公待人

1. 公正待贤，唯贤是亲

《群书治要·昌言》中有这样一句话：“王者官人无私，唯贤是亲。勤恤政事，屡省功臣，赏赐期于功劳，刑罚归乎罪恶。政平民安，各得其所。则天地将自从我而正矣，休祥将自应我而集矣，恶物将自舍我而亡矣。”意思是说，君主授人官职应摒除私心，只将贤德与否作为考察、提拔的标准，而且要勤于政事，多探望有功劳的人，对有功的人赏赐、对有罪的人惩罚。这样，就会政治平稳、人民安定，大家各得其所，社会因此而运转正常，吉瑞之事因此而汇集，灾祸也会自行远离。这些都是“官人无私，唯贤是亲”的效验。

《新序》中记载，晋平公路过九原的时候，感叹说：“这个地方埋藏了我们国家多少忠臣啊！如果能使这些人起死复生的话，我应该带谁回去呢？”叔向说：“那一定是赵武吧。”晋平公说：“你这是偏向你的老师。”叔向说：“那我谈谈赵武的为人吧，虽然他身体羸弱，不善言谈，但他亲自举荐的贫寒之士，竟有四十六人，这是因为他没有私心。所以，我认为他最为贤德。”这就告诉我们，领导者在选拔人才时，一定要公正，不能存有私心，不能嫌贫爱富，不能袒贵侮贱，这样才能赢得贤士归心。

2. 尊重贤德，罢黜不肖

在《孔子家语》中，子路曾问孔子：“贤明的君主治国首先应该重视什么呢？”孔子说：“在于尊敬贤德的人、轻贱不贤德的人。”子路又问：“可我听说，晋国的中行氏也尊敬贤德的人、轻贱不肖之人，为什么他还是灭亡了呢？”孔子说：“中行氏虽然尊敬贤德的人，却不任用他们；虽然轻贱不肖的人，却又不罢免他们。贤德的人知道自己不能被重用，便会心生埋怨；而不肖之人知道中行氏肯定轻视自己，所以也会仇恨他。怨仇两种情绪并存于国内，而邻国的敌兵又在郊外作战，中行氏还想不灭亡，怎么可能呢？”这就告诫领导者，一定要重用贤德的人、罢免不贤德的人。否则，就会像中行氏这样，不仅很难成就事业，甚至容易导致灭亡。《典语》中有这样一句话：“敬一贤则众贤悦，诛一恶则众恶惧。”尊敬一个贤德的人，那么很多贤德的人都会高兴；诛杀一个恶人，那么很多恶人也就恐惧了。所以，赏罚要分明，不能是非不清、黑白不分。

《六韬》中描述了七种贤者不被重用的情况：“一曰主弱亲强，贤者不用。”第一种情况，君主势弱，而他的亲属都很强势，由于权力无法集中在君主手中，那么即使出现贤德的人，也无法得到重用。

“二曰主不明，正者少，邪者众，贤者不用。”第二种情况，君主不够明智，正直的人少，邪曲不正的人多，那么贤德的人也不会被重用。

“三曰贼臣在外，奸臣在内，贤者不用。”第三种情况，在外有贼臣诽谤，在内有奸臣进献谗言，贤德的人自然也不会被重用。

“四曰法政阿宗族，贤者不用。”第四种情况，法律政策都偏袒于君主自己的亲朋好友，如此，贤者就不会得到重用。

“五曰以欺为忠，贤者不用。”第五种情况，君主不辨是非，把欺骗自己的人视为忠臣，那贤者也不会被重用。

“六曰忠谏者死，贤者不用。”第六种情况，贤臣发现君主有错误而犯颜直谏，但是如果君主喜欢巴结谄媚、厌恶逆耳忠言，那么就不仅不会奖赏贤臣，反而会将其置于危险的境地，更谈不上重用了。

“七曰货财上流，贤者不用。”第七种情况，财货都积聚在统治者阶层手里，即表明君主贪财好利，那么贤者也得不到重用。

这七条再次告诉我们，贤德的人世代都不缺乏，只是领导者没能知人善任。因而，能否得贤，关键在于领导者自身的德行。如果心地无私，待人公正，又有识人之慧，能够辨别哪些是贤德的人、哪些是不肖之人，进而尊贤黜不肖，自然能实现海晏河清。

《群书治要·桓子新论》中记载，有一次，淳于髡到邻居家，看到灶台的烟囱非常直，而且旁边堆放着柴火，就提醒邻居，这样容易失火，建议其将烟囱做得弯曲些、把柴火搬离灶台。但邻居没有听从，后来邻居家果然发生了火灾，烧到了灶台旁的柴火，最后波及整个房屋。附近的人闻讯都赶来帮助救火。火被扑灭之后，这位邻居便杀羊摆酒，犒劳这些救火的人，并把烟囱做得弯曲了、也把柴火搬离了灶台，但他仍然没有请淳于髡来饮酒吃饭。有智慧的人就讥讽他："教人曲突远薪，固无恩泽，焦头烂额，反为上客。"这就说明，人如果没有智慧，便分不清谁是真正能帮助自己的人，如此，不仅不能防患于未然，反而可能会做出舍近求远、本末倒置的事情。

3. 得师者帝，得友者王

《贾子》中讲，君王授人官职应分为六等，分别是"师""友""大臣""左右""侍御""厮役"。具体来看一下：第一等人，他的智慧犹如泉水的源头、行为堪称世人的表率，对人们有问必答、有求必应。他到一个封地，可以加重这个封地在人们心目中的分量；同样，他到一个国家，也可以加重这个国家在人们心目中的分量，这样的人叫做"师"。第二等人，他的智慧足以磨砺人、行为足以辅助人，明于进贤之道，又敢于退黜不肖，对内能够匡正君主的过失，对外能够称扬君主的美名，这是"友"。第三等人，他的智慧足以帮为政者谋划国事、言行足以作为人民的表率、仁德足以使上下相处愉悦。他能谨然遵守国家的法律，如果君主有难，他会舍命报效。他尽忠职守，即使是君主，也不能让其徇私枉法。这是"大臣"。第四等人，他会修持自身、端正言行，不做有辱乡里的事；与人谈论，也不说有损朝廷颜面的话，敢于说出君主的过失，甚至不惜以死相谏。这是"左右"。第五等人，既不贪财也不淫色，侍君没有二心，君主有过失，虽然不敢犯颜直谏，但是忧愁的颜色会表露在脸上。这是"侍御"。第六等人，在君主面前，外表卑躬屈膝，善于谄媚巴结、阿谀奉承，心量极为狭窄，这是"厮役"。最后总结道："故与师为国者，帝。与友为国者，王。与大臣为国者，霸。与左右为国者，强。与侍御为国者，若存若亡。与斷役为国者，亡可立而待。”意思是说，若能和“师”一起治国，便可称帝；和“友”一起治国，便可称王；和“大臣”一起治国，就能称霸；和“左右”一起治国，就会国力强盛；与“侍御”一起治国，存亡就两可；但和“斯役”一起治国，灭亡便是顷刻之事。所以，古代的明君无不尊圣贤有德之人为师，与之相处，自然国泰民安。

《尸子》中记载这样一则故事：有一次，范献子游船，大夫都在左右侍奉。范献子问：“谁知道栾氏的后人？”四下无人应答。这时船夫清涓放下楫，便问范献子：“您为何有此问呢？”范献子就说：“因为自从我灭了栾氏，留下的年老的人还没有死，年少的人也已成壮年，我怕他们复仇，所以才问这件事。”清涓说：“君主您如果能修明晋国的政治，内得大夫之心，外不失去百姓。那么即使栾氏之后，又能对您怎么样呢？相反，如果您不修明晋国的政治，内不得大夫之心，外又失去了百姓，那么恐怕船中所坐之人则尽是栾氏的后人。”范献子听后言善。第二天上朝，他就命令赏赐清涓良田万亩，清涓推辞不受。范献子说：“我用这些良田，换你的一番善言。如果你不接受，你就会失去，而我却已经有所得，还是我占了便宜的。”由此不难看出，古人对于贤德的人是何等重视。

4. 进贤上赏，蔽贤上戮

《尸子》中有段论述：“为人臣者，以进贤为功。为人君者，以用贤为功。为人臣者进贤，是自为置上也，自为置上而无赏，是故不为也。进不肖者，是自为置下也，自为置下而无罪，是故为之也。使进贤者必有赏，进不肖者必有罪，无敢进也者，为无能之人。若此则必多进贤矣。”意思是说，臣子为君主举荐贤才，就意味着将自己置于被冷落的危险之中，君主如果不赏赐他，他就不会再这样做。相反，臣子为君主举荐无德之人，便意味着自己的地位不会受到威胁，而且君主还不会怪罪，所以就会常这样做。因此，当君主的，应该给予推荐贤臣的人丰厚的赏赐、给予推荐不肖之徒严厉的惩罚。贤与不肖都不敢举荐的人，便是无能之辈。如此，贤才必会源源不断出现，国家才会日益昌盛。

关于进贤，历史上有个著名的故事，就是鲍叔牙向齐桓公举荐管仲的典故。据《管子》中记载，齐桓公从莒地返回齐国，即位后，想让鲍叔牙做宰相，但是鲍叔牙推辞说：“君主您对我特别恩惠，使我不受冻馁，这已经是您的赏赐了。但谈到治理国家，这并不是我的能力所及，必须任用管夷吾（管仲）才能做好。”接着他分析了自己不如管仲的五个方面：“管仲对待百姓宽厚慈惠，我不如他；管仲治国不失根本，我不如他；管仲忠实诚信，能使诸侯信服，我不如他；管仲制定的礼义规范，可以让四方诸侯效法，我也不如他；两军交战，管仲能披盔戴甲、立于军门擂鼓助威，增长兵将勇气，我还是不如他。管仲就像百姓的父母，现在您想治理百姓，怎么能舍弃管仲不用呢？”齐桓公说：“管仲曾经亲自射伤过我，我几乎送命，现在我任用他，合适吗？”鲍叔牙说：“当时管仲是为了他的君主。如果您能宽恕他，并让他返回齐国，他对您肯定也会非常忠心，就像对待他以前的君主那样。”于是齐桓公听从了鲍叔牙的力荐，并亲自到郊外迎接管仲，在朝堂上对他礼遇有加，向他请教治国之方。正是因为有管仲的辅佐，最后齐桓公才能成为春秋五霸之一，而归根到底，还是得益于鲍叔牙的极力举荐。

所以《尸子》中讲道："有大善者，必问孰进之；有大过者，必云孰任之。而行赏罚焉，且以观贤不肖也。"就是说，臣子若有大的功绩，就要追寻是谁推荐的他，一同给以赏赐；同样，臣子有了大的过失，也一定要追问是谁举荐了他，并且对举荐人进行连带的处罚。对于为政者而言，一定要秉承"进贤者为上赏，蔽贤者为上戮"[1]的原则，这样才会使国家野无遗贤、昌盛发达。

（五）以诚动人

1. 用诚待贤，以得其心

《群书治要·体论》言："君臣有义矣，不诚则不能相临。"就是说，君臣之间应该以道义相处，没有真诚之心，就不能共事。对此，《尸子》中举了周文王和齐桓公的例子。"文王之见太公望也，一日五返。"周文王去求见姜太公的时候，一天五次往返。"桓公之奉管仲也，列城有数。"齐桓公对待管仲极为慷慨，赐予他数座城池作为封赏。可见，文王、桓公之所以能够王霸天下，就是因为他们以诚待贤。他们任用贤才，以弥补自身的不足，也受到了天下的尊重和认可。《中论》中也曾言明："故明主之得贤也，得其心也，非谓得其躯也。"意思是说，明智的君主得到贤才，是得到他的心，而不是得到他的身。如果臣子"身在曹营心在汉"，那么对君主也没有太多的帮助。所以领导对待下属，关键要做到以诚相待。

然而，现实中很多的领导者习惯性地舍近求远，对身边的有德有才的人视而不见，反而想方设法去追求那些得不到的，这也是普通人常犯的错误，即不懂珍惜，结果等身边有德有才的人因不受重

1 《群书治要·傅子》。

用而寒心离去时，才追悔莫及。

2. 用心感化，切勿虚情

古时的圣君明主对待臣子，可谓做到了真心实意。《体论》中记载，当臣子生病的时候，他会多次去探望；当臣子过世的时候，他会亲临大敛、小敛这样的丧礼，并且在丧葬期间减衣缩食、不奏琴瑟。这种表现并不是所谓的“形式主义”，他的这种忧戚悲伤之心而是由内而外自然流露的。所以“世未有不自然而能得人，自然者也”，这说明世间没有不是出自本心而得到人的。“色取仁而实违之者，谓之虚。”表面上对人仁慈，实际上内心相违，这叫虚伪。“不以诚待其臣，而望其臣以诚事己，谓之愚。”不能以真诚心去对待臣子，还希望臣子以真诚心来侍奉自己，这是愚蠢的君主。“虚愚之君，未有能得人之死力者也。”从来没有虚伪、愚蠢的君主能得到尽力效死之臣的。这就是告诉我们，领导者要想得到贤才，必须用仁爱心、真诚心，才能够以心交心、以诚换诚，而不是用权势谋术。

《群书治要・傅子》言：“使用人如用己，恶有不得其性者乎。”如果你使用别人能像使用自己一样，那么怎么能够不得到人心、不让人以真诚回馈呢？《吕氏春秋》中也说：“行德爱人，则民亲其上。民亲其上，则皆乐为其君死矣。”君主有德行，能真心实意地爱人民，那么人民就会亲附君主。人民亲附君主，自然也都愿意为君效死。后面举了一个例子：赵简子养了两只白色的骡子，非常喜欢。有一天，广门的一个小官阳城胥渠夜晚求见，告诉门卫：“烦你通禀，说主君的臣子胥渠得了病，医生说白骡的肝可以治疗，如果没有，就得等死。”门卫将此事禀告赵简子。赵简子说：“杀死一个畜生，就可以活人命，这不正是仁的表现吗？”于是召来厨师，杀了白骡，取出肝脏，送给了阳城胥渠。没多久，赵国兴兵去攻打翟族，而广门的小官，左部、右部各七百人，竞相奋勇争先，最终登上城池，斩获了敌军将领的首级。这则故事再次说明，君主若能够以诚心、爱心来对待自己的属下，属下也必能竭尽全力地侍奉君主，这是以心换心的结果。

（六）以德教人

1. 利人之道，以德教之

《群书治要·管子》中曾言："得人之道，莫如利之。利之道，莫如教之。"得人的方法，没有什么比让他得到实际利益更好的了。而要让他得到实际利益，没有什么比教导他更好的了。如何教导，前文已详细阐述过了。此处简而言之，"教也者，长善而救其失者也。"教育的目的，是使人善良的方面不断增长，而使人的过失得以挽救，所以教导的内容应是如何做人。"育，养子使作善也"，仅仅把儿子养大，那不叫"育"，必须使其顺着善良的方面发展，才叫"育"。一个国家的国君、一个团体的领导者应同时具备三个职能，那就是"君""亲""师"。这意味着领导者不仅仅要管理下属，还要像父母关爱儿女一样，去关爱下属。除此之外，还要教导下属做人的道理。这些才是真正的利人之道。

2. 正己为先，教禁为次

《群书治要·汉书五》中，董仲舒曾对汉武帝说："臣闻尧受命以天下为忧，而未闻以位为乐也。故诛逐乱臣，务求贤圣。是以教化大行，天下和洽。"意思是：我听说尧授命为天子，都是为天下而担忧，没有听说他以天子之位来享乐。所以，他诛杀、驱逐了那些乱臣贼子，四处寻求贤圣的人来帮助治理国家。如此，道德教化得以普遍流行，天下也能够和睦融洽。这就是说，一个国家领导者，如果他真心地关爱人民，想使国家安定，那么他任命的官员也必须是贤圣之人。

那么如何教化百姓呢？在《政要论·政务》中有这样的记载："故君子为政，以正己为先，教禁为次。若君正于上，则吏不敢邪于下。吏正于下，则民不敢僻于野。"意思是说，国家领导者治理政事，应该首先端正自己的身心，其次才是教导百姓遵纪守法。国家领导者做好了示范和表率，属下官员自然不敢行邪僻之事；官员都端正了，普通百姓自然也不敢违法乱纪。也就是说，正己才能化人。

《群书治要·傅子》中对这方面的解释更为具体，"立德之本，莫尚乎正心。心正而后身正，身正而后左右正，左右正而后朝廷正，朝廷正而后国家正，国家正而后天下正。"意思是说，君主立德的根本在于端正自己的心态。心态端正了，行为自然端正了；行为端正了，左右的人也会跟着端正；身边亲近之人端正了，朝廷也就端正了；朝廷端正了，整个国家就能端正，最后天下也都能够端正。"故天下不正，修之国家。国家不正，修之朝廷。朝廷不正，修之左右。左右不正，修之身。身不正，修之心。"所以为政者若想治国平天下，首先必须从修养自己的身心做起。

《群书治要·傅子》中还指出："正道之不行，常由佞人乱之也。"正道之所以不能够得以推行，是因为邪曲奸佞之人在作怪。夏桀宠信佞臣推侈，而诛杀敢犯颜直谏的诤臣关龙逄，结果夏朝灭亡了；商纣宠信佞臣恶来，而把正直的臣子皇叔比干剖食其心，结果殷朝也灭亡了。然而从古到今，奸佞之人却大多受到重用。这是为什么呢？针对此种现象，后面给出了回答：这是因为奸佞之人善于助长人的私欲，所以私利、欲望很多的领导者就喜欢这种人，而圣人是没有私欲的，贤者也能够去除自己的私利和欲望。“有见人之私欲，必以正道矫之者，正人之徒也。”看到人的私利、欲望生起，能用正道来矫正、劝告，这就是正直的人。“违正而从之者，佞人之徒也。”若违背了正道而顺从人的私利和欲望，这便是奸佞之人。所以，领导者以此标准进行考察，就可以了解佞正的区别了。

因此，教人首要先正己，自己要克制己欲，去除自私自利、五欲六尘、贪嗔痴慢。只有这样，才能示人以德，进而互相砥砺，更益身心。

（七）以道成人

《论语·述而》有言：“志于道，据于德，依于仁，游于艺。”在中国传统文化中，“道”是最高的哲学范畴，它是指宇宙和人生的真相，是一种自然而然的客观规律。儒家、道家、佛家都以追求“道”为根本目的，虽然说法不同，但是殊途同归。人生于世就要思考人生的价值，而不应像禽兽一样无所追求。

孔老夫子曾说过：“朝闻道，夕死可矣。”[1]这说明，“道”一定是超脱生死的大事。若能通达明了，那么对死亡也就无所恐惧了。《说文解字》中，将“德”解释为“得也，外得于人，内得于己”，表明有德的人就是得道之人。有德之人对宇宙人生的真相都明白无疑，从外面看，会受到众人的支持与拥护；在内而言，获得的是心灵的坦荡、安宁，所以了悟道的人便会具备“君子坦荡荡”的特点。所谓“君子”，是指在学道的过程中，虽然没有像圣贤那样对宇宙人

1 《论语·里仁》。

生的真相彻底地通达明了，但是他能够助人为乐、成人之美、对人宽容，还能够放下自私自利、名闻利养、五欲六尘、贪嗔痴慢，做到心胸坦荡，所以每一天都欢欣喜悦。相反，“小人长戚戚”，“小人”最大的特点就是一心只想自己的利益，甚至为了自己的利益，尔虞我诈、勾心斗角，想方设法地去谋算别人，这样的人总是处于郁郁寡欢的忧戚状态。因此，“以道成人”就是要引导人追求“道”、按照“道”的要求行事，把人培养为“君子”，杜绝成为“小人”。

《大学》开篇第一句即讲：“大学之道，在明明德，在亲民，在止于至善。”“人之初，性本善”（《三字经》），人初生之时，本性便具足善德、光明之德。“明明德”就是使自己这种本性中具有的善德、明德开显出来，使自己觉悟，而“亲民”，就是觉他，帮助开启他人的明德，让他人也觉悟。所以人生最大的成就，在于“止于至善”，即“自觉觉他”“觉行圆满”、止于“道”。因此，领导者得人，最重要的是要能够成就人、帮助人、提升人，这样才能够得到人才真正的信赖与依附，使他们能尽心竭力辅助自己完成大业。

《群书治要》中的得人之道，虽然清楚明白，却言易行难，需要不断地实践磨砺。若真正能按着这七个方面去做，则国家不少贤士、社会不少贤民。招致了贤德之士，聚合了贤德之民，自然政治清明、民心安定、国家昌盛不衰。

第十章　任贤使能的用人论

领导者知道了观人之法，便能明辨贤良、奸佞；明白了得人之方，便能获得治世良才。然而，得到贤人后，该如何使用？这又是领导者从政面临的另一个重要问题。《群书治要》中亦有关于用人之道的论述。本章从两方面来论述，其一是用人的重要性，其二是用人所应注重的五个基本原则。

一、用人成败，攸关兴衰

（一）治乱安危，根在用人

《群书治要·毛诗》言："任贤使能，周室中兴焉"。任用贤能，所以周室中兴。《群书治要·汉书七》云："任贤必治，任不肖必乱，必然之道也"。任用贤者国家必治，任用不贤者国家必乱，这是总结历史发展得出的经验教训。《群书治要·典语》亦云："夫世之治乱，国之安危，非由他也。俊乂在官，则治道清；奸佞干政，则祸乱作"。社会治理得好坏、民风的纯正与否，并非其他原因所致，关键是用人。如果君主崇尚有才华、有德行的人，并将他们任用到管理岗位上，国家政治就会清明；反之，如果君主喜欢奸诈谄媚之人，且让他们干预朝政，则祸乱不可避免。

然而，道理虽如此，可现实中一些领导者却未必能引起足够的重视。如墨子说现在的王公贵族都希望自己的国家富裕、人口众多、刑罚律令合理有序，但却不懂得尚贤使能。对此，他作了形象的比喻：

“今王公大人，有一牛羊不能杀，必索良宰。有一衣裳不能制，必索良工。有一疲马不能治，必索良医。有一危弓不能张，必索良工。虽有骨肉之亲、无故富贵、面目美好者，诚知其不能也，必不使。是何故？恐其败财也。当王公大人之于此也，则不失尚贤而使能，至建其国家则不然。王公大人骨肉之亲、无故富贵、面目美好者则举之，则王公大人之亲其国家也，不若亲其一危弓、疲马、衣裳、牛羊之财欤？我以此知天下之士君子，皆明于小而不明于大也。”[1]

由此可以看出，墨子意在批评当时的王公贵族对于修工、医马、制衣、宰畜尚且知道选择精工良匠，唯恐任人不当损坏了他们的财物，然而，治理国家时，却不假思索地举荐、任用骨肉至亲、无故富贵者和美貌之人。可见，他们爱自己的国家还不及爱这些财物。因此，那些士大夫、君子只是明于小术，而不明于大道。《说苑》也说，没有恒常安定的国家，也没有恒常得以治理的百姓。得到贤德的人，国家就会安昌；失去贤德的人，国家就会危亡。从古至今无不如此。

《新序》中记载，魏文侯非常重视贤才，他每次路过段干木居住的巷子，都会起身，伏轼致敬。仆人问其缘故，魏文侯说：“此非段干木之闾乎？段干木盖贤者也，吾安敢不轼？且段干木光乎德，寡人光乎地。段干木富乎义，寡人富乎财。地不如德，财不如义，

---

1 《群书治要·墨子》。

寡人当事之者也。”大意是：“这不是段干木居住的巷子吗？段干木是一个贤德的人，我怎敢不对他伏轼致敬呢？而且段干木是因为有德行而荣光，我不过是因为土地广阔而荣光。段干木富有的是道义，而我富有的不过是财富。土地不如德行，财富不如道义，所以我应该任用这个人。”后来，魏文侯给了段干木百万的薪禄，并时常向他请教治国之方。魏国人知道后，都非常欢喜。没过多久，秦国欲兴兵攻打魏国。司马唐听到后，就劝谏秦国的君主说：“段干木是个贤德之士，而魏文侯对他礼遇有加，天下无人不知，这时不该去攻打魏国。”秦君认为他说得有道理，便按兵不动，打消了攻打魏国的念头。

一个国家因为能够重用贤德之人，让天下人为之叹服，而不敢轻易对其有所图谋。《孟子·离娄上》讲，一个人一定是先侮辱了自己，然后才被别人侮辱；一个家庭一定是先毁灭了自己，才让别人看到这个家庭有机可乘；一个国家一定是内部先起了纷乱，别的国家才会打它的主意。所以，国家如果内部团结一致，特别是能任用贤德的人，使上下都有公心，不自私自利，这个力量会非常强大，别的国家也就不敢对它有所企图。

《潜夫论》中也说，“国之所以存者，治也；其所以亡者，乱也”，“何以知国之将乱？以其不嗜贤也”。何以判断出国家将要混乱？从国君不爱贤才就能得知。国君不重贤才，一个重要的原因是国君贪爱财货。《六韬》中说，如果国君贪爱财货，那么群臣就喜欢获得私利。而贤德的人最大的特点就是不自私自利，欲望对他没有诱惑。贤德的人一旦不被国君重用，就会隐居起来。而这个国家，由于没有兴起好的教导，即伦理道德的教育，结果人自私自利的心都滋生起来，国家的祸乱也就到来了。

《新序》中记有一则楚国昭奚恤义迎秦国使者的典故。秦国想攻打楚国，便先派使者去看一看楚国的宝器。楚王听到了这个消息，召见令尹子西，问："秦国要看我们国家的宝器，我们的和氏璧和随侯之珠，可以拿给他们看吗？"令尹子西回答："我不知道。"楚王又召见昭奚恤来询问，昭奚恤说："此欲观吾国得失而图之。宝器在贤臣，珠玉玩好之物，非宝之重者也。"秦国是想借此观察我国政治的得失，进而别有企图。一个国家的宝器，在于有贤能的臣子。珍珠、宝玉这些供玩赏的小物，实在算不上国家珍贵的宝器。于是，楚王派昭奚恤来应对这件事。昭奚恤在东面设立一个高台，在南面建了四个高台，在西面建一个高台。当秦国的使者来到后，昭奚恤对他说："您是我们国家的客人，请到东面的上位就座。"令尹子西、太宗子敖、叶公子高、司马子反依次坐在南面，昭奚恤自己坐在西面的高台。他对秦国的使者说：

"客欲观楚之宝器，楚国之宝者，贤臣也。理百姓，实仓廪，使民各得其所，令尹子西在此；奉璧使诸侯，解忿悁之难，交两国之欢，使无兵革之忧，太宗子敖在此；守封疆，谨境界，不侵邻国，邻国亦不见侵，叶公子高在此；理师旅，整兵戎，以当强敌，提枹鼓以动百万之众，所使皆趣汤火，蹈白刃，出万死不愿一生，司马子反在此；怀霸王之余议，摄（摄作摄）治乱之遗风，昭奚恤在此。唯大国之所观。"

其大意是说："您想看一看我们楚国的宝器，楚国的宝器是贤德的臣子。治理百姓,充实仓库,使百姓各得其所,令尹子西在这里;手里拿着珪璧出使诸侯国,化解彼此之间的仇怨,结交两国之间的友谊,使彼此没有战争的忧患,太宗子敖在这里;保卫国土,谨守边疆,不侵犯邻国,邻国亦不能够侵犯我国,叶公子高在这里;治理军队,整修军备,以抵御强敌的侵扰,手提着战鼓激励百万民众,他所任用的人都可以赴汤蹈火、万死不辞,司马子反在这里;缅怀先王霸业所留下的治国典范,汲取先王治理乱世的经验教诲,我昭奚恤在这里。请您尽情地观看吧!”秦国的使者听后,非常惊惧,无言以对,回去就向秦君禀告:“楚多贤臣,未可谋也。”意思是说,楚国现在有很多贤德的臣子,现在出兵攻打还不是时候,于是秦国就没有去攻打楚国。

可见,历史上贤明的君主都是以贤臣为宝,而不是以珠玉为宝。如果在位的人喜欢财富,结果就会“上下交征利,而国危矣”[1]。从领导者到老百姓,如果都去争相获取利益,这个国家就会处于危险之中。《盐铁论》中也说道:“隋和,世之名宝也,而不能安危存亡”。隋侯珠,虽然是世间最名贵的宝物,但是它有什么用呢?并不能使危亡的国家得以安存。“故喻德示威,唯贤臣良相,不在戎马珍怪也。”所以,君主要显示自己的威德,只有靠贤臣良相,而不在于这些珍禽异兽珠宝。

“务进仁贤,以任时政,不过数人,则风俗自化矣”[2]。这就是说,君主务必要举荐贤德之人,让他们处理朝政。真正贤德的人在位,虽然不过几人,但社会风俗却能自然得到转化,由恶变善。我国历

1 《孟子·梁惠王上》。
2 《群书治要·后汉书二》。

史上，许多有道德学问的皇帝都把儒释道三家的大德选为国师，随时咨询请益，对其礼遇有加。皇帝态度如此恳切恭敬，上行则下效，整个社会也就会兴起追求道德、爱好仁义之风。因为，任用德才兼备之人，通过他们的言行教导，能使民众培养起孝悌忠信、礼义廉耻的美德，树立起是非善恶的正确观念，进而达到扬善抑恶、一正压百邪的效果。所以说，社会风气的好坏，很大程度上取决于所任用之人是否贤德。

《文子》中指出了国家不任用贤德之人的原因："上多欲即下多诈，上烦扰即下不定，上多求即下交争。不治其本，而救之于末，无以异于凿渠而止水，抱薪而救火也。"意思是说，上层的人欲望多，底层的百姓就会兴起欺诈之风；上面的法令繁多，下面的百姓就不能安定；上面的人有很多贪求，下面的人就会交相争夺利益。不从根本解决问题，只在末梢上加以挽救，就如同想止住洪水却开凿河渠，想扑救大火却往火里放木柴一样。相反，"圣王在上，明好恶以示人经，非誉以导之，亲贤而进之，贱不肖而退之，刑措而不用，礼义修而任贤德也。"圣明的君主在位，他会明确地将好恶宣告于天下，让人们有正确的行为规范，并通过谴责、称誉来引导舆论，亲近贤才而提拔他们，鄙视小人而罢免他们，刑罚法律虽已颁布，却能放置不用，这是因为礼义道德得到推行、贤德之人得到重用的缘故。也就是说，如果有贤德君主出现，而且能够重用贤德之人，兴起伦理教化之风，那么，社会风气要转好并非难事。

（二）君主成治，自任贤始

1. 君主之正，必须贤佐

广义上的"君主"，不仅仅指一国之君，也包含了一个单位、一个团体的领导者。领导者任用什么样的人，关系到他自身的命运。“夫君王之治，必须贤佐，然后为泰。故君称元首，臣为股肱，譬之一体，相须而行也。”[1] 君王治理国家，必须有贤德的人辅佐，才能国泰民安。所以，君主被称为头脑，臣子被称为四肢，就像身体一样，必须相互协调才能治理好国家。因此，用什么样的人或臣子，也关系到君主的正邪。

《体论》中说：“是以为政者，必慎择其左右，左右正则人主正矣”。当领导的人，一定要审慎地选择他亲近的人。如果亲近的人正直，人主就能够正直，国家也就能兴起正气。然而，对于领导者身边的人，应怎样小心谨慎地选用呢？《尚书》记载：古代圣王所使用的侍御仆从，“罔匪正人”，没有一个不是正直、高尚的人。这些人日夜陪伴在君主身边，君主就能受到正人的监督，从而端正自己的行为。此外，还设立一称作“大仆正”的官员，“正于群仆侍御之臣，懋乃后德，交修弗逮”，专门教正侍御仆从，使其不敢奸佞伪诈，而要其勉励君主修德，修正君主的不足之处。正所谓“仆臣正，厥后克正；仆臣谀，厥后自圣”，即君主身边的人都是正直之人，君主就能正直；倘若君主身边的人都是阿谀奉承之人，久而久之，君主就会自以为圣明。所以古人特别强调，君主不能让谄媚逢迎之人留在身边充当耳目。由此可知，古代的领导者对于自己的德行修养要求是何等严格，警戒自己不仅要有知人之明，更要有自知之明。人生而有五欲六尘的喜好，为防止欲望的蒙蔽，必须亲贤远佞，需要依靠身边之人时时监督和提醒。

1 《群书治要 · 蒋子万机论》。

比如，据《说苑》记载，齐桓公询问管仲治国之患，管仲说患在“社鼠”。桓公不解，管仲就说：“夫社，束木而涂之，鼠因往托焉。熏之则恐烧其木，灌之则恐坏其涂。此鼠所以不可得杀者，以社故也。”“社”是指土地神像，神像用木头捆扎后涂泥做成，因为中空，老鼠常以之为托身之所。想把老鼠除掉，用烟熏则怕烧坏了木头，用水灌又怕冲坏了涂在神像上的泥。老鼠之所以不能被杀死，是因为土地神像的缘故。“夫国亦有社鼠，人主左右是也。内则蔽善恶于君上，外则卖权重于百姓。不诛之则为乱，诛之则为人主所案据腹有之。此亦国之社鼠也。”同样，国家也有“社鼠”，就是君主身边的人。他们如果不正，对内会蒙蔽实情，让君主不知善恶；对外会仰仗君主的庇护，向百姓炫耀手中的大权，进而鱼肉乡里。不诛杀他们，会给国家带来祸乱；诛杀他们，他们又常为君主所庇护，因此，这些人是国家的“社鼠”。

治理国家，最担心的就是君主任用在身边的人不正。清朝时，有“莫用三爷”的说法，即不用少爷、姑爷、舅爷，因为这些人都和领导者有亲属关系。如果领导者用了这些人，他们却触犯了法律，官吏在处置时就会投鼠忌器：依法制裁，会得罪他们；不制裁，自己又会落得徇私舞弊的罪名，所以君主要慎用这些亲属。

《体论》中也说：“故准圣主明君，莫不皆有献可退否纳忠之臣也”。但凡圣主明君，无不任用能奉献可行之计、斥退邪否、进献忠心的臣子。换句话说，他们之所以能成为圣主明君，就是因为身边有可以犯颜直谏、忠诚不二的臣子不断给他提醒，矫正他的过失。据《群书治要·吴子》所记，魏武侯曾和群臣谋议国事，“群臣莫能及”。退朝之后，武侯面露喜色，认为群臣的智慧没有能赶上他的。吴起看到后，就进谏说：

“昔楚庄王谋事，群臣莫能及，罢朝而有忧色。曰：寡人闻之，世不绝圣，国不乏贤。能得其师者王，能得其友者霸。今寡人不才，而群臣莫之过，国其殆矣。庄王所忧，而君悦之，臣窃惧矣。”

意思是说，以前楚庄王和群臣谋议国事，群臣都比不上他，退朝之后，他面带愁容，说：我听说世上不是没有圣人，国家也不缺乏贤人。国君如果能够得到他们并以之为师，可以称王天下；能够与之贤友，可以称霸诸侯。如今我无才，群臣又不如我，楚国危险了。楚庄王所忧虑的事，恰恰是大王您所喜悦的事，我深感忧惧。武侯听罢，甚感惭愧，因为他意识到楚庄王如此贤明都以得不到贤才辅佐、手下群臣不如自己而忧虑，而自己却好大喜功、自以为是，反认为群臣不如自己是好事。像这种“武大郎开店”式的用人方式，事业必然很难兴盛。

2. 用人得当，君主安逸

《尸子》有言：“夫用贤，身乐而名附，事少而功多，国治而能逸。”就是说，君主若能善于任用贤才，自己就可以身享安乐，声名也会随之而来，事务少而功绩多，国家能够得到治理，而自身也能够安逸。

《说苑》中讲，孔子弟子宓子贱当年治理单父时，“弹鸣琴，身不下堂，而单父治”。而孔子的另一弟子巫马期同样治理单父，虽然“亦治”，却“以星出以星入，日夜不处，以身亲之”。于是巫马期向宓子贱请教其中的道理，宓子贱回答说：“我之谓任人，子之谓任力。任力者固劳，任人者固逸也。”意思是说，我的做法是用人，你的做法是靠出力。出力的人，肯定会劳苦奔波；而任贤的人，当然就很安逸。显然宓子贱属于后者，四肢安逸，耳目不劳，平心静气，手下官员就能把单父治理得很好。巫马期却不然，他损害了自己的性情，不辞劳苦地亲自教化百姓，虽然也使单父得到了治理，但是还没有达到最高的境界。最高的境界就是“无为而治”，其根本在于领导者自身有厚德，不嫉贤妒能，任用那些贤德之人。

《淮南子》中提到：

古者法设而不犯，刑措而不用，非可刑而不刑也。百工维时，庶绩咸熙，礼义修而任贤得也。

古时，制定了法律却无人触犯，刑罚搁置不用，不该惩罚时便不惩罚。百官都能各守其责，国家百业兴旺，礼义道德建立起来，贤德之人得到任用。

故举天下之高，以为三公；一国之高，以为九卿；一县之高，以为二十七大夫；一乡之高，以为八十一元士。各以小大之材，处其位得其宜。由本流末，以重制轻。上唱而民和，上动而下随。四海之内，一心同归，背贪鄙而向义理。于其以化民也，若风之摇草木，无之而不靡。

所以，把天下最为贤德之人举荐出来，任为三公；把国家中最贤德的人举荐出来，任为九卿；把一县之中最贤德的人举荐出来，任为二十七大夫；把一乡之中最贤德的人举荐出来，任用为八十一元士，皆依据其才能大小给以适当的官职，以办理合适的政事。道德教化由天子达至百姓，以权重之人制约位轻之人。上面有所倡导，民众就会随声应和；上面有所行动，民众也会自然跟随。四海之内，同归一心，背弃贪鄙而心向道义。以这种办法来教化民众，就如风吹动草木，草木没有不随风而倒伏的。

《体论》中述及君主需要良臣辅佐的原因在于，君主统理各种政务，日理万机，以一人之心所虑必然有所遗漏，如果没有忠臣谋士辅助其视听，一定会有许多细微之处难以觉察。以何知之？君主的尊贵之所以有别于一般人，在于他能够顺其志趣来调养自身：

当他想享受欢乐时，“则严乐盈耳，玩好足目。美色充欲，丽服适体。远眺迥望，则登云表之崇台。逍遥容豫，则历飞阁之高观。嬉乎绿水之清池，游乎桂林之芳园。弋凫与雁，从禽逐兽。行与毛嫱俱，入与西施处。”如此，怎能从自身体察到穷困忧愁的悲哀，了解鳏寡孤独的难以忍受呢？

当他用餐时，“则膳鼎几俎，庶羞兼品。酸甘盈备，珍馔充庭。奏乐而进，鸣钟而彻。闲馈代至，口不绝味。”又怎能体觉到饥馁的苦楚、困窘的难堪呢？

天热之时，“则被雾縠，袭纤絺。处华屋之大厦，居重荫之玄堂。褰罗帷以来清风，裂凝冰以遏微暑。侍者御粉扇，典衣易轻裳，飘飘焉有秋日之凉。”将从何体会到炎夏的酷热，了解暑毒的难忍呢？

寒冬之日，“则服绵袍，袭轻裘。锦衾貂蓐，叠茵累席。居隩密之深室，处复帟之重幄。炽猛炭于室隅以起温，御玉卮之旨酒以御寒，焰焰焉有夏日之热。”又怎能体察到隆冬的惨烈，知道严寒的难耐呢？

以上这些，确实是君主自身无从得知的事情。大凡隐微之事，这样来模拟，就可以知道必定会有被君主遗漏而不被明察的，在这种情况下，最忠心的臣子怎能不辅助君主开阔视听，以使其醒悟而不会遗忘呢？君主有荣华富贵可以享受，且服侍周到，自然会有很多隐微的事情被他遗漏，无从体会到一般百姓的苦楚。为此，就必须依靠贤明忠心的臣子辅佐，以全面深入地洞察百姓的疾苦。如前文所举的齐景公身穿狐白之裘而不觉天寒后被晏子一语点醒就是一例。

《袁子正书》中说：“夫处天下之大道而智不穷，兴天下之大业而虑不竭，统齐群言之类而口不劳，兼听古今之辨而志不倦者，其唯用贤乎”。安处天下大道，而智慧不会穷尽；兴举天下的大业，而思虑不会枯竭；能够统一百家之言，却不费口舌；兼听古今言论，而心智不觉疲倦，靠什么来达到呢？只有靠任用贤德之人才能办到。

3. 用人不当，必致败亡

《昌言》里说：

> 王者所官者，非亲属则宠幸也；所爱者，非美色则巧佞也。以同异为善恶，以喜怒为赏罚。取乎丽女，怠乎万机，黎民冤枉类残贼。虽五方之兆，不失四时之礼；断狱之政，不违冬日之期；蓍龟积于庙门之中，牺牲群丽碑之间；冯相坐台上而不下，祝史伏坛旁而不去，犹无益于败亡也。

意思是说，假如为君之人所任命的官吏不是亲属就是宠幸的人，所喜欢的不是美色就是谄佞之人，以和自己的观点相同与否评判好人坏人，根据自己的喜怒来行赏行罚，得到美女就忽视了朝政，使黎民百姓受到冤枉残害，那么，即使对待四方祭祀非常恭敬，不违四时；审判案件严格限定在冬季；用于占卜的蓍草和龟甲，堆积于庙门之中；用以祭祀的牲畜，成群成对地系在竖石之上；占星的人坐在观星台上不下，执掌祭祀的祝史跪在祭坛旁不去，这些对挽救他的败亡都毫无帮助。

国家的兴衰成败在于君主的用人，也在于社会的道德风气。要从根本上寻找国家治乱安危的原因，不是靠占卜或形式上的祭祀，占卜虽能推断出灾祸，但不能帮助避免。“祸福无门，惟人自召”[1]，关键还是要靠积德行善。在上之人率先垂范，带动人们做有道德的事，社会风气的好转才有日可期。

《说苑》云：

人君之欲平治天下而垂荣名者，必尊贤而下士。《易》曰：自上下下，其道大光。又曰：以贵下贱，大得民。夫明王之施德而下下，将怀远而致近也。朝无贤人，犹鸿鹄之无羽翼，虽有千里之望，犹不能致其意之所欲至矣。是故绝江海者托于船，致远道者托于乘，欲霸王者托于贤。非其人而欲有功，若夏至之日，而欲夜之长也。射鱼指天，而欲发之当也。虽舜禹犹亦困，而又况乎俗主哉？

意思是说，君主想要治理天下并功垂后世，就必须尊重贤人、谦恭地对待士人。《周易·益卦》说：“身处上位，而能谦恭地对待

1 《太上感应篇》。

在下位的人，他的前途一片光明。”《周易·屯卦》又说：“以尊贵的身份，谦卑地对待地位卑贱的人，就会大得民心。”明智的君主如果能布施恩德，且礼贤下士，就能安抚远方的人并使近处的百姓亲附。朝中没有贤德的人，就像鸿鹄没有翅膀，虽想翱翔千里，却最终不能达到。因此，横渡江海的人要依靠舟船，走远路的人要依靠车马，想称霸天下、兴起王业的人要依托于贤人。如若用了不合宜的人，却想成就功业，就像在夏至那天而期望夜晚很长，对着天空射鱼却想把鱼射中一样，就是虞舜、夏禹那样的君王也要处于困境，更何况一般的君主呢？可见，要成就王霸之业的人，必须依托贤士。

齐桓公之所以能称霸天下，成为春秋时代第一位霸主，正是因为他能够任用贤才、信任贤才。《晏子》记载，齐景公曾问晏子：“以前，我的先君齐桓公，率领兵车三百辆，多次会盟诸侯，统一天下。如今，我率领的兵车有一千辆，可以赶上先君桓公的业绩，在他之后一匡天下吗？”晏子答道：“桓公从车三百乘，九合诸侯，一匡天下者，左有鲍叔，右有仲父。今君左为倡，右为优，谗人在前，谀人在后，又焉可逮先君桓公之后乎？”晏子劝谏齐景公如果也想称霸天下，不是效法桓公兵力的多寡，而应效法他那种任人唯贤的智慧和度量。显然，用人关系到君主的成败。

4. 视所用人，即知成败

《体论》中说：“夫人生莫不欲安存而恶危亡，莫不欲荣乐而恶劳辱也。终恒不得其所欲，而不免乎所恶者何？诚失道也。”人，没有谁不希望安定生存而厌恶危险灭亡，没有谁不想荣耀幸福而厌恶劳苦屈辱，但很多人最终还是得不到他想要的而又避免不了他所憎恶的，为什么？实在是由于不由其道啊！譬如，想要宫室楼宇高大华丽，一定会悬重赏以寻求良匠。为此，在寻求能工巧匠的时候，对内不会偏袒家族亲人，对外也不会遗漏关系疏远的能人，一定要找到合适的人才，才把这份工作交给他。所以建起来的宫室才能高大华丽，住起来舒服安乐。然而等到他求取辅佐之臣的时候，却不如选工匠时那样有公心，只用那些谄媚奉承、关系亲近的人。所以“图国不如图舍”，这是君主最大的忧患。

那么，可供辅佐的人有哪些类型呢？《韩诗外传》把他们分为以下几种：

智如原泉，行可以为表仪者，人师也。智可以砥砺，行可以为辅檠者，人友也。据法守职，而不敢为非者，人吏也。当前快意，一呼再诺者，人隶也。故上主以师为佐，中主以友为佐，下主以吏为佐，危亡之主以隶为佐。

智慧像有源头的泉水一般永不竭尽，行为可以作大众表率的人，是人之师。智慧可以磨砺人，行为可以辅正别人的人，是人之友。依据法规做事、恪守职责、不敢做非法之事的人，是人之吏。当面投合他人的心意，别人一呼唤，连声应诺的人，称为人之隶，如同奴隶一样。上等的君主以师为辅佐，中等的君主以友为辅佐，下等的君主以吏为辅佐，使国家危亡的君主以隶为辅佐。

欲观其亡，必由其下。故同明者相见，同听者相闻，同志者相从，非贤者莫能用贤。故辅佐左右所任使，有存亡之机，得失之要也。可无慎乎？

要看一位君主是否会灭亡，一定先观察他的下属。所以眼光同样敏锐的人能相互发现，耳朵同样灵敏的人能相互倾听，志趣相投的人能相互追随。不是贤君就不能任用贤臣。所以君主对于左右辅佐大臣的委用，其中就隐藏着国家存亡的征兆、政治得失的关键，怎么可以不谨慎对待呢？

《群书治要·后汉书三》讲“秦之将亡，正谏者诛，谀进者赏；嘉言结于忠舌，国命出于谗口。”能够谏诤的人被诛杀，阿谀奉承的人受到封赏；善言凝结于忠臣的嘴边，却说不出来；国家的政令，皆出于邪佞之口，这是导致秦国灭亡的重要原因。

《群书治要·贾子》载，梁怀王问贾子：“人之谓知‘道’者为先生，何也？”贾子说：“‘先生’是个泛称，大可称国君，中可称卿大夫，下可称布衣之士。若为其正名，不应称‘先生’，应称‘先醒’。有的君主没有学治国之道，茫然不明得失，不知道治乱存亡的根源，每日匆匆忙忙，就像喝醉了酒一样。而贤明的君主，‘学问不倦，好道不厌，慧然先达于道理矣。故未治也，知所以治；未乱也，知所以乱；未安也，知所以安；未危也，知所以危。故昭然先寤乎所以存亡矣，故曰先醒，譬犹俱醉而独先发也。’”贾子认为世间的君主，有先醒者、后醒者和不醒者之分，并一一举例说明：

过去楚庄王与晋国交战，大获全胜。归来时路过申侯的封地，申侯给他进奉饭食，但到了日中，庄王还不吃饭。申侯请罪，庄王喟然长叹说：“这不是你的过失。我听说过，君主是贤明的君主，而有贤师辅佐，可以称王；君主是中等贤明的君主，有良师来辅佐，可以称霸；君主是下等的君主，而群臣都不如他，就会灭亡。如今我是个下等的君主，群臣又没有人能超过我。我也听说过，‘世不绝贤’，天下有贤德的人，我却得不到，像我这样活在世上，还吃什么饭啊？”楚庄王虽然战胜了大国，诸侯都因其有义而顺从，但他却因渴盼贤良辅佐，到日中都忘记吃饭，可以称得上是明君了。这是先觉悟到存亡之道，是先醒者。

过去宋昭公出逃，到边境时，喟然叹曰：“唉！我知道我灭亡的原因了。自从我称王之后，侍奉在我身边的数百人，无一不说我是圣明的君主。朝堂内外都听不到有人说我的过失，所以才到了今天的地步，我有今天的困境也是应该的。”此后，他革心易行，白天学道，晚上讲之，勤而不厌。两年之后，美名远闻。于是宋人迎接昭公回国，重奉他为国君，终成一代贤君，谥号“昭公”。像宋昭公这样亡国后醒悟到存亡的原因，这是后醒者。

从前虢国的国君骄纵放逸，自吹自擂，亲近并加封谄媚阿谀的人，诛杀驱逐忠心劝谏的臣子，政局一片混乱，国人不服。后来，晋国出师讨伐，虢君出逃，到了泽中，说：“我渴而欲饮”。他的车夫就为他奉上清酒。又说：“我饥而欲食”，车夫又为他奉上肉脯和干粮。虢君高兴地问：“这是哪里来的？”车夫说：“我已经储备很久了。”虢君问：“为何要储备这些呢？”他说：“是为国君您逃亡路上饥渴准备的。”虢君就问：“你知道寡人会有逃亡这一天吗？”他说：“知道。”虢君问：“你既然知道，为什么不劝谏我？”车夫就说：“因为您喜欢听阿谀奉承的话，厌恶听实话。如果我过去劝谏，恐怕早就没命了。”虢君听后色变，勃然而怒。于是车夫赶紧谢罪说：“臣说的言过其实了。”虢君问他：“那我为什么逃亡呢？”车夫说：“国君您不知道，您之所以逃亡，是因为您太贤明了。”虢君就说：“贤明是可以让人生存的，我却落得逃亡的地步，是何原因？”车夫说：“因为天下的君主都不贤德，只有君主您贤德，所以才会逃亡。”虢君听毕，喜笑颜开说：“唉！是因为贤德才落得这么苦啊！”后来，他步行逃到山中，又饥又乏，枕着车夫的膝盖睡着了。车夫趁他熟睡时，用石头代替自己的腿离他而去。后来，虢君饿死山中，为禽兽所吞食。像虢君这样，已经灭亡，尚且不能觉悟存亡原因的，称之为不醒者。

这几则故事通过鲜明对比描述了何为先醒者、后醒者与不醒者。先醒者如楚庄王，“昭然先寤乎所以存亡矣”，很早就清醒地明白了求贤的重要；后醒者如宋昭公，“既亡矣而乃寤所以存亡”，待有了沉痛的教训才认识到用人的失误；不醒者则如虢君，“已亡矣犹不寤所以存亡”，直到临死前还自欺欺人，甘愿被虚言蒙蔽，而不愿接受劝谏。所以说，只有贤君方能任人唯贤，而领导者的用人态度，直接关系到国家的安危存亡。

二、用人原则，任贤远佞

据《说苑》记载，周成王将行冠礼时，周公命祝雍为成王致祝辞，并要求他用语精炼。祝雍就说：“使王近于仁，远于佞，啬于时，惠于财，任贤使能。”意思是希望大王能够亲近仁德之人，远离奸佞之人，珍惜时间，惠施财物，任用贤德和有能力的人。所以，概而言之，任贤远佞是君王理应奉行的用人标准。

用人特别强调德才兼备，以德为先。《孔子家语》中说，“弓调而后求劲焉，马服而后求良焉，士必悫而后求智能焉。不悫而多能，譬之豺狼，不可迩也。”弓需调好之后才能成为强劲之弓，马需被驯服之后才能成为良马，士需诚实谨慎之后才能进一步求取才能。如果士没有诚敬之心，却多才多艺、聪明能干，就像豺狼一样不可亲近。正如时下人们所打的比方：“有德有才是正品”，这类人最为社会和团体急需；“有德无才是次品”，虽然没有才能，但经过培养还是有提高的空间，勉强可用；“有才无德是毒品”，这一类对社会的伤害最大，后患无穷，最应远离；“无才无德是废品”，对国家毫无用处，当然这样的人较为少见。

《韩诗外传》记载，孔子将士人分为五种：“有势尊贵者”“有家富厚者”“有资勇悍者”“有心智慧者”“有貌美好者”。

“势尊贵，不以爱民行义理，而反以暴傲。家富厚，不以振穷救不足，而反以侈靡无度。资勇悍，不以卫上攻战，而反以侵凌私斗。心智慧，不以端计数，而反以事奸饰诈。貌美好，不以统朝莅民，而反以蛊女从欲。此五者，所谓士失其美质也。”

孔子指出，权势尊贵、地位显赫的士人，不用他的权势去爱护民众、实行道义，反而以之暴戾傲慢，欺压民众；家境富裕、资财雄厚的士人，不用他的财富赈济贫苦之人，反而以之过奢侈糜烂、没有节制的生活；天资勇猛强悍的士人，不用他的勇敢保卫国君、攻城野战、建功立业，反而用它欺凌百姓，挑起私人间的争斗；心智聪敏的士人，不用他的聪明为国家出谋划策，反而用智谋做邪恶之事，掩饰奸诈的行为；容貌端庄俊美的士人，不用他的威仪统御群臣、治理民众，反而用它蛊惑女子、放纵私欲。这五者，可说是士人中丧失了其美好禀赋的人。权势、财富、勇毅、智能、美貌这五种资质，人人欲求，却非人人享有，理应倍加珍惜，将其运用到利于人们的事业上，以真正发挥出它所本有的价值。

具体而言，用人则应用孝廉之人、贤德之人、直谏之人、进贤之人与扬善之人，以下分述之。

（一）孝廉之人

自古以来，我国都把“孝廉”作为人才选拔的根本标准，而“孝”则始终是第一位的。《孝经》中说：“不爱其亲而爱他人者，谓之悖德；不敬其亲而敬他人者，谓之悖礼。”这些都是和德行的本质、礼义的本质相违背。一个人对父母没有爱敬之心，不知报答其养育之恩，他出外对领导的忠心便无从谈起，即使表现得言听计从，恐怕也是觉得有利可图。《弟子规》开篇就讲“入则孝”：“父母呼，应勿缓；父母命，行勿懒；父母教，须敬听；父母责，须顺承。”对父母的态度直接影响到他以后对领导、同事、工作的态度。“少成若天性，习惯成自然”，孩童在家里养成了以自我为中心、随心所欲、对父母轻慢无礼的习惯，这种心理惯势带到工作上，也会出现同样的问题。

中国古人说，“求忠臣于孝子之门”。这句话的确为明训。因为孝子重恩情、道义，他不会做出见利忘义、忘恩负义的事。工作、社交上流露出的教养，其实都来自于对家庭、对父母的态度。孔子云：“古之学者为己，今之学者为人。”[1]“为己之学”是为提升

1 《论语·宪问》。

自己修养而学，履而行之，求学的意义在于成己成物；“为人之学”是将学到的知识炫示于人，徒能言之，求学的意义在于获取名利。先哲遗训，是“性命之学”，关乎每一个人的人生大事，所以重在力行，行一分，方学得一分、受益一分。把所学的道理力行到生活中，通过修养自身以达到齐家治国平天下的目的，这才是真正做学问的态度。

“廉”有消极与积极两层涵义：消极上，指不贪；积极上，指廉正。

“廉”，首先意味着不贪。一个人如果欲望过重，为了满足私欲，就会铤而走险，做出违法乱纪、以权谋私的事。《大学》讲：“修身、齐家、治国、平天下。”修身，从格物开始。“格物”二字，根本意义上是指格除物欲，正确看待财色名利等诱惑的实质，不为其干扰，保持心目的清明。

颜回向孔子问仁，孔子回答：“克己复礼为仁。一日克己复礼，天下归仁焉。”我国传统文化儒释道的伦理思想中，最基本的礼，指的是《弟子规》《太上感应篇》和《十善业道经》中的内容。若能克除自己的私欲，按照礼的规范勤于检省，体会礼的精神，合乎礼的要求，方可达于仁。而一日克己复礼，对于人君而言，则能使天下人民咸归于仁君。例如周文王为西伯时，虞国、芮国两君争田，相与朝周，请文王为其评理。当二君入境，所见朝野人士无不恭敬辞让，于是自惭而返。天下闻之，归周者达四十余国。[1]由此可见，修身是真实的功夫，所得的是真实的效用。

古人看官员能否被任用，首要的就是看他是否有贪心，在财色

1 李炳南教授讲述，徐醒民教授敬记：《论语讲要》，长江文艺出版社 2011 年版，第 203 页。

名利面前能否保持清醒的头脑。《群书治要·后汉书三》记载，杨震赴任东莱太守时，途经昌邑县，他所举荐的秀才王密时任昌邑县令，因此前来拜见。到了夜里，王密怀揣十斤黄金答谢杨震。杨震说:“我了解您,您却不了解我。”王密说:“夜里无人知道。”杨震回答:“天知，神知，我知，子知，何谓无知？”王密听罢，羞愧而出。杨震不受“四知财”的清廉作风影响了他的儿子、孙子乃至曾孙，他的后代很多都做到了三公的位置，非常显达。而他的子孙，为了纪念祖先这种廉洁的作风，将他的一间房屋取名为“四知堂”，以此提醒杨家后代，他们的祖先不收“四知财”,凡是走过这个匾额的时候,都应自警自励。

此外，“廉”更有廉正之意。《潜夫论》云:“夫贤者之为人臣，不损君以奉佞，不阿众以取容，不堕公以听私，不挠法以吐刚，其明能照奸，而义不比党。”贤能之士作为臣子，不以谄媚奉承和花言巧语损害君主的威德，不迎合众人苟且偷安，不损害公家利益任凭私意行事，不歪曲法律而畏惧权贵。他的贤明能明察奸邪，他的道义使他不结党营私。

《群书治要·后汉书一》载，祭遵当年跟随汉光武帝出征黄河以北时，任军市令。光武帝族中有一年轻人犯法，被祭遵依法处死。光武帝大怒，下令将祭遵收监。当时主簿陈副进谏说:“明公您常想让军纪严明，现在祭遵执法不避权贵，这是为了使政令得以施行啊。”光武帝随即赦免了祭遵，封他为刺奸将军，并对诸将说:“当小心祭遵，我族中一小儿犯法尚且被他杀掉，他也一定不会对你们有所偏向。”光武帝平定黄河以北后，又拜祭遵为征虏将军。可见，明君用人，都是用严格执法、不徇私枉法之人。光武帝非常器重祭遵，给他很高的待遇，而祭遵为人廉约谨慎，克己奉公，“赏赐辄尽与士卒，家无私财”。他过世时，光武帝“愍悼之尤甚”，亲自吊唁，看到祭遵曾经坐过的车骑，“涕泣不能已”。其后每逢朝会，光武帝都感叹：“安得忧国奉公之臣如祭征虏者乎？”

《群书治要·孙卿子》云：“从命而利君谓之顺；从命而不利君谓之谄；逆命而利君谓之忠；逆命而不利君谓之篡；不恤君之荣辱，不恤国之臧否，偷合苟容，以持禄养交而已，谓之国贼。”荀子此言可谓执政者任人之圭臬。

（二）贤德之人

《吕氏春秋》中说：

忠孝，人君人亲之所甚欲也；显荣，人臣人子之所甚愿也。然而人君人亲不得所欲，人臣人子不得所愿，此生于不知理义。不知理义，生于不学。是故古之圣王，未有不尊师也。

忠孝显荣四者，皆为人所欲求。然而不得，是因为不懂理义。不懂理义，则源于不学。理义不学，则为君不仁、为父不慈、为臣不忠、为子不孝。所以古代的圣王没有不尊师重道的。一个人不尊师，无从了解大道，其所作为皆凭一己之喜好与世俗的观念，则很可能误入歧途。而在寻师问道过程中，也需要有自知知人之明。《孙卿子》有云，“非我而当者，吾师也”，能够批评我，且批评得很恰当，这样的人就是我的老师；“是我而当者，吾友也”，表扬我且表扬得恰当，是我之友；“谄谀我者，吾贼也”，我本没有真才实学，他却谄媚我，这样的人是害我之人，当需明察。

《韩诗外传》中记载，晋平公游于河，感到非常快乐，说：“从哪里能得到贤士共享这种快乐呢？”船夫盍胥跪下回答说：“主君亦不好士耳。夫珠出于江海，玉出于昆山，无足而至者，犹主之好之也。士有足而不至者，盖主君无好士之意耳，何患于无士乎？”平公说：“我的门客，门左有一千人，门右有一千人，早晨的食物不够，晚上就派人去征收赋税；晚上的食物不够，第二天早晨就派人去征收赋税。怎么能说我不喜欢贤士呢？”盍胥答道：“夫鸿鹄一举千里，所恃者六翮耳。背上之毛，腹下之毳，益一把，飞不为加高，损一把，不为加下。今君之食客，将皆背上之毛，腹下之毳耳。《诗》曰：谋夫孔多，是用不集。此之谓也。”[1]其意是说，鸿鹄一振翅就能飞翔千里，所依靠的是翅膀上强劲有力的六条茎羽，而它背上的粗毛、腹下的细毛，增加一把不会让它飞得更高，减损一把也不会让它飞得更低。现在您的食客都是背上的粗毛、腹下的细毛罢了。《诗经》上说：出谋划策的人太多，事业就不能成功，说的就是这种情况。”言外之意是，虽然平公门客上千，真正有用的贤能却少之又少，而后者才是成就事业的关键。

明主用人，都是先德后力，首重德行。例如，《说苑》中记载了一则晋文公封赏陶叔狐的典故。陶叔狐在晋文公逃亡时一直跟从着他，后来晋文公回国，三次封赏都没有轮到陶叔狐。于是他对咎犯说：“我跟随君主在外流亡十三年，容颜憔悴，手足结满老茧。如今国君归国，进行了三次赏赐都没有轮到我，是国君忘了我，还是我有什么大的罪过？”咎犯将此事告诉了文公，文公叹道：

---

1 《诗、小雅、小曼》。

“我岂忘是子哉？夫耽我以道，说我以仁，昭明我名，使我为成人者，吾以为上赏。防我以礼，谏我以义，使不得为非者，吾以为次赏。勇壮强御，难在前则居前，难在后则居后，免我于患难中者，吾复以为次赏。且子独不闻乎？死人者不如存人之身，亡人者不如存人之国。三行赏之后，而劳苦之士次之。劳苦之士，子固为首矣，吾岂敢忘子哉？”

意思是说，能够用道使我精神专注，用仁爱的道理说服我，彰显我的名声，使我成为德才兼备之君的人，我认为应该受到最高的赏赐。那些以礼来规范我，以义来劝谏我，使我不致于做错事的人，我认为应该受到第二等的赏赐。那些勇猛强壮的保卫者，有难在前就冲锋在前，有难在后就断后保护，使我免于危难的人，我认为应该受到第三等的赏赐。况且他没有听说过吗？为人效死，不如保存那个人的生命；跟人逃亡，不如保存那个人的国家。三次奖赏之后，就该轮到有劳苦功绩的人了，而在有劳苦功绩的人当中，陶叔狐当然是头一个了，我怎敢把他忘了呢？周内史叔兴听到这件事后说：“文公其霸乎！昔者，圣王先德后力，文公其当之矣！”文公大概要称霸了！从前，圣王都是将德行摆在首位，而将勇力放在其后，文公或许堪当这样的评价吧！在晋文公看来，能够以德行教化百姓、言传身教的人，理应受到国家最高的重视和封赏，因为他既能全君之德、成君之业，又能真正地普利百姓、教化群氓，使国泰民安，实现大治。

对此，《尸子》中也有一形象的比喻：房屋失火了，得到别人的救助，人们都懂得感恩戴德；而年老的长者教人们涂好灶墙缝隙、谨慎修缮烟囱，避免终身失火的忧患，人们却不知道感激。身陷囹囷，有人将其解救出来，其三族的家人都会感恩戴德；但是贤德之人，“教之以仁义慈悌，则终身无患”，人们却不知道感恩。“夫祸亦有突，贤者行天下而务塞之，则天下无兵患矣，而莫之知德也。”世上的灾难也都有它的“烟囱”，贤德之人行道于天下，尽力弥补挽救，使天下免除战争的祸患，可人们也不知道报答感恩。所以说，“圣人治于神”，圣人是从治理人心着手使天下得到治理。

《群书治要·孙卿子》亦云，“口能言之，身能行之，国宝也”，口能陈说圣贤之道，又能身体力行，这样的人被誉为国宝；“口不能言，身能行之，国器也”，虽然不能讲说圣贤之道，但能身体力行，这种人被称为国家的重器；“口能言之，身不能行，国用也”，口能讲说，而身不能落实，这种人是国家的用具；“口言善，身行恶，国妖也”，口中说得好听，所为却是恶事，这种人是国家邪恶之人。因此，“治国者敬其宝，爱其器，任其用，除其妖。”治理国家的人，应当尊敬国宝，爱戴国器，任用国用，除去国妖。“国妖”并不仅指国家的臣子，生活中凡言善行恶、阳奉阴违之人皆是，都会对社会风气造成不良的影响，使人对道德伦理丧失信心，所以危害甚大。而“除去国妖”也并不仅指戕其性命，根本上还是要如上文所讲的，从任用贤德、净化人心、扭转人心治起。

（三）直谏之人

关于这一点，《群书治要》中多有论及。这里，仅摘取若干论述之。如《新序》载，晋平公请教叔向“国家之患孰为大”，叔向回答：“大臣重禄而不极谏，近臣畏罪而不敢言，下情不上通，此患之大者也。”大臣为了保住自己的禄位而不尽力规谏；身边的近臣畏惧获罪也不敢说出真话，下面的情况不能上达于国君，这是国家最大的祸患。

大臣不敢犯颜进谏，当然也和君主欠缺雅量有关，不乐意接受谏言，因此臣子才会投其所好，曲意逢迎。古代贤明的君主，都深明此理，常会引导属下犯颜直谏。

《吕氏春秋》载，赵简子下令把臣子栾徼沉入黄河，他说："吾尝好声色矣，而栾徼致之。吾尝好宫室台榭矣，而栾徼为之。吾尝好良马善御矣，而栾徼来之。今吾好士六年矣，而栾徼未尝进一人，是长吾过而绌吾善也。"赵简子认识到，以往从栾徼那里所得到的都是过失，得不到的恰恰是美德，这就助长了自己的过错而减损自己的德行。赵简子善于引导臣子去做正当的事，可谓"能以理督责于其臣"。而"以理督责于其臣，则人主可与为善，而不可与为非；可与为直，而不可与为枉。"用义理来督察责罚臣子，君主就可以与他一起为善，而不能与他一起为非；可以与他一起做正直之事，而不能与他一起做邪曲之事。

《吕氏春秋》中另记有赵简子一事，他说："赵厥爱我，尹铎就不爱我。"赵厥和尹铎，都是赵简子的家臣。"厥之谏我也，必于无人之所。铎之谏我也，喜质我于人中，必使我丑。"尹铎对曰："厥也爱君之丑，而不爱君之过也。铎也爱君之过，而不爱君之丑也。不质君于人中，恐君之不变也。"赵厥进谏，一定在无人之处，他顾惜的是您的脸面，怕您出丑，而不顾惜您的过失；我在大庭广众之下进谏，顾惜的是您的过失，而不是您的颜面。如果不在大庭广众之下质问您，我担心您不会改变。"此简子之贤也"，这正是赵简子的贤明之处，因为"人主贤，则人臣之言刻"，君主贤明，臣子对他的要求才会如此严厉、对他的劝谏才会非常彻底。他有尹铎这样敢在众人面前质问他、指正他的臣子，可见他的胸怀之广大，才能够任用这些犯颜直谏之人。

《吕氏春秋》亦云：

> 贤主所贵莫如士。所以贵士，直言也。言直则枉者见矣。人主之患，欲闻枉而恶直言，是障其原而欲其水也，水奚自至？是贱其所欲，而贵其所恶也，所欲奚自来？

意思是说，贤明的君主最重视的莫过于贤士。重视他们的原因，是因为他们能犯颜直谏。言语直接，君主方能看到自己的过错。君主的通病，在于想要了解自己的不足之处，却又厌恶直言，这好比是将水源阻塞而又想得到水一样，水从何来？这等于是轻视自己所想要的，而重视自己所厌恶的，想要的又从何处来？意即君主想要听闻自己的不正之处，但又厌恶听到贤士的直言进谏，如此，直言进谏从哪里来？身为官员，越是位高权重，越不易听到直言，久而久之便容易滋长骄傲自满情绪，进而危及自己的事业。所以，为了“长吾善而绌吾过”，就要敢于任用直谏之士。大凡能够直言不讳地指正自己过错的人，虽然言词逆耳，却往往出于对自己的爱护和对义理的坚持，因此最应该珍惜。后面接着举出两则犯言直谏的例子。

一例是，能意拜见齐宣王，宣王问他：“寡人听说你正直，喜好直言，有这样的事吗？”能意回答说：“意恶能直？意闻好直之士，家不处乱国，身不见污君。今身得见王而家宅乎齐，意恶能直？”我怎能称得上好直呢？我听说好直的人，家不选在政治混乱的国家，自己不进见品德上有污垢的君主。今天我来拜见您，而家又居于齐国，怎么能说我喜欢直呢？“若能意者，使谨乎论主之侧，亦必不阿主。不阿主，主之所得岂少哉？此贤主之所求，而不肖主之所恶也。”像能意这样的人，如果让他在君主之旁谨慎论事，肯定不会逢迎君主。不逢迎君主，君主所获得的难道会少吗？这正是贤主之所求，而为不贤之主所厌恶的。

另一例是，楚文王得到“茹黄”之狗与“宛路”之箭，带着它们到云梦泽畋猎，三月不返；得到丹地一美女，迷恋女色，一年不务朝政。太保申进谏说：“先王曾经卜卦，认为选择我担任太保一职卦象吉祥。现在大王您的罪过理应受鞭刑。”楚文王说：“能否变通一下方式，不用鞭刑责罚我呢？”太保申回答：“臣承先王之令，不敢废也。王不受笞，是废先王之令也。臣宁抵罪于王，毋抵罪于先王。”我承继的是先王的法令，不敢废除。如果大王不受鞭刑，就是要让我废弃先王的法令。我宁愿获罪于王，也不愿意获罪于先王。楚文王说：“好吧。”于是太保申拉出坐席，让楚文王俯卧于上，又把五十根细细的荆条绑在一起，跪着把它放在了楚文王的背上。如此做了两次，说：“大王您可以起来了。”楚文王说：“既然有鞭笞的名义，你还是名副其实地打我一顿吧。”太保申说：“臣闻君子耻之，小人痛之。耻之不变，痛之何益？”我听说对于君子，能让他感到羞耻就可以了，小人才要让他感到疼痛。如果使其羞耻，他都不改正自己的行为，让他感到疼痛，又有什么帮助呢？太保申说完后，遂起身退出门外，请求楚文王把他处死。楚文王说：“这是我的过错，太保有什么错呢？”随后，楚文王决定痛改前非，召回太保申，杀死茹黄狗，折断宛路箭，送走丹地美女，励精图治，最后他兼并了 39 个封国，使楚国疆土非常广大。能够达到这一结果，可以说，都是太保申犯颜直谏的功劳。

《昌言》中说：人主有五种情况不可劝谏。其一是废除皇后、废除太子；第二是放纵情欲而不节制；第三是专宠一人；第四是宠幸那些阿谀奉承之人；第五是骄贵外戚。五种有一，都不能犯颜直谏。言外之意，如果臣子在这些情况下劝谏，很可能人主不但不听，还会为自己招致杀身之祸。但是太保申见楚文王不节制情欲且专宠一人，仍不惜冒死劝谏君主，可谓忠义之士。

《易经·蹇卦》言："王臣蹇蹇，匪躬之故"。人臣之所以忠厚老实、犯颜直谏，并非为了自身之安危，而是为了匡正君主的过失。君主有过，即是危亡的征兆。见到君主有过而不去劝谏，就是轻视君主，使他陷于危亡的境地。而轻视君主陷于危亡，忠臣是不忍心这样做的。《政要论》上也讲："贤人君子，不忍观上之危，而不爱身之殆。故蒙危辱之灾，逆人主之鳞，及罪而弗避者，忠也，义也。"贤人君子，不忍心看到他们的君主处于危殆的境地，所以他不关心自己的危难，宁愿冒着蒙受危难、侮辱的灾祸，揭开人主的龙鳞，即使获罪也不愿避开，全是出于一片忠义之心。

贤明之主，除了上面说到的赵简子外，魏文侯也是著名的一位。据《说苑》记载，乐师经在鼓琴，文侯闻乐起舞，吟诵道："让我的言语没有人违背。"师经听到后，持琴就去撞文侯。结果没撞上，只撞到了文侯冕冠前的玉串，玉串被撞散了。文侯回视左右臣僚问："作为臣子竟敢撞击他的君王，该当何罪？"臣僚说："罪当烹。"于是，就命人提师经下堂受刑。刚下了一级台阶，师经说："臣可以说一句话再死吗？"文侯同意了，师经就说："昔尧舜之为君也，唯恐言而人不违。桀纣之为君也，唯恐言而人违之。臣撞桀纣，非撞吾君也。"文侯听后，即说："释之，是寡人之过也。悬琴于城门，以为寡人符。不补旒，以为寡人戒。”符即凭证，文侯命令将琴悬挂在城门上，作为他接受谏言、改过自新的凭证；又命令不要修补冠冕上的玉串，以此作为他的鉴诫，使他一看到撞碎的玉串，就知道不应做像桀纣那样的君主。

据《新序》记载，又有一次，魏文侯和诸大夫在一起，问他们：“你们觉着我是什么样的君主啊？”群臣皆说：“您是仁德的君主。”轮到翟黄，他说：“君主您不是一位仁君。”魏文侯问他缘故，翟黄说：“您征伐中山国后，不把它封赐给您的弟弟，而把它封给了您的长子，我以此知您不是一位仁德的君主。”翟黄这句话触怒了文侯，被逐出了厅堂。接着轮到任座，文侯又问他说：“我是一个什么样的君主？”任座回答：“您是一个仁德的君主。”文侯问：“何以言之？”任座回答说：“臣闻之，其君仁者其臣直。向翟黄之言直，臣是以知君仁君也。”我听说君主仁慈，他的臣子说话才会很直接，可以犯颜直谏。刚才翟黄敢说真话，不惜触犯您的龙颜，我因此知道您是一个仁德的君主。”文侯听后说：“很好！”于是又把翟黄召了回来。

《吕氏春秋》中亦记有诸多昏庸之主的例子，比如齐宣王。宣王好射箭，尤其喜欢别人称赞自己能拉强弓，以示自己有力。他平常所用的弓拉力不过三石，可每次拿给左右侍从看的时候，他们都会尝试来拉弓，但只拉到一半就停止了，皆说：“此不下九石，非王其孰能用是？”宣王被臣下欺骗，一生都以为他能拉开九石之弓，至死不知实情，岂不可悲？“非直士其孰不阿主？故乱国之主，患在乎用三石为九石。”若非正直敢谏之士，有谁不投君主所好？所以乱国之君，其病就在于总将自己所用的三石之弓当成九石。不光是力量，其他如功德、治理等，也都是如此。《袁子正书》说："佞邪之言，柔顺而有文；忠正之言，简直而多逆。"领导者用人不可以不慎。

（四）进贤之人

《韩诗外传》记有楚庄王与夫人樊姬的一段对话。一日，楚庄王听朝晚归，樊姬问他何故，庄王说："今者听忠贤之言，不知饥倦也。"樊姬问："您所说的忠贤之士，是其他诸侯国的人呢？还是国内的人呢？"庄王说："是沈令尹。"樊姬掩口而笑。庄王问其为何而笑，樊姬说：

> 妾得侍于王，十有一年矣。然妾未尝不遣人求美人而进于王也。与妾同列者十人，贤于妾者二人。妾岂不欲擅王之爱、专王之宠哉？不敢以私愿蔽众美也。今沈令尹相楚数年矣，未尝见进贤而退不肖也，又焉得为忠贤乎？

美人是指美善的、德才兼备的女子。樊姬不以私愿蔽众美，不为自己得到专宠而蔽贤，四处寻找德才兼备的女子帮助庄王治理后宫。相反，沈令尹已做楚国卿相数年，却未曾见他为庄王举荐过贤能之人或罢免过邪曲之徒，怎么能称他为忠诚贤明之士呢？庄王将樊姬之言告诉了沈令尹，令尹便举荐了孙叔敖。孙叔敖"治楚三年而楚国霸"，这都是得力于樊姬的谏言。可见，真正贤德的人不会嫉贤妒能。中国有句古话，"观德于忍，观福于量"。看一个人有没有德行，就看他能不能忍，甚至能不能忍辱；而看一个人有没有福气，就看他有没有度量。

《孔子家语》有载，子贡请教夫子，当时哪些人称得上贤臣。孔子举出齐国鲍叔牙和郑国的子皮。而在子贡看来，似乎管仲和子产更贤能，因为管仲协助齐桓公理政，子产做郑国的宰相，都把国家治理得井井有条。但相比于出力者，孔子则更敬重举荐贤才的人，认为他们才是真正的贤臣。孔子说："我听说鲍叔牙力荐管仲，子皮举荐子产，却没有听说过管仲和子产推荐过比自己更贤能的人才。"换句话说，孔子评价一个人是否贤明，是看他能否推荐德才兼备之人。

据《说苑》记载，管仲在告诫齐桓公治国之患时，还曾打一比喻，形容嫉贤妒能之人把持权位的危害。他说：有一人卖酒，他的酒器非常洁净，酒旗也悬挂得很高，但是他的酒放酸了都卖不出去。他就问邻居是什么缘故，邻里说是因为他家的狗太凶了，有人提着酒器进来买酒，那狗迎面扑来就咬人，这就是酒卖不出去的原因。"夫国亦有猛狗，用事者也。有道术之士，明万乘之主，而用事者迎而龁之，此亦国之猛狗也。"国家同样也有"猛狗"，就是那些有权势的人。有道德学问的人想来辅佐国君，他们就迎上去"咬"，这种人便是国家的"猛狗"。所以，如果国君身边任用的都是嫉贤妒能的人，贤能之人就得不到采用，因为他们怕贤士一旦受到国君器重会危及自己的地位，会使自己的利益受到损害。正因古人深刻地认识到了贤才的难得与宝贵，所以特别在制度上规定，"进贤者必有赏，进不肖者必有罪"，而不敢推荐人才的人，即为无能之人。一旦这样的制度被推行，臣子进贤退不肖的良好政治风气就会逐渐形成并得到保障。

（五）扬善之人

《体论》云："君子掩人之过以长善，小人毁人之善以为功。"君子是把别人的过恶加以掩饰，以此来长养自己的厚道善良；小人是毁谤别人的善行善举，以此来夸耀自己的功劳。君子与小人判然有别，区分的一个标志就是看他的言语是经常欣赏、赞叹别人，还是经常毁谤、挑剔别人。

《格言别录》中讲，“德盛者其心和平，见人皆可取，故口中所许可者多”。德行很高的人心平气和，见每一人都有可取之处，有值得自己借鉴学习的地方，所以他口中所赞叹的、肯定的人会很多。相反，“德薄者其心刻傲，见人皆可憎，故目中所鄙弃者众”。而德行浅薄的人，心地刻薄傲慢，见到每一个人，都觉着有可厌恶、不如自己的地方，所以他眼中瞧不起的人就很多。

能经常看到别人的优点，分享别人的善举，是一种真实的修养。《弟子规》说：“道人善，即是善；人知之，愈思勉。”当人得知自己的点滴善行在背后受到称赞时，他就会受到鼓励，进而更加勤勉地多做善事。“扬人恶，即是恶；疾之甚，祸且作。”而到处宣扬别人的过恶，本身就是一种恶。不仅于对方改过无益，反会受其憎恨，增加他的恶念，无形中为自己埋下祸根。因此，对领导者而言，“来说是非者，便是是非人”。一个有德行的人，必然“慈心于物，悯人之凶，乐人之善，不彰人短，不炫己长”[1]。

综上所述，领导者用人，应任用孝廉的人、言传身教、德化百姓的人、能够犯颜直谏的人、不嫉贤妒能的人、能够隐恶扬善的人，这些是用人应注重的五个原则。

---

1 《太上感应篇》。

第十一章　任非其才的失人论

前面三章主要讲了如何观人、如何得人、如何用人，这里，有必要对用人应该避免的几个倾向予以说明。作为领导者，得人固然很重要，但懂得如何用人同样重要，领导者务必要注意用人大忌，以便能留住真正的人才。

《六韬》记载，周文王向姜太公请教："君主非常重视举贤任德，但国家却得不到治理，这是什么原因？"姜太公说："这是因为虽然君主任用了贤人，但却没有重用，所以没有取得该有的效果。"贤人得不到重用，便难以人尽其才，故人君不能不知用人的八个大忌。

一、用贤而疑，人主大患

《群书治要·刘廙政论》中说："自古人君，莫不愿得忠贤而用之也；既得之，莫不访之于众人也。忠于君者，岂能必利于人？苟无利于人，又何能保誉于人哉？"意思是说：自古以来，当君主的没有不想得到忠贤之士而任用他们的。可得到忠贤之士后，又不免向众人调查，询问这些忠贤之士究竟如何。忠君之人，必不能事事称人之意，如果有一件事得罪了他人，没有给他人带来利益，他人就会擅生是非、信口雌黄，哪能做到让每个人都满意他、称赞他呢？因此，人君若自己不贤明，就不知道什么样的人是忠贤之士。那么即便得到了忠贤之士，也必然会有猜疑之心，不能推心置腹、任用不疑。这就是古人所谓“用人不疑，疑人不用”之理。所以《体论》中有这样一句话：“使贤者为之，与不肖者议之；使智者虑之，与愚者断之；使修士履之，与邪人疑之，此又人主之所患也。”就是说：任命了贤德的人去做事，但又让不肖之人来议论他；让有智慧的人来谋划，却又让愚钝的人来决断；让有修为的人去完成一件事，却又让邪曲不正的人去怀疑他，这些都是君主易犯的毛病。正因为君主对于贤德之人不能做到“用而不疑”，经常产生猜虑，结果就会使得贤德之士的才智不能得到充分施展。

《新序》中还说，贤明的人经常不被重用，有一定的原因，即“不肖嫉贤，愚者妒智，是贤者之所以隔蔽也，所以千岁不合者也”。不贤德的人会嫉妒贤德的人，愚钝的人会妒嫉有智慧的人，所以贤明的人会被阻隔，不能被君主所了解和任用，以致于君主千载也难遇一个德才兼备之人。有的是不肯任用贤德之士，有的是任用了贤德之士但不能持久，有的是任用得很久但不能善始善终，还有的是不肖之子废弃了父亲的贤明老臣，这样所导致的灾祸和败亡难以一一记录。究其主要原因都在于君主自己不明智，分不清贤德与不肖，只是一味地听众人的评论。群臣认为某人好，他就认为好；群臣对某人有诽谤，他就认为某人不肖。“故谮诉不行，斯为明矣。”“谮”是谗毁的话，“诉”是毁谤的话，只有谗毁和毁谤的话都不能够通行，这才叫明智。总而言之，贤者之所以不被使用，或者用而旋遭废弃，不能善始善终，终归还是因为君主自己不够贤明，分不清是非善恶美丑，偏听谗言谤语，以致贤德之人不能陈力就列、鞠躬尽瘁。

《桓子新论》中阐述了求得贤佐之臣后尚有三种难处，君主也应一一了解。

“为世之事，中庸多，大材少，少不胜众。”世间做事的人里，中等平庸的人较多，具有卓越才能的人较少，少则不能胜众。“一口不能与一国讼，持孤特之论，干雷同之计，以疏贱之处，逆贵近之心，则万不合，此一难也。”一个人、一张嘴，不能和一国的人来辩论；他用很清高、很独特的言论，去冒犯那些众口一词的言论；他以和君主疏远的关系及低贱的身份，去悖逆那些和君主关系亲近的人及权贵之士，这个是万万不能够相容的。这是第一个难处。

“夫建踔殊，为非常，乃世俗所不能见也，又使明智图事，而与众平之，亦必不足，此二难也。”一个人想建立殊胜卓越的事业，做一些不平常的事情，这是世俗所不能理解、也很难接受的。因此，任用明智的人谋划事情，却又让平庸之辈来议论他。明智者的见解、主张必定不能为平庸之人所理解，这是第二种难处。

“既听纳有所施行，而事未及成，谗人随而恶之，即中道狐疑，或使言者还受其尤，此三难也。”君主听取了谏言，并依之施行，可在事情还没有完成的时候，由于谗毁的人随之而来诽谤中伤，结果中途就怀疑贤德之人，以致于进献善言的人反而要受到怪罪，这是第三种难处。

此外，君主还要明察“止善之行”，也就是使任用贤才不能善始善终的原因。

“智者尽心竭言，以为国造事，众间之则反见疑，壹不当合，遂被谮诉，虽有十善，隔以一恶去，此一止善也。”有智慧的人竭心尽力向国君进言，想为国家造福，但是众人却离间他，结果就被国君怀疑。如果他有一个言论不恰当或者不符合君主的意思，也会被这些人谗毁诽谤，那么即使他做了十件善事，也会因为一个小小的过错而被罢免，这是使任用贤佐不能善始善终的第一个原因。

“材能之士，世所嫉妒，遭遇明君，乃壹兴起，既幸得之，又复随众弗与知者，虽有若仲尼，犹且出走，此二止善也。”有才能的人往往会被世人所嫉妒，只有遇到了明智的君主，才能够被提拔重用，做一番大事。君主虽然有幸得到了贤能之人，但是又去和众人商议，不让智者参与知晓，那么即使是孔子这样贤德的人也会离去，这是使任用贤佐难以善始善终的第二个原因。

据《说苑·尊贤》记载，有一次，齐桓公问管仲：“我想把酒放在酒杯里放到变坏、把肉放在砧板上放到腐烂，这些会妨碍我称霸吗？”管仲说：“这些固然不是什么值得崇尚的行为，但并不妨碍称霸。”桓公又问：“那什么事才妨碍称霸呢？”管仲说：“不知贤，害霸也；知而不用，害霸也；用而不任，害霸也；任而不信，害霸也；信而复使小人参之，害霸也。”管仲一连说了五种妨害称霸天下的事情，都和任用贤德有关系。第一种是“不知贤”，就是不知道天下有贤才之士，不能够分辨天下的贤德之士，这是妨碍称霸的。第二种是“知而不用”，就是知道了某人是贤德之士，但却不予重用，这也是妨害称霸的。第三种是“用而不任”，虽然重用了贤德之人，但却不给他适当的官职，没给他名正言顺的位置，这也是妨害称霸的。第四种是“任而不信”，就是虽然任用了贤德之人，也对他委以重任，但却不相信他，这还是妨害称霸的。第五种是“信而复使小人参之”，就是信任了贤德之人之后，让他去做事，但还用小人去干预他，这也是妨害称霸的。这五种妨害称霸的事，都和不能知人善任、用而不疑密切相关。

《刘廙政论·任臣》中说，“人君所以尊敬人臣者，以其知任人臣，委所信，而保治于己也”。“若多疑而自任也，则其臣不思其所以为国，而思其所以得于君，深其计而浅其事，以求其指㧑”。这是说，君主之所以尊敬人臣，是因为他知道如果任用了臣子，且对他信任，把重事都托付给他，他就能够帮助自己治理国家，保住太平。相反，如果君主很多疑，事事亲力亲为，他的臣子就不再思考怎么样辅佐治国，而是去思虑怎么样可以得到君主的欢心。臣子整天都在谋划这些事情，都在琢磨人而不在琢磨事。什么原因呢？是因为君主对他任用的臣子有所怀疑，他想事必躬亲，不想放手真正让臣子去做事，所以进行过多的干预。结果臣子也比较聪明，他就不想怎么样把事做好，因为做得太好，君主、领导还会嫉妒他、担心他，所以他就想方设法地投君主所好，君主喜欢什么他就说什么，君主爱好什么他就做什么。这样，君主、领导对他也就没有什么疑虑和防范了。

《傅子·举贤》中说：“昔人知居上取士之难，故虚心而下听。知在下相接之易，故因人以致人。”以前的人都知道身居高位者（比如国君）要了解世人特别困难，所以他会虚心听取众人的意见。知道在下面的人相互交往都比较容易，所以他会依靠下属来招致更多的贤人。例如，“舜之举咎陶难，得咎陶致天下之士易。汤之举伊尹难，得伊尹致天下之士易。”舜能够发现并举荐咎陶，这很难。但是得到咎陶之后，再通过他来招致天下的贤德之士，就比较容易了。商汤举荐伊尹，并让他出来做官也很难，但是得到伊尹之后，再通过他来招致天下的贤士也很容易了。“故举一人而听之者，王道也；举二人而听之者，霸道也；举三人而听之者，仅存之道也。”因此，举荐了一个人，君主对他非常信任、言听计从，这是称王天下之道。

如果举荐了两个人，君主分别听从他们的建议，这是称霸天下之道，因为君主对他们不能够完全信任，还有所怀疑。如果举荐了三个人，君主分别听他们各自的意见，最后可能就在三岔路口，不知道何去何从，那仅仅是保持自己不亡之道。这段话同样也是告诉领导者用人不疑的道理。领导者只有对贤德之人委以重任、用而不疑，才能取得卓越的成就。

《典语》中把君主和臣子之间的关系做了比喻。“夫君称元首，臣云股肱，明大臣与人主一体者也。”古人把君主称为头脑、把臣子称为腿和胳膊（也就是四肢），这表明大臣和君主是一体的关系，就像头脑与四肢，谁也离不开谁，需要互相配合、互相信任。“尧明俊德，守位以人，所以强四支而辅体也，其为己用，岂细也哉。”尧帝能明辨德才兼备的人，并让他们去担任适当的官职，所以强健“四肢”以辅助“身体”，对自己的帮助怎么会小呢？“苟非其选，器不虚假。苟得其人，委之无疑。君之任臣，如身之信手。臣之事君，亦宜如手之击身。安则共乐，痛则同忧。”如果一个人不符合选拔的标准，就不是合适的人才，因而不要白白地授予他官位。如果这个人德才兼备，值得信任，那就任用他，不要怀疑。君主任用臣子，应像身体信任双手。臣子侍奉君主，也应像双手触摸身体。君臣共享安乐、共同患难，谁也离不开谁，应该互相信任，怎么能够互相怀疑呢？

二、求全责备，失贤之道

《袁子正书》说：“故凡用人者，不求备于一人。桓公之于宁戚也，知之矣。”但凡领导用人，都不能够求全责备。齐桓公与宁戚的故事讲的就是这个道理。

据《新序》记载，宁戚想去齐桓公那里求得一席官位，以侍奉桓公，但是他穷困潦倒，没办法使自己得到举荐。于是，他就为那些流动做生意的人驾车到齐国，晚上住在城门外。当时齐桓公到郊外迎接客人，晚上开了城门，让赶车的人回避。宁戚正好在车下喂牛。他看到齐桓公，感觉很悲伤，就敲击牛角，唱起了凄厉的商歌。齐桓公听到歌声，说：“这个唱歌的人不平凡。”于是命后面的车把宁戚载进城去。齐桓公返回城内，接见宁戚，听他说如何治理国家。到了第二天，又接见宁戚，听他说如何称霸天下。听完，桓公非常高兴，就想任命他做官，委以重任。但群臣劝谏说：“这个人是卫国人，卫国离齐国不远，不如派人去打听一下，如果他确是一个贤才，再任用不迟。”桓公说：“你们讲的不对。如果去打听他，恐怕他难免有些小的过失。因为小的过失而忽略了他大的优点，这是君主所以失去天下贤士的原因。而且人本来就不是十全十美的，我们只要用他最擅长的地方就可以了。”最后齐桓公没有派人去打听宁戚的情况，就对他委以重任，授之为卿。这就是很得当的任贤之举。正因为桓公掌握了得贤之道，才能够称霸天下。这个故事告诉我们，任何人都不是圣贤，难免都有些小过失、小缺点、小不足，希望人没有任何瑕疵，这是不现实的。所以领导者任人不能够求全责备。

据《晏子·问上》记载，齐景公请教晏子古代治国之人怎样任用贤德之士，晏子说：“就像不同的土地，适宜种不同的作物。如果土地不同，却只种一种作物，还希望它们都能长得很好，这是不可能的。每个人的才能都不一样，让他们去做同一件事，那就不可能都做得好、都能取得成就。如果对人才求全责备，那么即使是有智慧的人，也不能够完全胜任。如果贪得无厌，那么即使是天地自然，也不能满足他。所以明智的君主任用人才，不会安排阿谀奉承的人侍奉左右，也不会任用偏袒的、结党营私的人在朝为官。”“任人之长，不强其短；任人之工，不强其拙。”任用人才的长处，不要强求他做做不到的事，这是任人的大纲。只要一个人不失仁义之心，纵然偶有微瑕，亦可堪重用。古人谓“金无足赤，人无完人”，即是不能求全责备之意。

《文子・上义》中讲，“今人君之论臣也，不计其大功，总其略行，而求其小善，即失贤之道也。”现在的君主在评论臣子的时候，不去在意他大的功劳和贡献，反而在他细小的行为上做文章，挑剔他小的不善、小的错误，这是失去贤士的原因。“故人有厚德，无问其小节。人有大誉，无疵其小故。”因此，一个人如果有很高的德行，就不要在意他行为上的小节。一个人如果有很大的声誉，就不要去挑剔他小的不足。“自古及今，未有能全其行者也，故君子不责备于一人。”从古至今，世上本来就没有十全十美的、德行无可挑剔的人，所以君子不能求全责备于任何一个人。后面接着做了两个比喻：“夫夏后氏之璜，不能无瑕；明月之珠，不能无秽。然天下宝之者，不以小恶妨大美也。”夏禹所佩戴的璧玉，也不是没有瑕疵的；夜明珠，也不是没有污点的。但是天下的人仍然认为它们是宝贵的东西，并不以小小的瑕疵妨碍它们的大美。“今志人之短，而忘人之所长，而欲求贤于天下，即难矣。”现在的人只记别人的短处，而忘记他人之长处，还想在天下求得贤才，这就难上加难。所以，任人当求其大节不亏，容其小瑕微疵。

三、能不当官，任非其才

《管子·明法解》中说："明主之择贤人也，言勇者试之以军，言智者试之以官。试于军而有功者则举之，试于官而事治者则用之。"明智的君主选择贤人，不是听其说什么就信什么，而要试之才能。比如，说自己勇敢的，就让他试着带领军队；说自己有智慧的，就让他试着担任官职。率领军队的若能取得功劳，就举荐他；做官的若能治绩斐然，就任用他。因此，试用很重要。在试用过程中，能看出一个人是不是真的有能力、有才德，这是避免"能不能称官"的有效途径。能不能称官，要看他的能力和官位是否相当。能力很低，就不能授予高官，反之亦然。

《典语》中讲，领导者要"料才核能"地去任用人才。

"夫料才核能，治世之要也。""料"就是评估、估量。估量人的才能，考核他的能力，是君主治国的要务。"凡人之才，用有所周，能有偏达，自非圣人，谁兼资百行，备贯众理乎？"但凡人的才能、用处，都是有一定的范围，能力也有偏通之处，并非每个人都是圣人，有谁能兼通百行百业、明白各种道理呢？"故明君圣主，裁而用焉。"所以明智的君主，都是衡量人的才能来任用。

"昔舜命群司，随才守位。"以前，舜任命百官的时候，也是根据每个人才能的不同，给以不同的位置。比如，任命皋陶来断狱，任命契为司徒掌管"五伦"的教化，任命禹来治水。因为他们各有所长，故而量才授用。群臣各尽其能，舜自己才能垂拱而天下治。

"汉述功臣，三杰异称。"汉朝表彰开国功臣的时候，萧何、张良、韩信被称为"汉初三杰"，刘邦根据他们各自的功劳，给以不同的封号。张良“运筹于帷幄之中，决胜于千里之外”，善于出谋划策;萧何“振国家、服百姓”，擅长治理国家、安抚百姓;韩信“连百万之军，战必胜，攻必取”，擅长率军打仗，是将领之才。各自才能不同，故封号亦不同。“况非此俦，而可备责乎？”此数人尚且如此，更何况不是像他们这样的人物呢？怎么可以对他们求全责备？

“且造父善御，师旷知音，皆古之至奇也。”造父是善于驾车的人，师旷天生就是盲人，但是他的听力特别好，他辨音的能力特别强，所以“师旷知音”。他们都是古代最神奇的人。“使其探事易伎”(“探”也作“换”)，让他们彼此交换自己从事的职业和技艺，“则彼此俱屈”(“屈”音“觉”，意思是“尽”)，那么他们使尽全力，也不能胜任。“何则？”为什么呢？“才有偏达也”。因为每个人的才能各有偏通。“人之才能，率皆此类，不可不料也。”人的才能大概都像这种情况，所以不能不加估量就委以重任。“若任得其才，才堪其任，而国不治者，未之有也。”如果任用的都是适当的人才，其才皆符合职位要求，那么国家治不好是不可能的。也就是说，但凡来到一个团队中的人，都学有所长。或擅长治理，或善于谋划，或喜欢具体设计，或喜欢文字工作，或擅长讲课，或擅长人际交往，等等。每个人的才能都是不一样的，所以要根据每个人所擅长的不同，来分配不同的任务，这样才能够各尽其才，才堪其任。

“或有用士而不能以治者，既任之，不尽其才，不核其能，故功难成而世不治也。”有的君主用了士人，却不能够把国家治理好，什么原因呢？这是因为君主虽然任用了他们，但是他们的才能没有得到充分的发挥，也没有根据他们的能力给予适合的职位，所以很难获得功效，国家自然得不到治理。

“马无辇重之任，牛无千里之迹，违其本性，责其效事，岂可得哉。”马没有负辇耕地的任务，牛也没有奔跑千里的能力，如果违背其本性去使用它们，还希望能够有功效，这怎么可能呢？任用人才的道理也一样，“使韩信下帷，仲舒当戎，于公驰说，陆贾听讼，必无曩时之勋，而显今日之名也。”假如让韩信运筹帷幄，让董仲舒去率军打仗，让于公去到处游说，让陆贾判断案子，结果肯定谁也无法取得他们往日的功勋，也就不会有今日的显名。这是因为韩信擅长打仗，董仲舒善于通古博今，于公公正不阿却不善辞令，陆贾善于辞令但缺乏断案的魄力和决心。如果将他们安插错位，结果自然不能尽如人意。

这些道理对于当今也有很强的针对性。现在很多大学毕业生，大学里学的是一个专业，可毕业后，却从事着其他领域的工作，大多才非所用，所以很多人都认为大学 4 年白费了。其实，每个人都各有所长，不可能尽善尽美。如果以一个统一的标准衡量人才，就很难把真正的人才选拔出来，因为总有些奇才会被遗漏。如今的高考也反映这个问题，高考科目全是统一的，考生如果想进入一流的大学，就必须注重每一门功课的学习，绝对不能偏科，这样就有可能导致偏科的同学与自己的理想失之交臂，更甚者，国家可能会失去一批素质高超的专业人才。所以，应该不拘一格衡量人才、选拔人才，根据人的不同才能，设定不同的标准，给予不同的职位，这样真正的人才便会各得其所而不致遗漏。

《傅子·授耿》中说：“故构大厦者，先择匠，然后简材。治国家者，先择佐，然后定民。”要想建立大厦，一定先选择好工匠，然后再去挑选好的材料。同样，治理国家的人，首先要选择贤臣辅佐，然后才去使人民安定。“大匠构屋，必大材为栋梁，小材为榱撩，苟有所中，尺寸之木无弃也。”能工巧匠在建造房屋时，一定是以大的木材作栋梁、小的木材作椽子，只要使用适宜，尺寸之木都不会被遗弃。大材就大用，小材就小用，没有被遗弃的材料。“非独屋有栋梁，国家亦然。大德为宰相，此国之栋梁也。审其栋梁，则经国之本立矣。经国之本立，则庶官无旷，而天工时叙矣。”并非只有房屋有栋梁，国家同样也有，高尚德行的人做宰相，就是确立了国家的栋梁之材，这样治国的根本也就确立了。这说明，人才有大有小，各有其擅长的方面，只要用得合适，任何人都有用武之地。

四、德不当位，功不当禄

中国古代很重视对官员的尊敬。《孟子·公孙丑下》说：“天下有达尊者三：爵一，齿一，德一。”天下有三种值得尊敬的人，分别是有官位的领导者、上了年纪的人以及有德行的人。但现在，有很多官员虽然身居高位，却徇私舞弊，鱼肉乡里，没有尽他的本分、做应该做的事，就有人认为“官本位”不好，对“官本位”提出了批判，认为这都来自于传统文化，因而对传统文化存在着很深的误解。

《潜夫论》中记载：“是故先王为官择人，必得其材，功加于民，德称其位，此三代开国建侯，所以能传嗣百世，历载千数者也。”古代的先王为官职选择人才，一定是得到德才兼备的人，使他的功劳惠及广大的民众，他的德行和他的位置相称，这是夏商周三代的君主建国封侯的根本，所以他们的社稷能够传承百世、历载千年。由此可见，古代做官的人一定是德才兼备的人。

《管子·立君》中也说，“君之所审者三”，君主要审慎考虑的有三个方面。“一曰德不当其位，二曰功不当其禄，三曰能不当其官，此三本者，治乱之原也。”第一是臣子的德行和位置不相匹配，第二是臣子的功绩和他所享受的俸禄不相匹配，第三是臣子的能力和他的官位不相匹配，这三者是治乱的根本。“故国有德义未明于朝者，则不可加于尊位。功力未见于国者，则不可与重禄。临事不信于民者，则不可使任大官。”因而，国家有德义却还没有显明于朝廷的人，就不可以给与他很高的官位。功劳没有被国家和人民认同，就不能够给他很重的俸禄。做事不能够取信于民，也不可以让他担任高官。“故德厚而位卑者，谓之过。德薄而位尊者，谓之失。”德行很高，位置却很低，被称为“过”。德行很薄，位置却很高，被称为“失”。“宁过于君子，而无失于小人。”宁可让君子处于卑位，也不要让小人居于尊位。“过于君子，其为怨浅矣。失于小人，其为祸深矣。”让君子处于卑位，虽有失人之过，但君子很有德行，即使会埋怨，也不会为害太深。相反，如果让没有德行的小人处在很高的位置上，这是用人之“过”，所产生的灾祸、影响可就深远了。这就告诫我们，一定不要让没有德行的人处于高位。

《袁子正书》中记载：“治国有四：一曰尚德，二曰考能，三曰赏功，四曰罚罪。四者明，则国治矣。”治理国家应重视四个方面：第一，要崇尚有德行的人；第二，要考察人的能力，据之给以官位；第三，要赏赐有功的人；第四，要惩罚有罪的人。四者都做得很好，国家才能够得到治理。相反，如果你任用这个人，不是看他的德行，而是看你和他之间的关系，那么你就不会得到别人的尊重。因为有功之臣若没有受到封赏，就不会再竭尽全力去效劳；有罪之臣若没有受到惩罚，反而日日逍遥法外，这样下去想让人们不作奸犯科也是很难的。

《袁子正书》中还说：

夫人之所以贵于大人者，非为其官爵也，以其言忠信，行笃敬，人主授之不虚，人臣受之不妄也。若居其位不论其能，赏其身不议其功，则私门之路通，而公正之道塞矣。

意思是说，人们之所以尊重那些达官贵人，并不是因为他们的官爵，而是因为他们言语忠诚守信、行为笃实有礼。人主不虚授臣子爵位，人臣也不以诈取的方式获得位子。但是如果这个人被任用在官位上，不是依靠他的能力；得到封赏，也不是依靠他的功劳，那么营私舞弊的道路就开通了，公正之道反而会被阻塞，这样就不能选拔到真正的人才。

《墨子》中说，“古者圣王之为政，列德而尚贤，虽在农与工肆之人，有能则举之，高与之爵，重与之禄，任之以事，非为贤赐也，欲其事之成。”古代的圣王治理国家，都是根据人的德行的高低来给以官位，而且崇尚贤德的人，即使是农民、工匠、商人，如果他们有能力，也会举荐他们，授予他们爵位，给以他们丰厚的俸禄，任以政事让他们来处理。这并不是因为贤德就受到封赏，而是因为想把事做成。“故当以德就列，以官服事，以劳受赏，量功而分禄。”因此，应根据德行的高低来排列官位，以官职来服务社会、服务国家、侍奉君主，按功劳给以赏赐，评量功绩而给以俸禄。“故官无常贵而民无恒贱，有能则举之，无能则下之，举公义，避私怨，故得士。”所以没有恒久富贵的官，也没有恒久贫贱的百姓，贤德就举荐，不贤就罢免，崇尚公义，避免私怨，这样才能够得到贤士的辅佐。这段话进一步阐明，要任人唯贤，对有德行、有功劳的人给以封赏，无论贤臣的出身、地位如何，都要客观公正地对待。

古人之所以尊重当官的人，是因为古代“制爵必俟有德，班禄必施有功。是以见其爵者昭其德，闻其禄者知其功。”[1] 爵位必定是授予有德行的人，俸禄也是根据人的功劳给以分配。所以看到人的爵位、官位，就知道这个人德行的高低；听到他拿什么样的俸禄，就知道这个人功劳的大小。这是古人重视官、尊重官的根本原因。因为爵位都是授予有德的人，俸禄都是授予有功的人，所以他的爵位越高，就意味着他越有德行；他拿的俸禄越多，也说明他越有功绩。

《中论》中也有类似的阐述：

古之制爵禄也，爵以居有德，禄以养有功。功大者其禄厚，德远者其爵尊。功小者其禄薄，德近者其爵卑。是故观其爵，则别其人之德。见其禄，则知其人之功。不待问之也，古之君子贵爵禄者，盖以此也。

《傅子·重爵禄》也是这样说：“爵非德不授，禄非功不与。二教既立，则良士不敢以贱德受贵爵，劳臣不敢以微功受重禄，况无

1 《群书治要·典语》。

德无功，而敢虚干爵禄之制乎。”意思是说，没有德行的人就不授予爵位，没有功劳的人就不给与俸禄，这两条纲领树立起来，贤良的士人尚且不敢以“贱德受贵爵”、不敢无功受禄，更何况没有德行、没有功劳的人。这些都表明古代的“官本位”是有前提的，即爵禄只赐给贤德有功的人。这样的制度一施行，当官的人受到尊重也就无可非议了。

此外，举荐贤才要根据人的才德，而不是根据人才和自己关系的亲疏。据《韩子》记载，解狐和邢伯柳彼此有怨仇。一天，赵简子问解狐：“谁可以当上党的地方官？”解狐回答：“邢伯柳可以。”赵简子就问：“这个人不是你的仇敌吗？”解狐回答：“我听说忠臣举荐贤才不回避自己的仇人，废黜不肖之人也不偏袒自己的亲友。”赵简子听后很称赞，就任命邢伯柳当上党的地方官。后来邢伯柳知道了，就去见解狐表示感谢，解狐说：“举子，公也。怨子，私也。往矣！怨子如异日。”我举荐你是出于公心，因为你能胜任这一官职。我怨恨你，是因为我们之间有私仇。你还是回去吧，我还是会像从前一样怨恨你。解狐虽然没有做到“恩欲报，怨欲忘，报怨短，报恩长”，但是他有公心，这一点也是非常难能可贵的。

以上的道理在《袁子正书》里也作了很好的阐述。《袁子正书》认为，“夫有近会者无远期”，如果你能在近处找到贤德的人，就不要再去远方寻找了。现在的法律说选拔、举荐人才的官员不能见当事人，认为这样可以避免徇私舞弊。这个观点《袁子正书》并不认同，书中说道，“夫处深宫之中，而选天下之人以为明，奚从而知之？”身处深宫之内，而要选拔天下的人才，还要选得适合，不能够所选“非其才”，那你怎么能够知道这个人是贤明之人呢？“夫交接，人之道，不可绝也。”人与人之间的交往，是不能够断绝的。“故圣人求所以治交，而不求绝交人。”圣人治理国家，不是断绝人们的交往，而是追求怎么样使这个交往合情、合理、合法。“莫问不交，以人禁人，是以私禁私也。先王之用人不然，不论贵贱，不禁交游。”先王任用人才，不分贫富贵贱，也不禁止人们去正常地交往，他的原则是“以德底爵，以能底官，以功底禄”。以德行给以爵位，以能力给以官位，以功劳给以俸禄，只要坚持这一原则，再加上“赏罚以待其归”，那么便无人敢背离正道。这都是告诉我们如何从根本上解决问题。

古人的这个论述至今仍然具有启发性。例如，现在的博士生考试，很多导师在面试之前拒绝与考生见面，以示自己公正无私。但实际上，真正全面认识一个人才是很难的，没有和他交往，也没有和他交谈，怎么了解这个人的德行如何、他的爱好如何、他有哪一方面的才能呢？因此，你可以尽情和这些人接触、交流，只要坚持不因亲疏远近贵贱定取舍，而以德行才华来录取学生，这个原则把握住了，所录取的一定是德才兼备之人。

《傅子》中讲，“不修行崇德，则不得此名，不居此位，不食此禄，不获此赏。此先王立教之大体也。”如果没有很高的德行，就不能获得这个名声、不能居于这个官位、不能获得这个俸禄、也不能获得这个奖赏、封赏，这是先王立教的根本。“夫德修之难，不积其实，不成其名。”德行的修养是很难的，如果没有长期的修养功夫，没有实际的德行，就不能够成就好的声誉。“夫言撰之易，合所悦而大用。”言说、撰写、粉饰都很容易，能够获得君主的喜悦，迎合君主的心思就被重用。“修之不久，所悦无常，故君子不贵也。”修行的时间不长，君主喜好的也不会不变，所以君子不会通过言语投合君主的喜好来获得官位。

中国古人也告诉我们，“不以言取人”。这一句对现在也是很有针对性的。西方民主国家搞多党选举，就是请几个候选人去演讲，他演讲的时候承诺了很多，把话说得很漂亮，大家一听他说得好就都投票，结果他上任之后，自己所承诺的却很难一一兑现。不守信用实际上是没有德行的表现。但是，我们就因为这个人很有口才、很有演讲能力，便任用了他，结果选出的往往并不是真正的人才。相反，有的人言词很少，却很务实，这样的人如果得不到任用，那么领导的身边便会聚集喜欢谄媚巴结、阿谀奉承的人，治国平天下的大事便无从谈起。所以，切实考察下属的德行与才能是非常重要的，是用人的重要一环。

五、偏信壅塞，被人蒙蔽

《政要论》中说，“为人君之务，在于决壅。决壅之务，在于进下。进下之道，在于博听。”君主为政的要务在于不受人蒙蔽。而排除蒙蔽的关键，在于使下面的言论都能传达到君主这里。而要使下面的言论传达到君主这里，关键在于广泛地听取众人的意见。“博听之义，无贵贱同异，隶竖牧圉，皆得达焉。”若想真正做到广泛听取大众的建议，关键要做到贫富贵贱都一视同仁，使奴役、童仆乃至放牧的、养马的人都能够畅所欲言，并且保证他们的意见能传达到君主那里。“若此，则所闻见者广。所闻见者广，则虽欲求壅，弗得也。”如果能做到这一点，那么君主所听、所见就能很广泛，这样也就没有什么人可以蒙蔽他了。这说明，君主不要偏信，以免被人蒙蔽。而要做到这一点，就要广泛地听取众人的意见，甚至基层工作者的意见。只有这样，君主才不会被蒙蔽，意见才不会被某个人所左右。在历史上，有很多臣子为了蒙蔽君主，就观察君主的喜好。君主喜欢听什么，他就顺着君主的意思去说，进而蒙蔽、控制君主。如秦朝赵高就是蒙蔽君主的佞臣，他看到秦二世很喜欢放纵自己的情欲，便对其说："当皇帝的之所以尊贵，是因为他能够为所欲为，因为人们感觉他像神明一样。只有得到人民的仰望，皇帝才能够被尊重。而神明是只能听说、不能露面的，所以不能总让大臣见到皇帝，这样才能显示出皇帝的威严。"结果秦二世信以为真，从此赵高专权。当秦二世丧身亡国时，才幡然醒悟原来自己被赵高蒙蔽了。这个典故说明：如果偏信一个人的言论，就很容易被蒙蔽，听不到下面的意见。人君身居重位，更应当兼听广纳。所谓"兼听则明，偏信则暗"。

六、妒贤畏能，功灭国危

《孙卿子·臣道》中有这样一句话："故明主好同，暗主好独。明主尚贤使能而飨其盛，暗主妒贤畏能而灭其功。"明智的君主喜欢和大家共同商议事情，而昏庸的君主喜欢独断专行。明智的君主尚贤使能，进而使国家得到治理，人民安居乐业。而昏庸的君主妒忌贤德，又畏惧有能力的人，结果毁灭了自己的功绩，致使国败家亡。这句话表明：妒贤忌能的人不仅做不了大事，还会把已有的功绩丧失掉。明智的君主对臣子用之不疑，而且认为臣子的贡献就是自己的贡献，臣子的能力就是自己的能力，这才是最高的智慧，能进行最好的统治。

据《吕氏春秋》记载，卫灵公在天气寒冷的时候，要开挖一个深池。他的臣子宛春就进谏：“天气这样寒冷还征发徭役，恐怕会伤害百姓。”卫灵公就说：“天气很寒冷吗？”宛春说：“您穿着狐皮大衣，坐着熊皮的垫子，所以您不觉得寒冷。但是百姓的衣服破了得不到修补，鞋子有缺口得不到编织，却能感到寒冷。”卫灵公说：“你说得太好了。”于是下令不再征发徭役。这时，左右的人挑拨道：“君主您挖深池，是因为不知道天气很寒冷，但是宛春知道。现在宛春一劝谏，您就下令不再做这个事情，恐怕福德都会归到宛春的身上，而怨气都会归到君主您的身上。”卫灵公非常明智，听到这样的离间之言并没有采纳，就说：“你说的不对。宛春不过是鲁国的一介匹夫，是我举荐他、任用他，百姓还没有看到他的能力、也没有看到他的德行。现在通过这件事，我让百姓看到他的德行和能力，就如同让百姓看到我有善行是一样的，他的善不就是我的善吗？”对此，《吕氏春秋》评论道：“灵公之论宛春也，可谓知君道矣。”卫灵公谈论宛春的这番话，可以说明他明白做君主之道，这是明君应该具备的风范。相反，“人主之不通乎主道则不然，自为之则不能，任贤者恶之，与不肖者议之，此功名之所以伤，国家之所以危。”那些不懂得为君之道的人却不是这样，自己没有能力，又厌恶贤德的人，怀有嫉妒之心，还与不肖的人去陷害诋毁忠良，这是功名之所以受到伤害、国家之所以危亡的重要原因。

《孔子家语》中记述了一段曾子和孔子的对话。曾子问：“敢问何谓三至？”曾子向孔夫子询问“三至”的道理。孔子说：“至礼不让而天下治，至赏不费而天下之士悦，至乐无声而天下之民和。

明王笃行三至，故天下之君可得而知也，天下之士可得而臣也，天下之民可得而用也。”就是说，最高的礼不需要讲谦让，天下却可以得到治理；最高的奖赏不需要耗费资财，天下的士人却很喜悦；最好的音乐不需要发出声音，却能使天下的百姓和睦。如果明智的君主能认真实行这“三至”，那么天下所有诸侯国的君主都会知道他的名声，天下的士人都可以做他的臣子，天下的百姓都可以为他所使用。曾子问：“您能不能再详细地解说一下？”孔子说：“古者明王，必尽知天下良士之名。”古代明智的君主，一定对天下贤德之士的人都很了解，知道他们的名字。“既知其名，又知其实。”知道了他们的名字，还要去调查一下是不是名副其实。“既知其实，然后因天下之爵以尊之。”知道他名副其实，有真才实德，就以天下的爵位使他尊崇，给他授以高官厚位。“此之谓至礼不让而天下治”，这就是最高的礼不需要讲谦让，但天下却能够得到治理的意思。“因天下之禄以富天下之士”，用天下的俸禄使这些贤德之士都富裕，“此之谓至赏不费而天下之士悦”。因为君主封赏的都是那些有德行的贤良之士，所以天下的人都会非常喜悦。“如此，则天下之明誉兴焉。”如果做到这一点，那么天下赞叹的声音就兴起来了，“此之谓至乐无声而天下之民和”，这就是音乐教化的最高境界，不需要奏出声音，但是天下都非常和睦。这段论述说明：只要君主知人善任，任用贤德，不需要花费很大的力气就可以使天下得到治理，也不需要耗费资财，天下的贤士都能够各得其所而喜悦。而且因为贤德之士在位，他们言传身教，民众自然也受到良好的教化，彼此和睦相处。

《说苑·君道》中同样讲道：“是故知人者主道也，知事者臣道也，主道知人，臣道知事，毋乱旧法，而天下治矣。”知人善任是君主应该做的事，处理具体的政务是臣下应尽的责任。为君之道在于知人善任，不要造成君主整日忙于政务，无暇慧眼识珠，而受俸禄的臣子却非常清闲，这就本末倒置了。因此，君主最重要的任务是知人善任,只要把关键的人用好了,那么就可以垂拱而治。如《论语·卫灵公》中说，舜“何为哉？恭己正南面而已矣。”舜王其实并没有做什么具体的事，他只是把自己做好了，自己很有德行，没有偏离正道，能够任用那些贤德的人，使他们处在合适的位置上，结果他垂衣拱手，天下自然就得到了治理。

这些内容都是强调君主和臣子的职责和任务不能够颠倒。君主就是要知人善任，不能够嫉贤妒能。只有做好这一点，国家才能得到治理。

七、已树而择，所树排贤

《说苑·复恩》中记载了这样一个故事：鲁国的阳虎获罪了，跑到北面的晋国见赵简子，见面就说：“唉！从今以后，我再也不去培养人、举荐人了。”赵简子就问：“为什么呢？”阳虎就说：“朝堂上的大臣，我所培养的超过一半。朝廷里的官吏，我所举荐的也超过一半。边境的守卫、将士，我所举荐的还是超过一半。但现在，朝堂上的大臣亲自在君主面前排斥我，朝廷里的官吏亲自用法令来危害我，边境的将士亲自带兵士来威胁我。所以从今以后，我再也不推荐人了。”赵简子就说：“唯贤者为能复恩，不肖者不能。”只有贤德的人才会知恩图报，不贤德的人做不到这一点。随后，他做了一个比喻：“夫树桃李者，夏得休息，秋得食焉。树蒺藜者，夏不得休息，秋得其刺焉。”种植桃子、李子的人，夏天能够休息，秋天还能吃到果实。但若培育的是蒺藜，夏天不能够在树荫下乘凉，秋天得到的还是蒺藜的刺。“今子之所树者蒺藜也，非桃李也。”现在你所培养、举荐的人都是蒺藜之类，而不是桃李之类。“自今以来，择人而树之，毋已树而择之也。”从此以后，不要再把这些不贤德的人举荐出来，一定要先选择好，然后再培养他，不要培养、重用过后，才发现当初所选非人。

八、事繁职乱，禄薄吏贪

前面讲“得人之方”时，曾讲到要精简官职，增加官员的俸禄，节制其欲望：

欲治其民，而不省其事，事繁而职乱。知省其职，而不知节其利，厚其禄也，则下力既竭，而上犹未供。薄其禄也，则吏竞背公义，营私利，此教之所以必废而不行也。[1]

这也是领导者用人的一个禁忌，即如果想治理好人民，就不能使国家的机构尾大不掉，职责要清楚明白，杜绝尸位素餐。不仅如此，还要恰当处理官员的俸禄问题，既不要使官员的俸禄过高，增加百姓的负担，导致百姓供给不足；也不要使得官员的俸禄过低，导致他们竞相与民争利，徇私枉法，中饱私囊。

1 《群书治要·傅子》。

《刘廙政论》中讲：

夫为政者，莫善于清其吏也。故选托于由夷，而又威之以笃罚，欲其贪之必惩，令之必从也，而奸益多，巧弥大，何也？知清之为清，而不知所以清之，故免而无耻也。

意思是说，治理国家的人没有不想让他的官吏清廉的，于是就选择像许由、伯夷这样廉洁有守的人去当官，并以刑罚让他们感到畏惧，做到有贪必惩、有令必行，但结果却不乐观，奸诈的事情反而越来越多，取巧营私也越来越厉害，这是什么原因呢？这是因为若一心求清廉，却不知使官员清廉的方法，只用刑罚来使其畏惧，就会出现如孔子所说的“导之以政，齐之以刑，民免而无耻”[1]的情况。“日欲其清，而薄其禄，禄薄所以不得成其清。”如果希望官员很清廉，但给与的俸禄却很低，这样就很难让他们成为清官。虽然身为国家的精英，但他们还要承担养家糊口的责任，而且期待体面的生活，若俸禄难以满足他们的需求，那么官员自然会想方设法与民争利，中饱私囊。所以君主在要求臣子奉公守法、勤政廉洁的同时，首先应考虑臣子的需要，提供他们衣食无忧的生活，这样才能从源头上解决官员的腐败问题，但不切实际的高薪养廉也有诸多危害。关于如何保持官员的廉洁性，后面接着讲道：

故知清而不知所以重其禄者，则欺而浊。知重其禄，而不知所

1 《论语·为政》。

以少其吏者，则竭而不足。知少其吏，而不知所以尽其力者，则事繁而职阙。

意思是说，要保证官员的廉洁性，首先要给与其充足的俸禄，同时要精简机构，防止尾大不掉，不然，高薪养廉的代价太大，人民会不堪其负。再者，还要培养官员的工作能力，提升他们的工作效率，这样才不显得官员稀缺、办事不周。所以高薪养廉起码有两个条件：第一要精简机构、精简官员；第二要重视对官员的道德教育和责任感教育。以最少的人办最多的事，在保证效率的前提下实行高薪养廉。

《群书治要·魏志上》中有这样一段话："夫除无事之位，损不急之禄，止浮食之费，并从容之官，使官必有职，职任其事，事必受禄，禄代其耕，乃往古之常式，当今之所宜也。"意思是说，废除无所事事的官位，减损不急需的俸禄，停止过分的花费，合并人浮于事的岗位，使官员各司其职，责任到人，这样给他们以丰厚的俸禄，使他们不用劳作便可过上衣食无忧的生活，古代的圣王都是这样做的，这也符合当今的情况。

《群书治要·汉书五》中也讲："夫天亦有所分与，与上齿者去其角，傅其翼者两其足，是所受大者，不得取小也。古之所与禄者，不食于力，不动于末，是亦受大者，不得取小也。"意思是说，上天在造物时，虽造出了不同的万物，但却遵循平等公正的理念，给予了动物锋利的牙齿，便不会再赋予它尖利的犄角；给予了动物强壮的翅膀，必定只赋予它两只脚。这是因为已经享受了大利，就不能再去追求小利。为政者也一样，既然不用劳动、不用从商就可以得到俸禄，那就不能再与民争利、徇私枉法。“身宠而载高位，家温而食厚禄，因乘富贵之资力，以与民争利于下，民安能如之哉？”官员要与民争利，人民是无法与之抗衡的。官员身居高位，权势倾天，平民百姓岂能敌得过？所以，官员在得到俸禄后，要对人民感恩戴德，感激因为人民的供养，自己才不用参与辛苦的劳动，切忌与民争利。

后面接着说，“天子大夫者，下民之所视效，岂可以居贤人之位，而为庶人行哉？”天子、士大夫等，都是百姓所仿效的对象，怎么可以居在贤人的位子上却做着百姓的行为呢？“皇皇求财利，常恐匮乏者，庶人之意也。皇皇求仁义，常恐不能化民者，大夫之意也。”整天忙着求财利生，唯恐自己的生活有所匮乏，这是普通百姓的意图。每天求仁义，常恐不能教化百姓，这是士大夫的意图。《易经·解卦》言“负且乘，致寇至”，若挑着担子，背着包袱，还坐着车子，一定会招致贼寇。因为“乘车者，君子之位也。负担者，小人之事也。此言居君子之位，而为庶人之行者，其患祸必至也。”意思是说，乘车是君子、士大夫才可以享受的待遇，而背着包袱、挑着担子，是一般人所从事的事。居在官位之上却做着百姓的行当，那一定会给自身招致祸患。所以古人阐述得很明白：官员不能一面拿着国家的俸禄，一面又去从事工商业与民争利，这是天理所不容的。

精简官吏和机构，使人当于事，然后高薪养廉，这是一个方面。若要保证官员奉公守法、不与人民争利，还必须对官员进行道德的教育和引导。所以，历朝历代都浓墨重彩地论证官德修养。唐太宗学了《群书治要》后，总结出这样一段话：“为主贪，必亡其国。为臣贪，必亡其身。”做君主的贪心，一定会亡国。做臣子的贪心，必定导致身败名裂，这是得不偿失的。太宗认为，若臣子对自己的官位不珍惜，去贪污受贿、违法乱纪，等于拿珍珠弹射鸟雀，实在愚不可及。

《易经·解卦》有言："积善之家，必有余庆。积不善之家，必有余殃。善不积，不足以成名。恶不积，不足以灭身。"如果真正明白古今大道，就不会有人甘愿贪污受贿、违法乱纪，所以道德教育至关重要。所谓"人不学，不知道"、"人不学，不知义"，认真学习《群书治要》，这是百利而无一害的。审视官员的兴衰成败，乃至他们后代子孙的兴衰成败，对当今的官治有莫大之借鉴警示作用。昔人谓"读史使人明智"，"智"即明辨是非善恶。不知是非善恶而欲天下治，无异于缘木求鱼、望风捕影。

以上是用人的八条大忌。对领导者而言，要真正地任用贤才，使人尽其能，必须避免这八种倾向。只有这样，才能做到贤者竭其力，百姓服其治，政治清正廉明，国家长盛不衰。

第十二章　协和万邦的外交论

在日趋全球化的今天，国家治理不仅仅在于谋求国内安定、人民幸福，更重要的是，能正确处理国际关系，有效发挥国际作用。曾开创“贞观盛世”的唐太宗在当时被尊称“天可汗”，就是因为其得到了周边国家和民族的共同认可。《群书治要》作为太宗施政指南，里面蕴含着古人丰富的外交智慧。认真学习并从中汲取宝贵经验，对于当今我国正确应对并处理外交事务有重要的启示意义。

2012年，党的十八大报告关于我国外交政策曾明确指出：“我们将改善和发展同发达国家关系，拓宽合作领域，妥善处理分歧，推动建立长期稳定健康发展的新型大国关系。”以习近平总书记为核心的党中央在同外国的互动交往中展现出了新一代领导者的智慧和创新，体现了对我国优秀传统文化，尤其是儒家思想的积极继承和创造性发展。习近平总书记在中国国际友好大会暨中国人民对外友好协会成立60周年纪念活动上发表重要讲话时说：“中华文化崇尚和谐，中国‘和’文化源远流长，蕴涵着天人合一的宇宙观、协和万邦的国际观、和而不同的社会观、人心和善的道德观。”这就从民族传统文化的视角阐释了“协和万邦”外交论的理论和思想源泉。

“协和万邦”一词最早出自《尚书·尧典》，“百姓昭明，协和万邦，黎民于变时雍”，被用来描述帝尧以仁义治天下的理想之境，即天下各国之间安定和谐的状态。《中庸》说，“和也者，天下之达道也”，也视“和”为天下公认的准则。有子说：“礼之用，和为贵。先王之道斯为美，小大由之。”[1]这是从“道”的高度对“和”的精神的最确切的描述。“协和万邦”既是一个国家存在的理想状态，也是国家之间相处的最高境界，更是我国一贯坚持和平外交的思想基础。习近平总书记曾说：“我们既要让自己过得好，也要让别人过得好。”这就是用简洁的话对“协和万邦”思想在当代的形象描述，足见它所蕴含的历史价值和现代意义。细言之，“协和万邦”思想可以从以下三个方面进行诠释：崇礼尚德、讲信称义和仁者无敌。

一、崇礼尚德

重视和强调礼和德，是中国传统文化的一个重要特征。无论是个人修身，政务处理，抑或处理国家间外交性事务，“崇礼尚德”都被视为不可或缺的价值规范和准则。中国素有“礼义之邦”的美誉，就在于不仅国内推崇礼德，在推进国家间互动交往时也同样重视礼和德建构国家间和平秩序及对天下众生安定幸福的积极价值。只有从内外两个层面考虑，才能准确把握“崇礼尚德”的丰厚内蕴。《诗》曰：“人而无礼，胡不遄死。”礼和德，对人如此，对国亦如是。所以，古人才有“国之命在礼”和“国无德不兴”的重要观念。

如果不能在国家治理中推崇礼和德，就必然会给国家带来覆灭之灾，这可以从“礼让为国”“务德安民”两个层面进行理解。《春

---

1 《论语·学而》。

秋左氏传·文公十八年》中讲:“《周礼》曰:则以观德,德以处事,事以度功,功以食民”。“则”即“礼”,礼是用来观察德行的,德是用来处理事务的,最终目的都是为了给养人民。《文子》中说,“人之情,服于德,不服于力”,又说“德者民之所贵也”,这很明显地道出了“德”的重要性。综上可知,“礼”与“德”在精神本质上是相通的,最终都归向于“民”。孔子说“导之以德,齐之以礼,有耻且格”[1]。《群书治要·汉书一》也说汉文帝“专务以德化民”,这都意味着“崇礼尚德”从根本上是以民为目的,使民能有知耻之心而不犯礼,在自我德性修养的基础上归于正道。

(一)礼让为国

“礼让为国”可以被视为儒家一贯强调和信奉的重要政治信念之一。孔子就提出了“能以礼让为国乎,何有?不能以礼让为国,如礼何?”[2]的观点。这既包含了孔子对当时诸侯国不依周礼治国的间接批评,也暗含了孔子对既往历史传统的独特解读。对孔子而言,做不到“以礼让为国”,礼又有什么用呢?晏子曾说“让,德之主也,谓懿德”[3],单襄公也说“圣人贵让”[4],“礼让为国”就体现了“礼让”这种美好的德行在国家治理层面上所具有的精神价值,乃至于春秋之际就有“能以国让,仁孰大焉”[5]的看法。此处所说的“让”当然就是“让之以礼”的意思。把“让国”提到“仁”的境界,可以说是对孔子“仁”的精神的准确把握。所以,荀子说“礼岂不至矣哉”、“天

1 《论语·为政》。
2 《论语·里仁》。
3 《春秋左氏传·昭公十年》。
4 《国语·周语中》。
5 《春秋左氏传·僖公八年》。

下从之则治，不从者乱，从之者安，不从者危，从之者存，不从者亡”[1]。天下各国若能够依循“礼”的要求治国就会兴盛安定，长久存在；不遵循“礼”就会出现动乱危险，乃至于灭亡。是故孔子说，“圣人以礼示之，故天下国家可得而正”[2]。可见，天下国家维系一种稳定和谐的政治秩序必须依赖于礼。

《袁子正书》中说：“夫礼教之治，先之以仁义，示之以敬让，使民迁善，日用而不知也。”这是从礼教治国的层面上对敬让之道的阐释，“仁义”“敬让”无疑是从具体层面解释何谓荀子所言的“从之”。简单来说，“从之”就是要按照仁义、敬让的精神治理国家。唯有如此，才能使老百姓在日常生活中不知不觉地改过迁善。所以后人说“能以礼教兴天下者，其知大本之所立乎”[3]。“以礼教兴天下”很显然是指按照“礼”的道德规范处理天下事务，做到了这一点，就把握住了治理天下国家的大根大本所在。

另一方面，无论是儒家称颂不已的三代禅让制度，还是伯夷叔齐互相让位不肯为国的故事，实际上都寄托了一种以“礼”治国的精神。这种精神既体现在一国之君依照“礼”治理国家，还体现在不同国家间的外交行为也应当遵从被普遍认可的“礼”的要求。从《春秋左氏传》中可以看出，很多国家间外交事务都体现着“礼”的精神，比如广泛流传于春秋之际的赋诗引诗行为，它是和行礼的知识紧密联系在一起的，如果不具备相当的礼学知识，认识或把握不到“礼”的深刻内涵，很容易在外交中作出有损于国家荣誉和利益的事，而

1 《荀子·礼论》。
2 《礼记·礼运》。
3 《群书治要·傅子》。

这也充分显示出“礼”的精神对国家间交往的影响和塑造。在此基础上，古人逐渐形成了“礼，所以守国家”[1]的重要观念。《礼记·文王世子》中说:“礼,所以修外也”。从广义上理解,完全可以视“礼”为指导和整治国家间交往行为的重要原则。

据一些学者考证,《春秋左氏传》一书中明确地说“礼也”(合乎礼)的有八九十例、说“非礼”的有四五十例，足见“礼”在规范各诸侯国外交行为中发挥着重要作用。[2]尽管当时有诸多违背礼的行径，但总体而言，诸侯国之间的交往仍受“礼”的观念的强烈约束。换言之，不同国家间的交往无论从观念抑或行为上一直没有越出“礼”的辩域，这种现象甚至一直影响到现在。据史书所载，鲁国被视为保存周礼最多最完整的国家。韩宣子曾说“周礼尽在鲁矣”[3]，这并不单单意味着鲁国对周礼文化的保存和传承，更在于指出鲁国国君在国家交往中能较为真切地反映出周礼的内在精神。如鲁昭公，虽然即位时间不长，但从他访问晋国的各种仪节可以看出，他的进退应对都能合于“礼”，可见其对“周礼”深刻内涵的体察和把握。

春秋之际，诸侯国之间互动交往十分频繁，各国外交行为都以是否符合礼的精神为最高荣誉。所以“不知礼”便被视为是一种莫大的羞辱。孔子说:“诵《诗》三百，授之于政，不达，使于四方，不能专对,虽多,亦奚以为”[4]。“专对”就是指根据外交场景合“礼”

---

1 《春秋左氏传·昭公五年》。

2 王立:《从春秋道德观看春秋外交辞令》,《湖南师范学院学报》2009 年第 11 期。

3 《春秋左氏传·昭公二年》。

4 《论语·子路》。

地引诗赋。不能做到这一点，背诵再多的诗又有何用？可见外交中的一切事务莫不是与“礼”紧密联系在一起。

《春秋左氏传·隐公三年》中说:“君子结二国之信，行之以礼”。可见国家间交往旨在达成彼此之间的信任，因而就必须遵守一定的礼节。所以,“礼,国之干也”[1]。“干”是指事物的主体。也就是说,“礼”在国家事务中占有重要地位。《春秋左氏传·隐公十一年》中还有句话，“礼，经国家，定社稷，序民人，利后嗣也”，尤其凸显了礼的重要性。因此，“刚而无礼，不可以治民”[2]就成为春秋之际一种较为人们普遍认可的观点。

与此同时,还有“礼,上下之纪,天地之经纬也,民之所以生也”[3]。这句话除了从宏大的上下、天地角度凸显礼的价值指向外，还旨在表明“礼”和民之间的重要关系。《群书治要·汉书一》说“导民以礼”，也表明了“礼”与民之间的密切联系。正是在强调对“礼”的重要性认识的基础上,才诞生了“礼之可以为国也久矣”[4]的思想。《礼记·礼运》中说“故坏国丧家亡人，必先去其礼”，这是从反面说明了“礼”对维系国家安定的重要性。

从历史上来看，这种“为国以礼”的精神，包含着一个真正礼治国家的责任感和荣誉感。它不仅强调对国内事务要依照礼的要求，还强调对其他国家尤其是小国、弱国的保护，而非为了自己的利益去肆意侵犯他国的利益,这种善举尤其被人们视为合乎“礼”的精神。

---

1 《春秋左氏传·僖公十一年》。
2 《春秋左氏传·僖公二十七年》。
3 《春秋左氏传·昭公二十五年》。
4 《春秋左氏传·昭公二十六年》。

《春秋左氏传·僖公元年》载“凡侯伯救患分灾讨罪，礼也”，就是明证。孟子言“禹以四海为壑，今吾子以邻为壑”[1]，就是批评了那种违背礼的精神，为了本国利益而不惜侵犯他国利益的行为。

众所周知，春秋虽是诸侯竞争和兼并的时代，但其行为仍然受礼的制约。比如，齐国曾想趁鲁国内政混乱时发兵侵占，可大夫仲孙却告诫齐公:“周礼，所以本也。鲁不弃周礼，未可动也”[2]。这就是说，鲁国因秉持“周礼”，而受到他国敬重，遂免于兵祸。与此相似，成风也曾说“崇明祀，保小寡，周礼也”[3]。按照周礼的要求，那些大国负有保护弱小国家的责任。他反对欺凌弱小，认为这是违背周礼精神的。这与前面所说“凡侯伯救难分灾讨罪，礼也”的意思是一贯的。可见，这种礼的精神在某种程度上已经有了价值化的倾向，包含着道义论的深刻内涵。这种道义论摆脱了既往对礼的形式性的片面关注，而强调礼作为“合理性原则的实践和表现”。[4]这种原则在当时被视为是规范和衡量国家间外交行为的正义原则。

春秋时期，很多小国之所以得以存在，可以说就是“为国以礼”的精神在发挥着影响。最为著名的如齐桓公，《谷梁传》中说他有“存亡继绝之功”，足见“为国以礼”的精神对他的影响及由此产生的社会功用。尽管到了战国时代，一些强大的诸侯国不断吞灭小国，但仍然可以从中看到礼的精神。后世帝王不断册封以前历代国君之后，以奉其祀，岂不是“礼让为国”精神的最佳体现？孔子曾感慨

1 《孟子·告子下》。

2 《春秋左氏传·闵公元年》。

3 《春秋左氏传·僖公二十一年》。

4 陈来:《古代思想文化的世界》，生活·读书·新知三联书店2009年版，第270页。

而言，“兴灭国，继绝世，举逸民，天下之民归心焉”[1]，这就从更高的层面上把握到“礼”在国家治理与正常邦交中的精神实质和内核。从这个意义上说，古人视礼为“天之经也，地之义也，民之行也”[2]，就可以更好地被理解了。

（二）务德安民

商周以来，人们对天命的思想认识逐渐发生了根本性的转变，《尚书》中说“皇天无亲，惟德是辅”，就明白地道出了人们在处理人间事务时所应当遵循的原则和规范。“惟德是辅”既是处理人与人之间关系的不变准则，也是处理国与国之间关系的重要准绳。任何行为都必须遵照德的要求。而且就德的内涵而言，它往往兼有内外两个层面，即内在的个人德性修养和外在的德政实施，这些都可以在文献中找到根据。因此，古人在讲“德”的时候，基本上都是从内外两个层面进行理解，否则就不能把握到其内在本质和价值。比如，孔子说“为政以德”，它实际上包含了国君自身要修德和对百姓实施德政两个方面。

《国语·周语上》讲“先王耀德不观兵”，这是对国君违反道德要求、不施德政的一种善意劝诫。它旨在表明周人自先祖以来，无论对内，还是对外，都一贯强调以德服人，而不是以兵服人。《袁子正书》中说“治国有四，一曰尚德”；孔子也说“远人不服，则修文德以来之”[3]，这都是强调对“德”的重视和“德”在国家治理中的重要性。据《春秋左氏传·宣公三年》记载，“楚子伐陆浑之戎，

---

1 《论语·尧曰》。

2 《春秋左氏传·昭公二十五年》。

3 《论语·季氏》。

遂至于雒，观兵于周疆。定王使王孙满劳楚子，楚子问鼎之大小轻重焉，示欲逼周取天下也。对曰：‘在德不在鼎。’”意思是，周室之所以能保有天下是因为它有德而不在于有鼎。所以，王孙满接着说：“德之休明，虽小，重，不可迁。其奸回昏乱，虽大，轻也，言可移。”只要你有德，天命就不可移易。而如果你丧失了德，就无疑会因为内政昏乱而带来天命的改变。人们应该关注德性本身而不是其他外在的东西。

西周取代殷商而兴，被后人普遍认为是周人能做到“修德”“务德”的缘故。西伯戡黎，也并不被后人视为是好战，反而凸显了周人尤其是文王德政的巨大影响。孟子借武王之口说“征之为言正也，各欲正己也，焉用战？”[1]这就从正己的角度诠释了文王务德。南宋著名学者蔡沈也说道：“读是篇（即《西伯戡黎》）而知周德之至也”[2]。由此足可以看出“德”在处理国家间事务中的重要地位以及人们对“德”的崇尚。用春秋楚国大夫屈完的话说，这里面蕴藏着古人一贯推崇的“以德绥诸侯，谁敢不服”[3]的崇高价值信念。当然，它的意义还在于指出，那些妄图依靠武力征服他国的国家必然不能使人心服。而只有有德的人讨伐那些不义之国，才能得到他国人民的支持。

《孟子·公孙丑上》说：“以德服人者，中心悦而诚服也，如七十子之服孔子也”。人与人之间如此，国与国之间亦复如是。习近平总书记明确指出：“中国多次公开宣示，中国反对各种形式的霸权主义和强权政治，不干涉别国内政，永远不称霸，永远不搞扩

1 《孟子·尽心下》。

2 蔡沈：《书集传》，凤凰出版社 2010 年版，第 119 页。

3 《春秋左氏传·僖公四年》。

张”。“务德”必然反对霸权主义和强权政治，因为后者必然会带来一个国家的衰败和覆亡，这是从我国几千年历史中汲取出的重要经验教训。

人们对“德”的重视和强调必然使其成为维系和判定国家间关系的重要规范原则之一。《昌言》中说：

德教者，人君之常任也，而刑罚为之佐助焉。古之圣帝明王所以能亲百姓，训五品，和万邦，蕃黎民，召天地之嘉应，降鬼神之吉灵者，实德是为，而非刑之攸致也。

这段话突出了“德”而非“刑”在“协和万邦”中的价值和意义。进而言之，无论是国家间征伐，抑或是设盟结盟，都需要有德者才能任之。知武子对献子说：“我实不德，而要人以盟，岂礼也哉？”[1]意思是说，自己的德行不够，不足以邀人结盟，不德而邀人结盟是不符合礼的规范的。这就无意间把德和礼联系在一起共同作为判断对外交往的准则。

晋国郤缺也说过，“无德，何以主盟”[2]，表达的也是对“德”在国家间结盟中的重要性。需要指出的是，这种对“德”的强调更多地是从国君的品性方面入手，务德更主要地是指向国君自身。比如，鲁庄公的弟弟要征伐齐师，庄公却告诉他：“不可，我实不德，齐师何罪？姑务修德以待时乎！”[3]把对别国的征伐可否建立在自身德性的高下之

1 《春秋左氏传·襄公九年》。
2 《春秋左氏传·文公七年》。
3 《春秋左氏传·庄公八年》。

上，既反映了人们对“德”的高度自觉，也凸显了当时“德”的观念对邦交的深刻影响。鲁庄公说自己德性不足以讨伐齐师，并把修德作为一个必备条件，无疑从道德层面对征伐之事作了特殊的规范。

这种看法在当时得到了很多人的普遍认可和遵守。宋国讨伐曹国，久攻不克，“子鱼言于宋公曰：今君德无乃犹有所阙，而以伐人，若之何？盍姑内省德乎？无阙而后动。”[1]同样，子鱼强调国君征伐他国必须首先反思自身的道德修养，如果德行有缺，就必须勤加修持，而后再谋动。由此可见，对“德”的重视和强调已经成为当时处理国家间外交行为的一个不容忽视的原则。而那些不自修德的国君及其国家必然会遭致覆灭。春秋之际，司马侯对晋侯说，“不修政德，亡于不暇，又何能济”[2]，充分表明战胜敌人的关键在于修德而非其他。否则，自己何时灭亡尚且不敢保证，又怎么能够保有天下呢？晋国郤缺对赵宣子说：“子为正卿，以主诸侯，而不务德，将若之何？”[3]则是以反问的语气告诉赵宣子主盟诸侯应该务德。与此相类的还有周朝内史兴的看法，即“成礼义，德之则也。则德以导诸侯，诸侯必归之”[4]。“德之则”即礼义，“则德”即按照礼义的价值规范交结诸侯，诸侯因此也必然都归顺于他。这种看法无疑都视“德”为处理国家间交往的最高原则和规范。

从另一层面来说，凡是遵照修德的要求自我完善的国君，都必然能够赢得他国的宾服，这尤其被视为是古人看待和处理外交事务

1 《春秋左氏传 · 僖公十九年》。
2 《春秋左氏传 · 昭公四年》。
3 《春秋左氏传 · 文公七年》。
4 《国语 · 周语上》。

的重要理念之一。人们普遍认为只有以德才能服人，那些依靠兵力征伐使他国屈服的必然会带来反抗和敌视。据史载，晋国魏绛向晋悼公进谏五种和戎方法时说："以德绥戎，师徒不勤，甲兵不顿，四也。鉴于后羿，而用德度，远至迩安，五也。"[1]要使戎狄归附，只能依靠自身德性。用德的结果是远处的国家自然来归顺，近邻的国家赖此而安宁，而且还能避免因使用武力带来的损害。管仲也曾说过"招携以礼，怀远以德；德礼不易，无人不怀"[2]，以此表达他对德礼重要性的认知和强调。在管仲看来，招顺异族必须依靠礼，怀柔他国必须依靠德。只要国家间交往坚持用德和礼，就必然能使天下人心归往。

进而言之，一个国家在国际中的威望包括其影响力都只能在"德"的塑造下才能实现其最高价值。而这里面也必然包含着国家间的和平相处，以及人民的安定。因为对修德的要求和强调必然内在地体现了对百姓的爱护，这毫无疑问是国君"务德"的出发点和落脚点。春秋之际，楚国子期征伐陈国，延州季子对子期说："二君不务德，而力争诸侯，民何罪焉？我请退，以为子名，务德而安民。"[3]如果修德的目的只是为了征伐他国，享有霸名，却不顾对百姓的残害和虐待，又如何称得上是"德"呢？文王问太公为国之道，太公说"爱民"[4]；《孙卿子》中说"故君人者，欲安，则莫若平政爱民矣"；《吴子》中也说"古之图国家者，必先教百姓而亲万民"，表达的都是要亲爱百姓的意思。所以说，民才是德的最终目的和指向。

1 《春秋左氏传 · 襄公四年》。
2 《春秋左氏传 · 僖公七年》。
3 《春秋左氏传 · 哀公十年》。
4 《群书治要 · 六韬》。

古人将“正德”“厚生”“利用”视为三事，如《国语·周语上》记载，祭公谋父说“懋正其德而厚其性，阜其财求而利其器用”，晏子也曾说“民生厚而用利，于是乎正德以幅之”[1]，这就直接把德和利、生联系在一起，都旨在强调务德安民。古人说“民为邦本，本固邦宁”（《尚书》），可知，对民及其“利用”的重视和保护是国君修德的重要内容之一。

《管子·权修》中说：“欲为其国者，必重用其民。欲为其民者，必重尽其力。无以畜之。”春秋之际，富辰劝谏周襄王伐郑说“大上以德抚民”[2]，凸显的即是国君重民、抚民以德的思想。它要求国君不能像对待动物一样豢养人民。简言之，强调和重视“德”的根本目的，并不在于求得外部的利益和好处，而是旨在为百姓的利益着想，为其谋求安定的生活和祥和的秩序。因此可以说，德和民在任何时候都是第一位的、是本，而其他现实中的诸多利益则是第二位的、是末。《逸周书·柔武解》中明确说“以德为本”，足可看出“德”的重要性和根本性。晋国赵衰说“德义，生民之本也，能惇笃者，不忘百姓也”[3]，就是说明了“德”和“民”之间的紧密联系。能惇笃德义，必然意味着能做到对百姓的重视和爱护。

与德相对应，民的地位历来被古人推崇到很高的层面上。“务德安民”之所以把“德”与“民”联系起来有其深刻的内涵在其中。季梁劝随侯说，“民，神之主也”[4]，这是从祭祀的层面凸显民

1 《春秋左氏传·襄公二十八年》。
2 《春秋左氏传·僖公二十四年》。
3 《国语·晋语四》。
4 《春秋左氏传·桓公六年》。

的地位。认识到这一点，国君也必然能够为了民的利益需求而实施德政。邾文公曾说道："苟利于民，孤之利也。天生民而树之君，以利之也。民既利矣，孤必与焉。"[1]从这里可以看出，人民应被视为目的，国君的所作所为都应该为了满足人民的利益需求。只要对人民有利的，就是对国君有利。上天生养人民并树立君王是为了给人民谋求利益。百姓既得到利益，君王自然也能从中得利。

晏子则明白地说道："君民者，岂以陵民？"[2]君主的统治不应建立在对人民的欺凌之上，这既是孔子强调"为政以德"的原因所在，也是孟子"民贵君轻"思想的价值意义所在。周文王之所以能"百里而王"，并且"天下之民皆引领而望之"，是因为他能做到"保民而王"[3]。所以《群书治要·傅子》中说"常为天下所归者，无他也，善为天下兴利而已矣"。那些能够使天下人归附的国君必然是能够为天下百姓谋求利益的人。习近平总书记引用于右任的话说"计利当计天下利"，其本质就在于从整个世界的利益出发，为全世界的人民办事情、谋福利。而这也是习近平总书记"守望相助、同舟共济、共同发展"外交理念的一贯坚守和拓展。

二、讲信称义

中华民族自古就是一个讲信义的民族，以儒家文化为主干的中华优秀传统文化也莫不以讲信称义为最高荣誉。不独个人的言谈行

---

1 《春秋左氏传 · 文公十三年》。
2 《春秋左氏传 · 襄公二十五年》。
3 《孟子 · 梁惠王上》。

为要符合信义的标准，大到国家间的外交行为也要遵照信义的要求。《群书治要·傅子》中有段话详细阐释了信的社会功效和价值意义，即：

> 盖天地著信而四时不悖，日月著信而昏明有常，王者体信而万国以安，诸侯秉信而境内以和，君子履信而厥身以立。古之圣君贤佐，将化世美俗，去信须臾而能安上治民者，未之有也。

意思是：天地有信，则四季更迭不乱；日月有信，则晨昏日暮有常，王者体察践行信，则万国安泰；诸侯秉持信，则内治祥和；君子秉持信，则得以立身。自古圣君贤臣想要美风俗、化人心，妄图不秉持信的价值规范而欲使上下和谐相安是不可能的。这就明显道出了“信”在国家治理中所占据的重要地位。此外，《群书治要·傅子》中还列出很多“无信之祸”用来警告君主失信带来的危害和后果。

同样，义对国家的重要性也不言而喻。管仲说国有四维，礼义廉耻，“四维不张，国乃灭亡”[1]；《荀子·王霸》中说“用国者，立义而王”；《司马法》中说，“古者以仁为本，以义治之，治之谓正”，这些都是对“义”在国家治理中的重要性的描述。

综上可知，“信”“义”在治国理政中无疑都发挥着巨大作用和重要价值。这可以从“信以守礼”和“以义建利”两个方面来理解。

（一）信以守礼

春秋时期，“君子结二国之信”[2]，“天子非展义不巡守”[3]，这从侧

1 《群书治要·管子》。
2 《春秋左氏传·隐公三年》。
3 《春秋左氏传·庄公二十七年》。

面道出了信、义对于诸侯国之间乃至周王室与诸侯国之间重要性的事实。按照古人的看法，“信以行义，义以成命”[1]。可见，信、义间有着紧密的联系，共同构成了国家得以维系的保障。认识不到这一点，就无法准确理解国与国之间和平相处的背后因素。与此相类，“礼以行义,信以守礼”[2],也旨在强调一个国家必须信守礼义。而“信以守礼”在《春秋左氏传》中多次出现,如“信以守礼,礼以庇身”[3],“乐以安德,义以处之,礼以行之,信以守之”[4]等都充分显示了“信”对于国家稳定发展的重要作用。“守之以信,行之以礼”[5],也是综合两者以把握其内在意义的。

信的重要性不言而喻，不能守信的危害也很显见。“信不可知，义无所立，四方诸侯，其谁不解体？”[6]所要表达的即正是此意。不能恪守信义，任何一个诸侯国都必然会走向解体。大国如此，小国亦如此,且小国不守信的危害更大。《春秋左氏传·襄公八年》中讲：“小所以事大，信也。小国无信，兵乱日至”。这无疑把守信置于国家安危存亡的高度，也说明了“失信不立”[7]的深刻道理。当然，这并不意味着“信”只是小国间交往必须遵守，它也是所有国家间交往的共同准则。据《春秋左氏传·襄公二十七年》记载，第二次弭兵会盟期间，楚军外衣内甲，大宰伯州犁认为楚国此举违背信而反

1 《春秋左氏传·成公八年》。
2 《春秋左氏传·僖公二十八年》。
3 《春秋左氏传·成公十五年》。
4 《春秋左氏传·襄公十一年》。
5 《春秋左氏传·昭公五年》。
6 《春秋左氏传·成公八年》。
7 《春秋左氏传·襄公二十二年》。

对。但令尹子木却说："晋楚无信久矣，事利而已，苟得志焉，焉用有信？"对此，伯州犁大加挞责，说"令尹将死矣，不及三年。求逞志而弃信，志将逞乎？志以发言，言以出信，信以立志，参以定之。信亡，何以及三？"意思在于表明，为达到目的不择手段，只顾满足自己的志趣竟至于背信弃盟，必然会遭致灭亡。

把"信"视为国家间交往的一个重要德行，反映了当时人们对"信"的价值和意义的独特理解和看法。比如，管仲说"君以礼与信属诸侯"[1]，意在批判齐国与诸侯结盟讨伐郑国，却又想与郑太子单独媾和的失信的行为。类似的还有申叔对子反只顾追求利益而不顾盟约的失信行为做出的批评和劝诫。楚国伯州犁说"以为不信，无乃不可乎？"[2]可以被视为国家间信义外交思想的明显表露。孔子曾说"人而无信，不知其可也"[3]，对于国家而言，不也是如此吗？

周朝内史兴曾说，"礼所以观忠、信、仁、义也。忠所以分也，仁所以行也，信所以守也，义所以节也。忠分则均，仁行则报，信守则固，义节则度。""守节不淫，信也。行礼不疚，义也。"[4]其意在指出："信"是种能持守承诺的德行，守信则能使礼牢固不坏；"义"是种能节制的德行，守义则能使行礼合乎度。这就是说，信、义是国家间交往的重要原则和行为规范。背离了信义，必然会带来灾祸。庆郑说："弃信背邻，患孰恤之？无信患作，失援必毙，是则然矣"[5]。这就明确地指出国家背信弃义最终会导致孤立无援而自取灭亡。因

1 《春秋左氏传·僖公七年》。
2 《春秋左氏传·襄公二十七年》。
3 《论语·为政》。
4 《国语·周语上》。
5 《春秋左氏传·僖公十四年》。

此，对于国家而言，“讲信称义”是其得以生存发展的基石。《大学》中说“与国人交，止于信”，其意义即在于此。

正是看到了信的重要作用和意义，古人才有了“信，国之宝也，民之所庇也。得原失信，何以庇之？所亡滋多”[1]的深刻论断。这就把“信”视为是国之大宝和百姓赖以庇护的东西，一旦失“信”，百姓就会无所庇护，国家也会损失愈多。孔子说“信则人任焉”[2]，《礼记·缁衣》上也说“信以结之，则民不倍（背）”，这是通过君民关系的互动来解读“信”的作用，也就是说，君民关系的和合必须通过“信”紧密连在一起，也只有在君王守“信”的基础上，百姓才不会背弃。

从上面的论断可知，中国古来作为一个负责任大国的形象是有其渊源、有其历史根据的。一旦失去了对信义的坚守和保持，就必然会带来“弃信而坏其主，在国必乱，在家必亡”[3]的可怕下场。孔子曾鲜明地指出“民无信不立”[4]，他要表明的除了说人民要以信立身之外，还包含了一个国家对其人民的政策必须可靠、守信的意思。离开了这一点，就会导致“不信，民不从也”[5]的后果。而这无疑是对国君的一种规谏和要求、是从自上而下的层面而言的。讲究“信”，必然要求一国之君首先做到，这也被视为其必备的德行。《春秋左氏传·桓公十三年》说“其谓君抚小民以信”，就是这个意思。反之，

1 《春秋左氏传·僖公二十五年》。
2 《论语·阳货》。
3 《春秋左氏传·文公四年》。
4 《论语·颜渊》。
5 《春秋左氏传·昭公七年》。

“君失其信，而国无刑，不亦难乎”[1]，国君如果不讲信用，恐怕会给国家带来不必要的灾祸。因此，为了维持国家的稳定和安宁，按照自上而下的原则，就必须做到“君人执信，臣人执共，忠信笃敬，上下同之”，因为这是“天之道也”[2]。只有讲求信用，才能顺应上天之道，实现王命的有效贯彻以及百姓对君王的顺从，也才能实现国家的安定熙和。

习近平总书记曾在访问蒙古国时指出：“中国说到的话、承诺的事，一定会做到，一定会兑现”。这种讲求信义的思想是对我国传统外交思想的直接继承和发展，对促进世界的多极化发展乃至世界各国的团结合作带来了生机和活力。国与国之间的互信愈深，则两国间的互动和交往合作就会愈多，进而对彼此的共同发展和进步就愈有作用。从这个层面而言，增进互信可以为世界各国发展和人民安居乐业创造良好条件，是值得坚守和奉行的。

（二）义以建利

义与利并不必然是冲突对立的两面，古人对义的强调并不意味着对利的绝对拒斥，而是从整体联系的角度理解和把握两者。所以才有“言义必及利”[3]的说法。不独人与人之间交往要兼顾义利，国与国之间交往更应如此，按照道义行事绝不是不追求、不顾及利益。古人对义的看法十分独到深刻。《墨子》中说“天下有义则治，无义则乱，是以知义之为善政也”，而这与儒家思想相似，孟子说仁政，墨子说义治，本质上都是对“以德治国”的诠释。

---

1 《春秋左氏传·襄公二十七年》。

2 《春秋左氏传·襄公二十二年》。

3 《国语·周语下》。

尽管孔子也曾说“君子喻于义，小人喻于利”[1]，但这并不意味着古人只讲义而不讲利。孟子所谓“何必曰利,亦有仁义而已矣”[2]，则是在孔子观点上，认识到了人们一味追求利而不按道义行事的严重后果，并由此作出较为直白而善意的劝谏。如果国家间交往只追求利益而不考虑道义，便会出现“争地以战，杀人盈野；争城以战，杀人盈城”[3]的情形。只有在这个意义上，才能理解孔子“不义而富且贵，于我如浮云”[4]的深刻内涵。国家间对自身利益的追求和维护也必须从这个角度理解。那种借着国家交往与合作的旗号背地里却干涉他国核心利益的行为是被鄙视的，也是不符合礼的精神的。孟子批判的“以邻为壑”的行径就是一个很鲜明的例子。

管仲认为，在各诸侯国之间“拘之以利”是应该的，并且还要使其都能“趋于利”[5]。这可以理解为一个国家可以而且应该追求自身的正当利益。《墨子》上讲“义，利也”，就意味着义利是统一的。“‘利’应当是由信守承诺的态度所完成的义，而不是脱离‘义’的东西。”[6]申叔曾对子反说“义以建利”[7]，说明义和利是相关的，并非截然相对，只无非义居于主导的地位，而利是义的完成。换言之，义是利的根本，有义才能建利。但同时还必须杜绝那种只追求利益而不顾及“义”的外交行为。所以，晏子说：“故利不可强，思义为愈。

---

1 《论语·里仁》。
2 《孟子·梁惠王上》。
3 《孟子·离娄上》。
4 《论语·述而》。
5 《国语·齐语》。
6 陈来：《古代思想文化的世界》，生活·读书·新知三联书店 2009 年版，第 352 页。
7 《春秋左氏传·成公十六年》。

义，利之本也。”[1]。简言之，即是要见利思义，义是利之本，不能舍本逐末。南宋学者吕祖谦说“天下之事以利而合者，亦必以利而离”[2]。这与古人所说“以利交者，利穷则散”[3]的含义是相同的。国家间交往也是如此，那些只追求利益而不顾及道义的国家必然会走向分裂和覆灭。所以说“义者，利之足也。废义则利不立”[4]。离开了义，利就无处可立、更无从获得。

习近平总书记在韩国首尔大学的演讲中讲道：“‘国不以利为利，以义为利也。’在国际合作中，我们要注重利，更要注重义。只有义利兼顾才能义利兼得，只有义利平衡才能义利共赢。”这是对我国传统义利观在当今国际外交事务中的应用和发展。同时，习近平总书记还多次强调，我国同其他国家的外交政策一贯坚持和奉行正确的义利观，即“不搞我赢你输，我多你少，在一些具体项目上将照顾对方利益”。这种外交理念已经得到其他国家的高度认可和赞赏。西方曾有学者指出，中国在国际事务中展现其领导能力的过程向世界传达出了“有原则、讲情谊、讲道义”的外交理念，对于整个世界的和谐共处有着极为重要的指导和借鉴意义。习近平总书记还指出，一定要“把中国发展与世界发展联系起来，把中国人民利益同各国人民共同利益结合起来，不断扩大同各国的互利合作，以更加积极的姿态参与国际事务，共同应对全球性挑战，努力为全球发展作出贡献”。这是对我国古代义利观

1 《春秋左氏传 · 昭公十年》。
2 《东莱左传博议》。
3 《中说 · 礼乐篇》。
4 《国语 · 晋语二》。

在当今时代的诠释和发展。

当然，从儒家立场来看，这里所说的“利”其实指的是民之利、是百姓的利益。《淮南子》中说“治国有常,而利民为本。苟利于民，不必法古”，这就明确地把利民视为国家治理中必须坚守的恒常不变的大道，可见其重要性。《逸周书》中将“民之利”视为“九德”之一，也表明了同样的意思。与“九德”相反，还有“九过”，用来指称那些侵犯百姓利益的不良德行。不管如何，把利与民联系在一起,是西周以来的一个传统观点。丕郑曾说:“民之有君,以治义也。义以生利，利以丰民”[1]。其意义在于指出义和利之间并不是截然相对的，义的本质就在于为民谋利。有义才能产生利，而有利也才能增益民生。这既是国家内部义利观的正确诠释，同时也是国家间交往时应当恪守的义利观。

强调“义以建利”，其根本用意在于维护国家正当利益的前提下构建和谐互利的国际关系。义，是互利共赢的指导思想。所有利益的追求和共享都必须依从道义原则。习近平总书记曾鲜明地指出，中国在对外交往中“决不能放弃我们的正当权益，决不能牺牲国家核心利益。任何外国不要指望我们会拿自己的核心利益做交易，不要指望我们会吞下损害我国主权、安全、发展利益的苦果”。这就是对义利关系在现实国际交往中的最佳阐释。不过，应该指出的是，在需要的时候，中国会在特定处境重义让利，甚至舍利取义。可见，义利两者并不是僵硬的关系，而是可以做出适当改变。当然，义是国际交往中不可逾越的价值底线。

1 《国语·晋语一》。

三、仁者无敌

“仁者无敌”最早出自《孟子·梁惠王上》，这是孟子表达其政治思想的一种理想说法，对后世影响极为深远。在他看来，“仁”强调的并不仅仅是治国者的个人道德修养，它同样适用于处理国家间各种外交事务，即按照“仁”的要求，推行仁爱措施，以有效协调国与国之间的外交关系，最终达到无敌于天下的仁者之境。这种思想既包含了对内发施仁政，也包含了对外以道治天下，这是儒家一贯强调的王道思想的根本体现。王道思想实现了天下观念对国家观念的超越，而以一种道德性的价值思维来把握国与国之间的外交关系。所以，顾炎武说：“有亡国，有亡天下。亡国与亡天下奚辨？曰：易姓改号，谓之亡国；仁义充塞，而至于率兽食人，人将相食，谓之亡天下。”[1]可见，天下是与仁义观念联系在一起的，言仁义也必然是从天下的角度进行解释的。“仁者无敌”当然指的是无敌于天下。能够在国内外的一切事务中按照道的要求行事，并推行仁义的措施必然会赢得天下。孟子之所以说“仁者无敌”，就在于指出唯有仁者才能在国家间交往中践行王道而居于无往不胜的地位。

（一）发施仁政

齐宣王问曰：“交邻国有道乎？”孟子对曰：“有。惟仁者为能以大事小，是故汤事葛，文王事昆夷。惟智者为能以小事大，故太

1 《日知录》。

王事獯鬻，勾践事吴。以大事小者，乐天者也。以小事大者，畏天者也。乐天者保天下，畏天者保其国。诗云：'畏天之威，于时保之。'"[1]

这段话的意思表明，和邻国交往是有"道"可循的。显然，这里的"道"包括仁者之道和智者之道两种，而能"保天下"的仁者之道无疑高于"保其国"的智者之道，也即儒家一贯追求的王道。

国家间的外交从某种角度可以理解为大国与小国之间的交往，如何在交往中遵循一定的价值原则以处理两国关系就显得尤为重要。"保国"与"保天下"显然是两个层次，而中国古人一贯强调的是"天下"观。因此可以说，唯有仁者才能乐天、才能保有天下。《孟子·离娄上》说：

三代之得天下也以仁，其失天下也以不仁。国之所以废兴存亡者亦然。天子不仁，不保四海；诸侯不仁，不保社稷；卿大夫不仁，不保宗庙；士庶人不仁，不保四体。今恶死亡而乐不仁，是犹恶醉而强酒。

仁与不仁的结果对照十分鲜明。能行仁，必然能保有天下；不仁则会失去天下，使国家社稷不保。自天子以至于士庶人，莫不因仁而保、失仁而不保。简单来说，"仁"就是用和平的方式处理人与人、国与国的关系。一旦离开了这一点，就无法实现仁。文子说"治之本，仁义也"[2]，就是从国家治理的角度对仁义作为治道根本价

1 《孟子·梁惠王下》。
2 《群书治要·文子》。

值的最好解释。

孟子“仁”的思想源于孔子。孔子曾提出仁是“爱人”，它旨在强调从个人与他者之间的积极关系中去实践，以“爱”的方式实现两者关系与状态的和谐。因此，对于中国古人而言，仁是交互性的，体现了交往双方的积极互动性。所以说“言仁必及人”[1]，即讲到仁，必施爱及于他人。推而广之，仁也就被视为是处理国与国之间交往的重要价值原则。“为国者，利国之谓仁”[2]。只要是有利于国家的，就可以称为“仁”。

夫义所以生利也，祥所以事神也，仁所以保民也。不义则利不阜，不祥则福不降，不仁则民不至。古之明王不失此三德者，故能光有天下，而和宁百姓，令闻不忘。[3]

所以，从国家层面上探究仁的重要性，并将其视为是国家兴废存亡的一大因素，无疑对于如何正确看待和处理国家及国家间事务有着强烈的现实意义。而事实上，在国家层面上实现“仁”德，具体表现，即为孟子所说的“仁政”。

王如施仁政于民，省刑罚，薄税敛，深耕易耨。壮者以暇日修其孝悌忠信，入以事其父兄，出以事其长上。可使制梃以挞秦楚之

1 《国语·周语下》。
2 《国语·晋语一》。
3 《国语·周语中》。

坚甲利兵矣。[1]

可见，在孟子看来，“仁者无敌”意思在于，国君只有真正为了百姓的利益而施行仁政举措，才能无敌于天下。这种看法有着悠久的历史传统。《国语・周语中》说，“故王天下者必先诸民，然后庇焉，则能长利”，这种“长利”指的应该是人民对王者的支持及拥护其所取得的功业，而这种功业在古人看来也是“仁政”的外在表现，即“畜义丰功谓之仁”。如果做不到仁，就无法获取长久的利，这也是古人所谓“不仁不信，将何以长利”[2]的意思。显然，若只追求利而不顾及其他，就不足以称为仁。《国语・晋语八》中说“舅犯见利而不顾其君，其仁不足称也”，就是对见利忘义、不顾及仁的一种批评。

儒家对仁政的解读在夷夏之辨的问题上显得尤为充分。按照《春秋》精神，凡是能推行仁政的，即使是夷族也会大加褒扬并“中国之”，反之，若中原国家不能推行仁政，就会遭致挞伐而被贬视为夷狄。比如，楚国本是南方蛮族，因其所行所为符合仁义，《春秋》就载之于书，并肯定之。而作为身在中原的晋国因为做了违背仁义的事，就被《春秋》贬视为夷狄。从这个角度而言，“仁政”无疑为处理国家外交事务提供了最理想的路径选择。

按照孟子的理解，实施仁政的根本在于“以不忍人之心行不忍人之政”。而“不忍人之心”作为孟子性善论的内在依据则为仁政的实现提供了可能性。孟子曾说“人皆可以为尧舜”，这既从个人

1 《孟子・梁惠王上》。
2 《国语・晋语二》。

道德层面肯定人们都可以成圣的事实，还包含着一种对君王隐秘的劝诫，即他们都可以依照尧舜的仁道治理好天下。

当然，“仁者无敌”并不意味着“仁者”在战争中每战必胜，这是对“仁”的一种误解。事实上，仁者是拒绝战争和征伐的。后儒范仲淹对张载说“儒者自有名教可乐,何事于兵”[1]就是对“仁政”思想的准确解读。习近平总书记在谈到武力战争时曾说道，纵观世界历史,依靠武力对外侵略扩张最终都是要失败的。这是历史规律。中国作为一个负责任的大国，在与他国交往时必然坚持和平发展道路，而不是诉诸于武力。当然必须得承认，不诉诸武力并不代表放弃使用武力。习近平总书记说“我们不惹事，但也不怕事”就是此意，这既是对“仁政”思想在外交理念中的现代转换，也是我国坚持走和平发展道路的最佳展现。这不是权宜之计,也不是外交辞令,而是从对我国历史、现在和未来的判断中得出的结论。

“仁者无敌”的最高境界便是达到“以天下为一家，以中国为一人”[2]的状态，把国家间关系处理成为带有浓厚家庭色彩的感情关系。子夏曾说“四海之内皆兄弟”[3],同样适用于国家间关系。春秋战国时期，诸侯混战，若追根溯源，其实可能同出一源，甚至有姻亲。比如《论语·子路》上说“鲁、卫之政，兄弟也”，说明二者治国风格、精神较为相似。进言之，用兄弟关系来比喻和描述国与国的关系，视天下为一家，其本质在于借由一种道德性的方式实现仁政在天下的践行，当然，这种理想无疑最终指向王道。

---

1 《宋史·张载传》。

2 《礼记·礼运》。

3 《论语·颜渊》。

（二）道治天下

“仁者无敌”的另一层含义，在于一国之君能在推行仁政的基础上，遵循“道”的原则处理国家间关系，以实现彼此间和谐共生。所谓“道治天下”，无疑就是按照王道的原则治理天下。在儒家看来，王道较于霸道更有优越性。《昌言》中说“有天下者，莫不君之以王，而治之以道”，所表达的即是以王道治天下。北宋二程先生也认为，“先王之世，以道治天下，后世只是以法把持天下”[1]。此“道”显然是儒家古来推崇的尧舜禹汤、文武周孔相传之王道。无论哪国君主，若能按照“道”的要求展开对外交往，就必然能使各国宾服而王天下。王弼注《道德经》说“以道治国则国平”的意义就在于此。

推之于外交层面，这种外交关系在理论与现实上就表现为“一个四周受皇帝的德治教化，进而形成一个阶梯。中华出自于中央，其影响逐渐向地方、异民族、异地域扩展，形成一个同心圆的关系”[2]。这种关系可视为是费孝通先生所说的“差序格局”在天下层面的放大和扩展，它的理想的状态若用《易经·乾卦》中的话来说，就是“乾道变化，各正性命，保合太和，乃利贞”。

历史地看，中国古人是从“天下”的视角看待世界政治的，说“天下”实际上包含了国与国之间的种种关系，因而必然是一个整体性的考虑。所以，古人的外交思想在本质上是关于天下治理的思想，实现了对没有明确内外界限的“国家”概念的超越。儒家一贯强调的“治国平天下”就是承认在国家之上存在着一个更大的价值

---

1 《二程遗书》。

2 ［日］滨下武志著：《东亚国际体系》，载［日］山本吉宣主编，王志安译：《国际政治理论》，生活·读书·新知三联书店 1993 年版，第 49—50 页。

目标，这个目标就是《礼记·礼运》中所说的“天下为公”的价值指向，指无非受儒家思想的影响，使得“天下”观以一种“家国”的形态被人们理解和把握。简言之，王者以天下为家，天下作为一个大“家”，王者扮演着天下父母的角色，居于天下最高权力中心，各国围绕天子（中央之国）而形成一种和谐共处的关系。

《文子》中说:“以道治天下,非易民性也,因其有而条畅之”。“道治”即顺遂人民的本性而施以教化和治理。能做到这一点就可以“无敌于天下矣”。按照文子的看法，“人之性有仁义之资，非圣王为之法度”,这就点出了仁义是作为人的本性而自然具有的,“因民之性”，即顺遂人的仁义本性而进行治理。《傅子》中也说，“因物制宜者，圣人之治也”。所以说，王道的实质其实就是孔孟一贯推崇的仁义之道。《申鉴》中说“道之大本，仁义而已”，历代帝王对仁义的反复申说推崇无不包含着对作为道之大本的仁义的体察和认知。《尚书·洪范》中说“无偏无党，王道荡荡”，不就是对仁义之道的具体描述和解读吗？正是基于这种文化和价值上的优越感，中原国家在处理自身和异域他邦的关系时，常常通过运用王道策略，以道德修养和礼乐教化为本，使其望风归服。

在儒家看来，能行王道的必然会成为王者。苏轼曾著《王者不治夷狄论》，里面引用了何休的话，说“王者不治夷狄，录戎来者不拒，去者不追也”，这就表明，王者极力避免从军事和经济上侵略和掠夺异国，而只强调“正其谊不谋其利，明其道不计其功”[1]，所以才能达到“四夷顺而天下宁”的协和状态。《孙卿子》中讲:“国

1 《汉书·董仲舒传》。

者，天下之制利用也。人主者，天下之利势也。得道以持之，则大安也，大荣也。不得道以持之，则大危矣，大累矣”。就是说，一个国家的稳定安乐必须建立在对“道”的认知和持守上，否则就会招致危险。联系西周以来的思想与历史，可知“道”除了是仁义之道外，别无所指。

“贞观盛世”的开创者、被不同种族尊为“天可汗”的唐太宗曾说过，“自古帝王虽平定中夏，不能服夷狄，朕才不逮古人而成功之”，是因为“自古皆贵华夏，贱夷狄，朕独爱之如一，故其种落皆依朕如父母”[1]。其意在指出，一个有道德的君主，必然能在推行王道时以极其宽厚仁慈的爱心对待不同国家的人民，真正达到“天下一家”的最高境界，而这也正是“道治天下”的根本落脚点。尽管在宋儒看来，唐太宗只不过是实现了霸道，远不足以称为“王道”，但他指示的路径无疑是王道的方向。《孟子·梁惠王下》说“乐以天下，忧以天下，然而不王者未之有也”就是此意。以至后世帝王莫不以此自勉来处理与不同民族国家之间的外交关系，如明太祖朱元璋称帝后说:“朕既为天下主，华夷无间，姓氏虽异，抚字如一”[2]。其意义在于指出他们所推行的国政是符合王道原则的，所以才能在现实中体察到“民，吾同胞也”的真实含义。

从另一个角度来看，唐太宗所说的“爱之如一”，意味着在国家交往中以一种平等的眼光对待不同的种族和国家。他做到了国家间的一视同仁，不搞特殊和歧视，可以说是“有交无类”“天下为公”。习近平总书记在谈国家交往时说:“政治上要秉持公道正义，

1 《资治通鉴·卷一百九十八》。
2 《明太祖实录·卷五十三》。

坚持平等相待，遵守国际关系基本原则，反对霸权主义和强权政治，反对为一己之私损害他人利益、破坏地区和平稳定”。这就是对“道治天下”意义的现代转换。尽管在儒家看来，天下为公的时代已经逝去，但并不意味着它不再降临人间。习近平总书记在2015年提出“打造人类命运共同体”的理念，意在推动世界各国的和平相处与发展。这种理念摆脱了国与国之间的对抗性思维，而进入一个全新的视野，按照我国自古以来“天下观”理念展开国际交往，无疑将有助于更好地谋求全人类的共同繁荣和进步。

习近平总书记指出：“迈向命运共同体，各国必须坚持相互尊重、平等相待；必须坚持合作共赢、共同发展；必须坚持实现共同、综合、合作、可持续的安全；必须坚持不同文明兼容并蓄、交流互鉴。”这意味着要在一个休戚相关的共同体内“摒弃零和游戏、你输我赢的旧思维，树立双赢、共赢的新理念，在追求自身利益时兼顾他方利益，在寻求自身发展时促进共同发展”。这岂不是与《礼记·礼运》中“大道之行，天下为公”的精神有一脉相承之处？岂不是以仁义之心行仁义之政的最好体现？从这个角度而言，不同国家之间的和谐共生和互信共赢就是对“协和万邦”的最好体现。

参考文献

一、古籍原著类

[1]《群书治要·卷一·周易》
[2]《群书治要·卷二·尚书》
[3]《群书治要·卷三·毛诗》
[4]《群书治要·卷四·春秋左氏传》
[5]《群书治要·卷七·礼记》
[6]《群书治要·卷八·周礼》
[7]《群书治要·卷八·周书》
[8]《群书治要·卷八·韩诗外传》
[9]《群书治要·卷九·孝经》
[10]《群书治要·卷十·孔子家语》
[11]《群书治要·卷十一·史记上》
[12]《群书治要·卷十二·史记下》
[13]《群书治要·卷十三·汉书一》
[14]《群书治要·卷十四·汉书二》
[15]《群书治要·卷十六·汉书四》
[16]《群书治要·卷十七·汉书五》
[17]《群书治要·卷十八·汉书六》

[18]《群书治要 · 卷十九 · 汉书七》
[19]《群书治要 · 卷二十 · 汉书八》
[20]《群书治要 · 卷二十一 · 后汉书一》
[21]《群书治要 · 卷二十 · 后汉书二》
[22]《群书治要 · 卷二十三 · 后汉书三》
[23]《群书治要 · 卷二十五 · 魏志上》
[24]《群书治要 · 卷二十六 · 魏志下》
[25]《群书治要 · 卷二十七 · 蜀志》
[26]《群书治要 · 卷二十八 · 吴志下》
[27]《群书治要 · 卷二十九 · 晋书上》
[28]《群书治要 · 卷三十 · 晋书下》
[29]《群书治要 · 卷三十一 · 六韬》
[30]《群书治要 · 卷三十一 · 阴谋》
[31]《群书治要 · 卷三十一 · 鬻子》
[32]《群书治要 · 卷三十二 · 管子》
[33]《群书治要 · 卷三十三 · 晏子》
[34]《群书治要 · 卷三十三 · 司马法》
[35]《群书治要 · 卷三十四 · 老子》
[36]《群书治要 · 卷三十四 · 列子》
[37]《群书治要 · 卷三十四 · 墨子》
[38]《群书治要 · 卷三十五 · 文子》
[39]《群书治要 · 卷三十六 · 吴子》
[40]《群书治要 · 卷三十六 · 商君子》
[41]《群书治要 · 卷三十六 · 尸子》

[42]《群书治要 · 卷三十八 · 孙卿子》
[43]《群书治要 · 卷三十九 · 吕氏春秋》
[44]《群书治要 · 卷四十 · 韩子》
[45]《群书治要 · 卷四十 · 三略》
[46]《群书治要 · 卷四十 · 新语》
[47]《群书治要 · 卷四十 · 贾子》
[48]《群书治要 · 卷四十一 · 淮南子》
[49]《群书治要 · 卷四十二 · 盐铁论》
[50]《群书治要 · 卷四十二 · 新序》
[51]《群书治要 · 卷四十三 · 说苑》
[52]《群书治要 · 卷四十四 · 桓子新论》
[53]《群书治要 · 卷四十四 · 潜夫论》
[54]《群书治要 · 卷四十五 · 崔寔政论》
[55]《群书治要 · 卷四十五 · 昌言》
[56]《群书治要 · 卷四十六 · 申鉴》
[57]《群书治要 · 卷四十六 · 中论》
[58]《群书治要 · 卷四十七 · 刘廙政论》
[59]《群书治要 · 卷四十七 · 蒋子万机论》
[60]《群书治要 · 卷四十七 · 政要论》
[61]《群书治要 · 卷四十八 · 体论》
[62]《群书治要 · 卷四十八 · 典语》
[63]《群书治要 · 卷四十九 · 傅子》
[64]《群书治要 · 卷五十 · 袁子正书》
[65]《群书治要 · 卷五十 · 抱朴子》

[66]《周易 · 系辞下》
[67]《论语》
[68]《大学》
[69]《礼记》
[70]《孝经》
[71]《孟子》
[72]《荀子》
[73]《弟子规》
[74]《了凡四训》
[75]《老子》
[76]《国语 · 卷一 · 周语上》
[77]《国语 · 卷二 · 周语中》
[78]《国语 · 卷三 · 周语下》
[79]《国语 · 卷六 · 齐语》
[80]《国语 · 卷七 · 晋语一》
[81]《国语 · 卷八 · 晋语二》
[82]《国语 · 卷十 · 晋语四》
[83]《国语 · 卷十四 · 晋语八》
[84]《春秋左氏传 · 隐公》
[85]《春秋左氏传 · 桓公》
[86]《春秋左氏传 · 庄公》
[87]《春秋左氏传 · 闵公》
[88]《春秋左氏传 · 僖公》
[89]《春秋左氏传 · 文公》

[90]《春秋左氏传・宣公》
[91]《春秋左氏传・成公》
[92]《春秋左氏传・襄公》
[93]《春秋左氏传・昭公》
[94]《春秋左氏传・哀公》
[95]《史记・卷七・项羽本纪第七》
[96]《史记・卷八・高祖本纪第八》
[97]《史记・卷九十七・郦生陆贾列传第三十七》
[98]《史记・卷一百二十九・货殖列传第六十九》
[99]《汉书・卷五十六・董仲舒传第二十六》
[100]《逸周书・卷三・柔武解》
[101]《贞观政要》
[102] 答魏徵上《群书治要》手诏
[103]《隋书・经籍志》
[104]《新唐书・卷五十六・志第四十六刑法》
[105]《旧唐书・卷七十一・列传第二十一》
[106]《资治通鉴・汉纪三十六》
[107]《元史・志第四十二》
[108]《雍正皇帝上谕》
[109]《说文解字》

二、《群书治要》研究类

[1] 魏徵等撰，吕效祖等主编:《全四册》,《〈群书治要〉考译》,

团结出版社 2011 年版。

[2]《群书治要》学习小组刘余莉:《〈群书治要〉译注》(全 28 册), 中国书店 2012 年版。

[3] 刘余莉著:《〈群书治要〉十讲》, 团结出版社 2014 年版。

[4] 刘余莉著:《品读〈群书治要〉》, 中国华侨出版社 2012 年版。

[5] 蔡礼旭等著:《〈群书治要〉大讲堂》, 世界知识出版社 2013 年版。

[6] 刘余莉, 萧祥剑著:《建国君民教学为先——〈群书治要〉的启示》, 中国华侨出版社 2013 年版。

[7] 萧祥剑著:《〈群书治要〉五十讲》, 团结出版社 2013 年版。

[8] 萧祥剑著:《〈群书治要〉心得》, 中国华侨出版社 2012 年版。

[9] 马来西亚中华文化教育中心选注:《〈群书治要〉360》, 世界知识出版社 2012 年版。

[10] 吕效祖:《〈群书治要〉及中日文化交流》,《渭南师专学报》1998 年第 6 期。

[11]金光一:《〈群书治要〉回传考》,《文艺评论》2011 年第 9 期。

[12] 周桂钿:《〈群书治要〉——中国古代政治智慧的集萃中国德育》, 2013 年第 14 期。

[13] 刘余莉, 谷文国:《〈群书治要〉的观人之道》,《理论探索》2013 年第 4 期。

[14] 刘余莉, 谷文国:《〈群书治要〉的得人之道》,《理论探索》2014 年第 4 期。

[15] 刘余莉, 刘红利:《〈群书治要〉论奢靡之害》,《中共中央党校学报》2014 年第 2 期。

[16] 刘余莉，谷文国:《〈群书治要〉论用人大忌》,《中共贵州省委党校学报》2014年第3期。

[17] 余洪波,刘余莉:《〈群书治要〉中的观人之法》,《领导科学》2014年第2期（下）。

[18] 刘余莉，刘红利:《民贵君轻 富而后教——〈群书治要〉民本思想研究》,《中共贵州省委党校学报》2013年第5期。

[19] 韩丽华:《〈群书治要〉修身治国、为政以德的德治思想探析》,《太原理工大学学报》（社会科学版）2014年第32期。

[20] 周桂钿:《〈群书治要〉——中国古代政治智慧的集萃》,《中国德育》2013年第14期。

[21] 胡晓利:《试论〈群书治要〉中官吏清廉的生成机制》,《吉林师范大学学报》（人文社会科学版）2013年第5期。

[22] 周励:《千古奇书〈群书治要〉涅槃重生》,《西部大开发》2012年第7期。

[23] 张智武:《魏徵与〈群书治要〉》,《文博》1990年第3期。

[24] 吴金华:《略谈日本古写本〈群书治要〉的文献学价值》,《文献季刊》2003年第3期。

[25] 耿振东:《浅谈〈群书治要〉、〈通典〉、〈意林〉对〈管子〉的辑录》,《湘南学院学报》2009年第3期。

[26] 林溢欣:《从〈群书治要〉看唐初〈孙子〉版本系统——兼论〈孙子〉流传、篇目序次等问题》,《古籍整理研究学刊》2011年第3期。

[27] 金光一:《〈群书治要〉研究》，复旦大学博士学位论文，2010年。

[28] 沈芸：古写本《群书治要·后汉书》异文研究，复旦大学博士学位论文，2010年。

[29] 吴刚：《从〈群书治要〉看贞观君臣的治国理念》，陕西师范大学硕士学位论文，2009年。

三、论著类

[1]《习近平谈治国理政》，外文出版社2014年版。

[2] 费孝通：《乡土中国》，生活·读书·新知三联书店1985年版。

[3] 萧公权：《中国政治思想史》，新星出版社2010年版。

[4] 刘泽华：《中国政治思想通史》（综论卷），中国人民大学出版社2014年版。

[5] 刘泽华：《先秦政治思想史》，南开大学出版社1984年版。

[6] 刘泽华：《中国传统政治思想反思》，生活·读书·新知三联书店1987年版。

[7] 李泽厚：《中国古代思想史论》，人民出版社1985年版。

[8] 梁启超：《先秦政治思想史》，中华书局1962年版。

[9] 徐复观：《中国人性论史·先秦篇》，商务印书馆1984年版。

[10] 牟宗三：《中国哲学的特质》，台湾学生书局1976年版。

[11] 李炳南教授讲述，徐醒民教授敬记：《论语讲要》，长江文艺出版社2011年版。

[12] 张分田：《民本思想与中国古代统治思想》，南开大学出版社2009年版。

[13] 靳凤林：《领导干部伦理课十三讲》，中央党校出版社

2011 年版。

［14］靳凤林:《制度伦理与官员道德——当代中国政治伦理结构性转型研究》，人民出版社 2011 年版。

［15］钟永圣:《中国经典经济学》，中国财政经济出版社 2012 年版。

［16］杨栋梁，赵德宇译，山本新，秀村欣二编:《未来属于中国——汤因比论中国传统文化》，陕西人民出版社 1989 年版。

［17］［宋］蔡沈:《书集传》，凤凰出版社 2010 年版。

［18］陈来:《古代思想文化的世界》，生活·读书·新知三联书店 2009 年版。

［19］封祖盛:《当代新儒家》，生活·读书·新知三联书店 1989 年版。

［20］［日］山本吉宣主编，王志安译:《国际政治理论》，生活·读书·新知三联书店 1993 年版。

［21］萧欣义:《徐复观文录选粹》，台湾学生书局 1980 年版。

［22］阮元:《十三经注疏·卷五》，台北艺文印书馆 2013 年版。

［23］段玉裁:《说文解字注》，台北艺文印书馆 2007 年版。

［24］麦金泰尔:《美德的追寻》，伦敦，Gerald Duckworth1981 年版。

［25］麦金泰尔:《谁之正义？何种合理性？》伦敦，Gerald Duckworth1988 年版。

四、期刊类

[1] 刘余莉:《高度重视公务员职业道德教育》,《长白学刊》2012 年第 2 期。

[2] 王立:《从春秋道德观看春秋外交辞令》,《湖南师范学院学报》2009 年第 11 期。

[3] 刘余莉:《“爱智慧”的哲学与“实用主义”的儒家——兼谈西方儒学研究的误区》,《湖南科技大学学报》2005 年第 5 期。

[4] 刘余莉编译:《智慧的神圣性》,《玉溪师范学院学报》2005 年第 12 期。

[5] [英] Brenda Almond,刘余莉译:《追求智慧》,《伦理学研究》2003 年第 5 期。

[6] 刘余莉译:《中国伦理学中的利己主义》,《玉溪师范学院学报》2003 年第 11 期。

[7] 张分田:《关于深化民本思想研究的若干思考》,《江西社会科学》2004 年第 1 期。

[8] 刘泽华:《中国思想与社会互动研究笔谈——传统政治思维的阴阳组合结构》,《南开学报》(哲社版), 2006 年第 5 期。

[9] 奇秀:《论贞观民本思想及其现代价值》,《南京政治学院学报》2001 年第 6 期。

[10] 张祥浩:《论中国古代民本思想发展的历史进程》,《东南大学学报》2002 年第 3 期。

后　记

《平治天下——〈群书治要〉治国理政思想研究》一书是国家社会科学基金2013年度资助项目《〈群书治要〉政治伦理思想研究》的最终成果（一般项目，13BZX070），按照章节顺序，分工如下：

课题负责人中共中央党校（国家行政学院）哲学部刘余莉教授：绪论（合写）、第一（合写）、三、五（合写）、七、八、九、十（合写）、十一章；

中山大学博士后刘海天：绪论（合写）、第二、六章；

中共中央党校（国家行政学院）博士生张超：绪论（合写）；

赤峰学院文学院刘慧敏教授：第一章（合写）；

中共中央党校（国家行政学院）哲学部王乐副教授：第四章；

中央司法警官学院刘红利博士：第五、十章（合写）；

中国人民大学博士后谷文国：第十二章。

此外，中国人民大学书报资料中心余洪波、山东建筑大学秦芳博士、中共中央党校（国家行政学院）博士生徐佳佳、北京财贸学院邢梦潺、中共中央党校（国家行政学院）研究生院硕士生王丙赫、李红姗等作为课题组重要成员完成了课题的阶段性论文写作、社会调研和资料搜集等任务。中共中央党校（国家行政学院）博士生张超、剑桥大学博士后研究员聂菲璘对全书进行了统稿和修改。可以说，正是课题组成员的通力合作、紧密配合保证了本书的顺利出版。

本书的出版得益于中共中央党校（国家行政学院）理论创新工程的促进，得到哲学部主任冯鹏志教授、副主任董振华教授、孙晓莉教授、何建华教授的大力支持，在此一并表示衷心感谢。

责任编辑：王世勇

图书在版编目(CIP)数据

平治天下:《群书治要》治国理政思想研究/刘余莉等 著. —北京:
人民出版社,2019.6
ISBN 978-7-01-020542-7

Ⅰ.①平… Ⅱ.①刘… Ⅲ.①政书-中国-唐代 Ⅳ.①D691.5

中国版本图书馆 CIP 数据核字(2019)第 049481 号

平治天下

PINGZHI TIANXIA

——《群书治要》治国理政思想研究

刘余莉 等 著

人民出版社 出版发行

(100706 北京市东城区隆福寺街 99 号)

天津文林印务有限公司印刷 新华书店经销

2019 年 6 月第 1 版 2019 年 6 月北京第 1 次印刷

开本:710 毫米×1000 毫米 1/16 印张:23.75

字数:275 千字

ISBN 978-7-01-020542-7 定价:68.00 元

邮购地址 100706 北京市东城区隆福寺街 99 号

人民东方图书销售中心 电话 (010)65250042 65289539